O TEMPO, A ESCUTA, O FEMININO
Reflexões

COLEÇÃO "CLÍNICA PSICANALÍTICA"
Títulos publicados

1. Perversão — Flávio Carvalho Ferraz
2. Psicossomática — Rubens Marcelo Volich
3. Emergências Psiquiátricas — Alexandra Sterian
4. Borderline — Mauro Hegenberg
5. Depressão — Daniel Delouya
6. Paranoia — Renata Udler Cromberg
7. Psicopatia — Sidney Kiyoshi Shine
8. Problemáticas da Identidade Sexual — José Carlos Garcia
9. Anomia — Marilucia Melo Meireles
10. Distúrbios do Sono — Nayra Cesaro Penha Ganhito
11. Neurose Traumática — Myriam Uchitel
12. Autismo — Ana Elizabeth Cavalcanti / Paulina Schmidtbauer Rocha
13. Esquizofrenia — Alexandra Sterian
14. Morte — Maria Elisa Pessoa Labaki
15. Cena Incestuosa — Renata Udler Cromberg
16. Fobia — Aline Camargo Gurfinkel
17. Estresse — Maria Auxiliadora de A. C. Arantes / Maria José Femenias Vieira
18. Normopatia — Flávio Carvalho Ferraz
19. Hipocondria — Rubens Marcelo Volich
20. Epistemopatia — Daniel Delouya
21. Tatuagem e Marcas Corporais — Ana Costa
22. Corpo — Maria Helena Fernandes
23. Adoção — Gina Khafif Levinzon
24. Transtornos da Excreção — Marcia Porto Ferreira
25. Psicoterapia Breve — Mauro Hegenberg
26. Infertilidade e Reprodução Assistida — Marina Ribeiro
27. Histeria — Silvia Leonor Alonso / Mario Pablo Kuks
28. Ressentimento — Maria Rita Kehl
29. Demências — Delia Catullo Goldfarb
30. Violência — Maria Laurinda Ribeiro de Souza
31. Clínica da Exclusão — Maria Cristina Poli
32. Disfunções Sexuais — Cassandra Pereira França
33. Tempo e Ato na Perversão — Flávio Carvalho Ferraz
34. Transtornos Alimentares — Maria Helena Fernandes

35. Psicoterapia de Casal	Purificacion Barcia Gomes e Ieda Porchat
36. Consultas Terapêuticas	Maria Ivone Accioly Lins
37. Neurose Obssesiva	Rubia Delorenzo
38. Adolescência	Tiago Corbisier Matheus
39. Complexo de Édipo	Nora B. Susmanscky de Miguelez
40. Trama do Olhar	Edilene Freire de Queiroz
41. Desafios para a Técnica Psicanalítica	José Carlos Garcia
42. Linguagens e Pensamento	Nelson da Silva Junior
43. Término de Análise	Yeda Alcide Saigh
44. Problemas de Linguagem	Maria Laura Wey Märtz
45. Desamparo	Lucianne Sant'Anna de Menezes
46. Transexualismo	Paulo Roberto Ceccarelli
47. Narcisismo e Vínculos	Lucía Barbero Fuks
48. Psicanálise da Família	Belinda Mandelbaum
49. Clínica do Trabalho	Soraya Rodrigues Martins
50. Transtornos de Pânico	Luciana Oliveira dos Santos
51. Escritos Metapsicológicos e Clínicos	Ana Maria Sigal
52. Famílias Monoparentais	Lisette Weissmann
53. Neurose e Não Neurose	Marion Minerbo
54. Amor e Fidelidade	Gisela Haddad
55. Acontecimento e Linguagem	Alcimar Alves de Souza Lima
56. Imitação	Paulo de Carvalho Ribeiro
57. O tempo, a escuta, o feminino	Silvia Leonor Alonso

Coleção Clínica Psicanalítica
Dirigida por Flávio Carvalho Ferraz

O TEMPO, A ESCUTA, O FEMININO

Reflexões

Silvia Leonor Alonso

Casa do Psicólogo®

© 2011 Casapsi Livraria e Editora Ltda.
É proibida a reprodução total ou parcial desta publicação, para qualquer finalidade, sem autorização por escrito dos editores.

1ª Edição
2011

Editores
Ingo Bernd Güntert e Juliana de Villemor A. Güntert

Assistente Editorial
Aparecida Ferraz da Silva

Editoração Eletrônica e Produção Gráfica
Fabio Alves Melo

Revisão
Christiane Gradvohl Colas

Preparação de Original
Carolina Serra Azul Guimarães

Projeto Gráfico da Capa
Yvoty Macambira

Dados Internacionais de Catalogação na Publicação (CIP)
(Câmara Brasileira do Livro, SP, Brasil)

Alonso, Silvia Leonor
  O tempo, a escuta, o feminino : reflexões / Silvia Leonor Alonso. --
São Paulo : Casa do Psicólogo®, 2011. -- (Coleção clínica psicanalítica /
dirigida por Flávio Carvalho Ferraz)

  Bibliografia.
  ISBN 978-85-8040-033-5

  1. Ensaios 2. Psicanálise 3. Psicologia clínica 4. Reflexões I. Ferraz,
Flávio Carvalho. II. Título. III. Série.

11-03985   CDD-150.195

Índices para catálogo sistemático:
1. Clínica psicanalítica : Psicologia 150.195

Impresso no Brasil
Printed in Brazil

As opiniões expressas neste livro, bem como seu conteúdo, são de responsabilidade de seus autores, não necessariamente correspondendo ao ponto de vista da editora.

Reservados todos os direitos de publicação em língua portuguesa à

Casapsi Livraria e Editora Ltda.
Rua Santo Antônio, 1010
Jardim México • CEP 13253-400
Itatiba/SP – Brasil
Tel. Fax: (11) 4524-6997
www.casadopsicologo.com.br

A Maria Celeste e Bruno, meus queridos filhos.

Sumário

Palavras preliminares 11

Parte I
Sobre os tempos psíquicos

1 - O tempo que passa e o tempo que não passa 21

2 - Considerações sobre a realidade e a temporalidade a partir
de "uma lembrança infantil de Leonardo da Vinci" 29

3 - Tempo e história no processo psicanalítico 51

4 - Encontros entre imagens e conceitos: reflexões sobre a
temporalidade em psicanálise 71

Parte II
Sobre a escuta psicanalítica

5 - A escuta psicanalítica...105

6 - O trabalho da figurabilidade na escuta psicanalítica 115

7 - Sugestão – transferência: os relatos clínicos de Freud..........137

8 - Psicanálise/psicoterapia: as ondulações no campo da prática
psicanalítica 153

Parte III
Sobre o feminino e o materno

9 - "O que não pertence a ninguém"... E as apresentações da histeria..............173

10 - Novos arranjos para a melodia..............203

11 - Realidade psíquica – realidade somática: o corpo na histeria......221

12 - Do sintoma simbólico ao mais além: a problemática do alucinatório..............243

13 - A filha "não suficientemente boa"..............273

14 - Interrogando o feminino..............297

15 - A construção do feminino e do materno: considerações sobre a questão no mal-estar contemporâneo..............321

16 - Anorexias-bulimias: um padecer do feminino..............349

Parte IV
Sobre os ideais: na clínica, na formação e na cultura

17 - Efeitos na clínica dos ideais instituídos..............369

18 - Mal-estar inevitável – espaços possíveis (situando algumas questões)..............387

19 - A apropriação das heranças no caminho da construção de um analista..............405

20 - A função do pai e os ideais no mundo contemporâneo..............423

Referências bibliográficas..............441

Palavras preliminares

Nas últimas quatro décadas a clínica cotidiana tem ocupado uma parte significativa de meus dias e, certamente, só posso sustentá-la alternando-a com momentos ora de reflexão, ora de trocas com colegas. Os enigmas que diariamente a clínica nos coloca, as transferências que em nós suscita, as múltiplas interrogações que desperta, assim como aquilo de nossa própria subjetividade que põe em jogo, solicitam um importante trabalho de pensamento clínico, de reflexão, de circulação das ideias e dos afetos despertados, fundamentais para poder sustentá-la. Fazem parte privilegiada desse processo de reflexão os momentos da escrita.

Parte dos pensamentos gestados ao longo desses anos a partir da pregnância da clínica e que levam as marcas da minha análise, supervisões e escolhas teóricas estão contidos nos ensaios que compõem este livro e que são versões revistas – e, às vezes, ligeiramente modificadas – de artigos originalmente publicados em coletâneas ou periódicos.

O espaço de tempo entre a escrita dos textos é grande, e, com isso, muitas mudanças foram acontecendo: mudanças no entorno, deslocamentos no campo da psicanálise, inclusive transformações no interior da própria clínica que fazem pulsar outros lugares de onde as interrogações surgem, ou que nos solicitam outras respostas como analistas. Mudanças pelas quais fui influenciada, e outras em cuja construção colaborei, a partir dos projetos institucionais de que participei, das posições clínicas e teóricas sustentadas, e das formas de colocação no campo analítico.

No entanto, ao reler os textos, pude reconhecer eixos que costuram o percurso, os fundamentos teórico-clínicos que se mantêm, ainda que enriquecidos ao longo do tempo e com desdobramentos proporcionados pela incorporação de leituras de outros autores. Reconhecer uma forma de circular entre a teoria e a clínica, tentando quebrar dogmatismos e fazendo trabalhar os conceitos, as interrogações que persistem, mesmo quando os contextos são outros ou as problemáticas diferentes. E sobretudo reconhecer posições éticas em relação ao trabalho, ao conhecimento e à vida que me acompanham todo esse tempo.

É claro que há uma heterogeneidade, já que os textos foram escritos em datas diferentes e surgiram de comunicações feitas em palestras, mesas-redondas, participações em colóquios ou contribuições para revistas, visando, portanto, a destinatários diversos, o que imprimiu recortes e estilos distintos nesses escritos.

Organizei-os em quatro temas e não respeitei a cronologia ao apresentá-los, pois preferi distribuí-los numa composição que me fazia sentido e me parece igualmente fazer sentido quando da leitura. Na primeira parte, "Sobre os tempos psíquicos", os textos abordam a questão das múltiplas temporalidades no psiquismo e seus desdobramentos no trabalho clínico. A questão da temporalidade ocupa um lugar crucial na obra de Freud, e o assunto está pulsante mesmo quando disperso, articulado a diferentes temáticas. Lacan recuperou a temporalidade do *après-coup*, e ao fazê-lo, recuperou também problemáticas fundamentais da obra freudiana que tinham ficado perdidas ou esquecidas, marcando balizas importantes para a clínica.

Na década de 1990 a questão do tempo ocupou um lugar de destaque na produção de vários analistas pós-freudianos franceses, como Pontalis, Fédida, Laplanche, Green e Aulagnier. Quando tal problemática me fisgou como tema de interesse a partir da clínica, a leitura dessas produções foi fonte importantíssima para minhas reflexões. O lugar do infantil na clínica, a concepção que se tem de história na análise, a forma de conceber a realidade e as dinâmicas temporais são fundamentos que levam a "uma" forma de conceitualizar a transferência e de conduzir o trabalho nas análises. A multiplicidade dos tempos e a diversidade das inscrições foram recortando-se para mim como dois eixos metapsicológicos fundamentais para entender a diferença dos fenômenos clínicos, assim como das formas de trabalhá-los. O traumático *versus* o possível de ressignificação, o implantado *versus* o recalcado e as formas de intervenção, a interpretação *versus* a construção, são, ainda hoje, temáticas que me acompanham nas elaborações da clínica e que me orientam na transmissão.

A segunda parte, "Sobre a escuta", contém textos em que a situação analítica é pensada. Não definir a clínica psicanalítica pelo *setting* solicita um trabalho permanente para clarear a sua especificidade. É necessário ir pensando uma "metapsicologia da clínica", ir trabalhando nas suas sutilezas para distinguir como, dentro de um mesmo *setting*, podem-se fazer trabalhos muito diferentes. Ao mesmo tempo, ter alguma clareza sobre o que configura a situação analítica é o que nos permite sermos analistas em situações com enquadres diferentes e movermo-nos com a flexibilidade suficiente para conseguir responder a fenômenos clínicos distintos. Nesta segunda parte também são ditas mais algumas palavras sobre a paciência na escuta e o lugar do prazer nesse delicado trabalho de nossa clínica cotidiana.

O feminino e o materno são temáticas muito marcadas na minha formação. Na década de 1970, paralela à clínica no consultório, com um grupo de colegas, desenvolvi, numa maternidade em Buenos Aires, um importante trabalho clínico e de reflexão sobre as problemáticas do feminino. Dele resultaram alguns textos sobre o tema que foram publicados em 1974[1]. Eram tempos de intensa efervescência e de importantes mudanças na psicanálise argentina. Ocorrida a cisão da Asociación Psicoanalítica Argentina (APA), alguns dos analistas que dela se desligaram formaram centros de prática e formação em instituições públicas, e isso permitia que a formação teórica e de supervisão se realizasse vinculada a uma prática compartilhada

---

[1] Esses, assim como outros textos escritos na década de 1980, não estão incluídos nesta coletânea.

em lugares que vieram a ser importantes na investigação clínica e na formação e reflexão sobre a psicanálise. São heranças dessa época e desse trabalho algumas posições teóricas (como, por exemplo, o movimento de "retorno a Freud", muito forte naquele momento) e clínicas que nunca abandonei e fundamentalmente posições éticas que me constituem como analista.

Os temas ligados a mulheres e a momentos fundamentais de sua existência não me deixaram mais. Desde 1977, já estabelecida em São Paulo, acompanhei e supervisionei pontualmente diversos trabalhos de pesquisa, alguns individuais, outros de equipes multidisciplinares, sobre a temática do feminino. Em 1997, articulei um grupo de trabalho e pesquisa sobre "O feminino e o imaginário cultural contemporâneo", que faz parte do Departamento de Psicanálise do Instituto Sedes Sapientiae, grupo este que coordeno até hoje e que se converteu num prazeroso meio de trocas sobre essas questões. Agradeço aos colegas que dele participam, por colaborarem para que aquele grupo de pesquisa se mantenha por tantos anos, com trocas fecundas e encontros produtivos.

Recuperar posições freudianas acerca da sexualidade que introduziram cortes tão radicais no pensamento é muito importante, mas também o é questionar os momentos nos quais a ideologia da época imiscuiu-se de forma a produzir mais sintoma que teoria, dando lugar a um pensamento sobre a temática que não é linear e que inclui impasses e contradições. Depois de Freud, as linhas do "falocentrismo" e a da "concentricidade" estabeleceram um eixo de tensão no movimento psicanalítico, do qual surgem as produções dos analistas, normalmente em oposição – embora também não falte quem tente aproximá-las. Sobre essa equação há ainda muito o que trabalhar. O "tornar-se mulher" – que nos afasta de qualquer ideia de uma "essência feminina" –, é um longo processo que se dá no interior de um imaginário cultural e de um determinado momento histórico, e deles recebe influências, o que justifica pensar as novas formas pelas quais as neuroses se apresentam, mas também as novas figuras hoje tão presentes na clínica, como as anorexias, as bulimias, as problemáticas narcísicas, as depressões etc., assim como as mudanças que as novas tecnologias introduziram na forma de as mulheres viverem momentos fundamentais de sua existência. Todas essas são questões que me motivam a pensar.

O trabalho de transmissão da psicanálise começado em Buenos Aires, como docente na Escuela de Psicoanálisis Freudiana y Socioanálisis (EPFSO), ao qual dei continuidade no *lato sensu* da Pontifícia Universidade Católica de São Paulo (PUC-SP) e fundamentalmente no trabalho no Instituto Sedes Sapientiae, onde pouco depois de radicar-me em São Paulo comecei a trabalhar, generosamente acolhida como fui por sua fundadora, madre Cristina, despertou interrogações que continuam acompanhando-me. Os processos de alienação que determinadas formas de funcionamento das instituições e de relação com o conhecimento acarretam, assim como os efeitos que produzem na clínica e na formação dos analistas, atravessam algumas das elaborações incluídas na última parte "Sobre os ideais: na clínica, na formação, na cultura".

Como professora e supervisora do curso de Psicanálise do Instituto Sedes Sapientiae, compartilho com todo o grupo de colegas os prazeres e as dificuldades de sustentar um projeto de formação em que, ao mesmo tempo em que trabalhamos para o rigor da formação, lutamos contra os dogmatismos. A autoria dos textos sobre a formação, apesar de escritos por mim, é, na verdade, desse coletivo, no qual se gestaram as reflexões neles incluídas. Meu agradecimento, então, a meus colegas.

Como a história desses escritos é longa, foram muitos os encontros, as trocas, os trabalhos que vivenciei nesses anos todos, e, como consequência, muitos foram os colegas com os quais tive encontros produtivos; a eles, agradeço, certa de que saberão reconhecer-se. Mas há alguns que não poderia deixar de mencionar. Os que fizeram a ponte entre minha história em Buenos Aires e São Paulo, já que nos dois lados compartilhamos projetos importantes de trabalho: Lucía e Mario Fuks, amigos, parceiros e interlocutores de longa data; Regina Schnaiderman (*in memoriam*), referência de "hospitalidade", que abriu espaço para mim e para outros colegas argentinos no projeto que para ela era a realização de um grande sonho, o Departamento de Psicanálise; a Mathilde Neder, que, em 1977, convidou-me para trabalhar na PUC, e, no ano seguinte, como ato de confiança, entregou em minhas mãos a coordenação da área de psicanálise do curso de formação em psicoterapias; a Ana Maria Sigal e Miriam Chnaiderman, juntas no projeto institucional desde o início até hoje, pelas parcerias, as trocas, a amizade.

A Janete Frochtengarten, Renata Cromberg, Renato Mezan, Kitty Haasz, colegas com quem trabalhei na fundação da revista *Percurso*, projeto de que participei porque já reconhecia a importância da escrita na formação de um analista, e que, por sua vez, alimentou a minha vontade de escrever.

Aos muitos colegas do Departamento, com quem desenvolvemos numerosos projetos importantes.

Agradeço a Flávio Carvalho Ferraz pelo incentivo para reunir os textos e publicar este livro, e pela forma paciente, ética e cuidadosa com que dirige esta coleção.

Agradeço aos analisandos, aos supervisionandos e aos alunos, sem os quais essas reflexões não poderiam existir.

Parte i

Sobre os tempos psíquicos

"Se todas as disciplinas se comunicam entre si, isso se dá no plano daquilo que nunca se destaca por si mesmo, mas que está como que entranhado em toda disciplina criadora, a saber, a constituição dos espaços-tempos."
Gilles Deleuze, O ato da criação, 1987.

1.

O TEMPO QUE PASSA E O TEMPO QUE NÃO PASSA[1]

É muito comum pensar no tempo como tempo sequencial, como categoria ordenadora dos acontecimentos vividos numa direção com passado, presente e futuro, um tempo irreversível, a flecha do tempo, um tempo que passa. Também estamos acostumados a pensar na memória como um arquivo que guarda um número significativo de lembranças, semelhante a um sótão em que se aloca uma quantidade de objetos de outros momentos da vida, que lá ficam quietos, guardados, disponíveis para o momento no qual precisamos deles e queremos reencontrá-los. No entanto, a forma na qual a psicanálise pensa o tempo e a memória está muito distante dessa maneira de concebê-los. Na psicanálise, tanto o tempo quanto a memória só podem ser considerados no plural. Há temporalidades diferentes funcionando nas instâncias psíquicas, e a memória não existe de

---

[1] Este texto foi originalmente publicado na revista *Cult*, em abril de 2006, pp. 52-55.

forma simples: é múltipla, registrada em diferentes variedades de signos.

Há um tempo que passa, marcando com a sua passagem a caducidade dos objetos e a finitude da vida. A ele Freud (1915/1989g) se refere no seu curto e belo texto "A transitoriedade", no qual relata um encontro acontecido dois anos antes, em agosto de 1913, nas Dolomitas, na Itália, num passeio pela campina em companhia de um poeta. Ambos dialogam sobre o efeito subjetivo que a caducidade do belo produz. Enquanto para o poeta a alegria pela beleza da natureza vê-se obscurecida pela transitoriedade do belo, para Freud, ao contrário, a duração absoluta não é condição do valor e da significação para a vida subjetiva. O desejo de eternidade se impõe ao poeta, que se revolta contra o luto, sendo a antecipação da dor da perda o que obscurece o gozo. Freud, que está escrevendo esse texto sob a influência da Primeira Guerra Mundial, insiste na importância de fazer o luto dos perdidos, renunciando a eles, e na necessidade de se retirar a libido que se investiu nos objetos para ligá-la a substitutos. São os objetos que passam e, às vezes, agarrar-se a eles nos protege do reconhecimento da própria finitude. Porém, a guerra e a sua destruição exigem o luto e nos confrontam com a transitoriedade da vida, o que permite reconhecer a passagem do tempo.

No entanto, no entender de Freud, a nossa atitude perante a morte não implica essa certeza. Se por um lado aceitamos que a morte é inevitável, por outro, quando se trata da própria morte, tentamos matá-la com o silêncio, desmenti-la, reduzi-la

O TEMPO, A ESCUTA, O FEMININO: REFLEXÕES

de necessidade à contingência. "No inconsciente, cada um de nós está convicto de sua imortalidade"[2], afirma Freud, em De guerra e morte. Temas da atualidade (1915/1989c, p. 290). Nada do pulsional solicita a crença da própria morte. Esta só se constrói secundariamente, a partir da morte dos próximos, da dor e da culpa pela mesma. Nem a própria morte nem a passagem do tempo têm registro no inconsciente, afirma Freud.

O tempo do inconsciente não é um tempo que passa, é um "outro tempo", o tempo da "mistura dos tempos", o tempo do "só depois", o "tempo da ressignificação".

A forma na qual se constroem as lembranças mostra-nos isso, assim o explicita Freud, em um artigo de 1899, "As lembranças encobridoras" (Freud, 1899/1989b), valendo-se de um exemplo que, embora não revele no texto, é uma lembrança dele mesmo, surgida durante umas férias de sua adolescência. Quando Freud tinha dezesseis anos, viajara para Freiberg, sua cidade natal, no primeiro retorno desde a sua infância. Nessa ocasião, vive uma paixão por Gisela, a primogênita da família que o hospeda. Trata-se de um tempo no qual, para Freud, os projetos de futuro estão em jogo: a sobrevivência econômica e o amor. Nesse momento, surge nele uma lembrança infantil: três crianças, entre as quais ele mesmo, brincam e colhem flores numa campina verde, coberta de flores amarelas. Elas formam ramos, e os meninos arrancam o que está nas mãos da menina, por ser o mais lindo. Ela corre, chorando, até uma camponesa

---

[2] As citações das obras de Freud neste e nos demais textos deste livro foram traduzidas livremente do espanhol pela autora.

que lhe oferece, para seu consolo, um pedaço de pão. Eles vão também atrás de um pedaço de pão que a camponesa lhes entrega. Nessa lembrança dois detalhes se destacam: a força do amarelo das flores e o sabor do pão, tão acentuados que beiram à alucinação.

O retorno à cidade natal mobilizara em Freud as vivências da infância, reativando marcas mnêmicas, marcas sensoriais de detalhes aparentemente insignificantes – porém fundamentais – que são carregadas pelas lembranças e às quais estas devem a sua vivacidade. Marcas da erotização e também dos lutos, da ausência de objetos. Essas marcas se oferecem como pontos de contato com as fantasias posteriores que sobre elas se projetam, criando pontos de condensação. Assim, duas fantasias que tocam temas fundamentais da vida do jovem Freud – a fantasia amorosa com a moça da família que o hospeda e a fantasia sobre sua sobrevivência econômica – projetam-se sobre a lembrança infantil que se faz tela. O amarelo do vestido que a moça usava no primeiro encontro se faz um ponto de condensação com as flores da infância, intensificando o amarelo das flores da lembrança. Da mesma maneira, a fantasia sobre a sobrevivência econômica, na frase "ganhar o pão", confere uma intensidade maior ao sabor do pão na lembrança. Fantasias, lembranças e pensamentos de épocas posteriores se enlaçam simbolicamente com os da infância, intensificando, deformando ou transformando a lembrança infantil. Essas são as lembranças encobridoras.

Mas não é um tipo especial de lembrança que nos interessa, e sim a dinâmica psíquica que nela se põe em jogo e que pode ser estendida à construção das fantasias e ao funcionamento geral da realidade psíquica. Neste funcionamento, a memória não é única nem fixa; ao contrário, as lembranças vão sendo construídas num processo de retranscrição. Freud inaugura uma teoria da memória ao afirmar que o material das marcas mnêmicas reordena-se de tempos em tempos, formando novos nexos. Na constituição da lembrança há, portanto, uma mistura de tempos. Estes não mantêm uma cronologia: passado, presente e futuro misturam-se, confundem-se. A lembrança infantil é como um quadro. O espaço do enquadramento é dado pelo próprio texto da lembrança, no qual se combinam traços – os quais revelam as marcas de erotização e também os processos de luto vividos que deixaram as marcas do objeto ausente, ou seja, há um passado que se cria e se recria em novas articulações.

Ao assinalar a existência desse outro tempo, que é o da ressignificação, Freud distingue o funcionamento do inconsciente do da consciência e rompe com a ideia de uma causalidade linear, de um passado que determina um presente, afastando-se de um determinismo mecanicista. Não procuramos no passado a causa do presente. O que passou se fez realidade psíquica.

A história de um sujeito não é, portanto, uma linha reta, mas é traçada por pontos de condensação nos quais as tramas do vivido entrecruzam-se e pulsam, forçando a presença do passado no atual, resistindo a qualquer linearidade cronológica e construindo uma realidade psíquica que não coincide totalmente com a realidade material.

O tempo do *après-coup* é um conceito fundamental no arcabouço teórico freudiano. Há acontecimentos da infância que se inscrevem difusamente, marcas psíquicas que ficam informes, indefinidas, à espera de um acontecimento, e que só depois adquirem sentido. Temos então a ideia de um passado que não é fixo, mas que se ressignifica no presente.

Nesse "outro tempo" que não respeita a cronologia, nesse tempo do "só depois", há movimento – que retranscreve, que articula novos nexos, rearticula as inscrições do vivido – construindo sonhos no dormir, fantasias e pensamentos na vigília. Há movimento das dimensões pulsionais e desejantes que, misturando os tempos, produz novos sentidos. O tempo não passa no sentido do tempo sequencial, em uma direção irreversível, mas, na mistura dos tempos, as marcas mnêmicas, nas mãos do "processo primário", condensam-se, deslocam-se e criam novos sentidos.

Mas há também, no psiquismo, outra relação entre passado e presente, na qual o *après-coup* parece não operar mais, a imobilidade impera, como *eterno retorno do mesmo*, como mera insistência pulsional, fazendo do passado um destino. *Neurose de destino*, dirá Freud. No funcionamento da compulsão de repetição, o pulsional mais puro, sem possibilidade de representação, encarna-se no atual, dele se apossa como sombra vampiresca e, no fora da linguagem, perde-se qualquer possibilidade de se fazer o luto, de transformar a perda em ausência. Nessa presença da pulsão pura, a expressão "o tempo não passa" ganha toda a sua força.

A diferenciação dos funcionamentos temporais no psiquismo está presente ao longo da obra de Freud, sendo um dos fios importantes da metapsicologia freudiana. As concepções de memória e causalidade psíquica subvertem a psicologia da consciência e são parâmetros básicos que fundamentam a clínica psicanalítica.

2.

Considerações sobre a realidade e a temporalidade a partir de "uma lembrança infantil de Leonardo da Vinci"[1]

O texto, publicado em 1910, era, segundo confidenciava Freud a Ferenczi, o mais belo que havia escrito. Seria este um comentário que Freud fazia baseado em sua própria identificação com Leonardo? Desde Jones (1989), vários analistas têm insistido nesse lugar identificatório. De Leonardo, dizia-se que, quando estava pintando a *Monalisa*, "nada mais alto a arte poderia alcançar".

Freud escreve seu texto baseando-se fundamentalmente no romance de Merejkovski (1902, apud Strachey, 1993, p. 56) sobre Leonardo da Vinci, livro que – ao responder a uma

---

[1] Publicado originalmente em Alonso, S.; Leal, A. M. S. (Orgs). *Freud:* um ciclo de leituras. São Paulo: Escuta, 1997. p.107-120. Grande parte do texto elaborado nesta apresentação teve origem no trabalho realizado com meus alunos no seminário "Inscrição e Temporalidade", no quarto ano do curso de Psicanálise do Instituto Sedes Sapientiae (São Paulo).

pesquisa sobre leitura e bons livros – incluiu entre os melhores que teria lido, e cujo autor admirava pela capacidade de expressar ideias numa linguagem plástica.

Mas, segundo escreve a Jung (Freud; Jung, 1975), o estímulo para escrever esse texto partiu de um paciente que ele atendeu no outono de 1909, que tinha uma organização psíquica muito semelhante à de Leonardo, porém sem sua genialidade.

Embora o título seja "Uma lembrança infantil", o texto não se reduz à análise da lembrança. Partindo de duas inibições presentes na vida do artista – uma da ordem da atividade sexual e outra da dificuldade que tinha para acabar suas obras –, Freud realiza um amplo percurso pela organização psíquica e pela história psicossexual de Leonardo. Nesse percurso, desenvolve temáticas como as do narcisismo, do complexo paterno, da homossexualidade, entre outras.

Gostaria de centrar minha reflexão, neste texto, na análise da constituição da lembrança infantil, para assim levantar algumas questões metapsicológicas e suas consequências clínicas.

No segundo tópico da obra, Freud escreve

> [...] do que chegou ao meu conhecimento, apenas uma vez Leonardo mencionou, em um de seus escritos científicos, uma comunicação proveniente de sua infância. Num momento no qual trata sobre o voo do abutre, interrompe-se subitamente para seguir uma lembrança que aflora dos seus primeiros anos. A lembrança é a seguinte:

"Parece que estava eu *destinado*, anteriormente, a me ocupar tanto do abutre, pois me acode, como de uma lembrança muito antiga, que estando eu no berço, um abutre desceu sobre mim, abriu minha boca com sua cauda e bateu diversas vezes a sua cauda sobre meus lábios." (1910/1989c, p. 77, itálico meu)

e acrescenta que a lembrança é estranhíssima.

Destinado: trata-se de destino, no sentido de um determinismo inexorável? Não podemos esquecer que Freud trabalha o destino inexorável nas neuroses de destino como o fenômeno clínico mais revelador da compulsão repetitiva. O *eterno retorno do mesmo*[2] não abrange, porém, toda repetição. Se de um lado situamos a neurose de destino, do outro temos que colocar os processos de criação.

É na estranheza – produto do processo de deformação – que Freud encontra o motor de sua interrogação, e faz da lembrança um objeto de análise, interrogando-se sobre a lembrança e sobre o infantil. Pergunta-se: trata-se de uma lembrança ou de uma fantasia? Surgiu na infância ou é um produto que se formou mais tarde, e que Leonardo transportou à infância?

Duas questões colocam-se, então: a da *realidade* e a da *temporalidade*.

---

[2] Tema desenvolvido em *Além do princípio do prazer* (Freud, 1920/1989a), texto de 1920, no caminho da construção do conceito de pulsão de morte.

Para abrir a questão da realidade

É numa nota de rodapé que Freud irá defender a ideia de que a lembrança encontra seu fundamento na realidade. Concordando com a afirmação de Havelock Ellis, de que a lembrança pode ter tido fundamento na realidade, mas que também pode ter-se tratado de outro pássaro que não um abutre, declara:

> É possível que um pássaro tenha-se aproximado, que a mãe tenha pensado que aquilo era uma anunciação significativa, e que ela tenha contado isso repetidamente a Leonardo e ele o confundisse, assim, com uma lembrança. Isso não roubaria a força de minha argumentação [...] (1910/1989c, p. 77, nota 2)

Continua a nota, afirmando que as fantasias apoiam-se sobre pequenas realidades objetivas da pré-história esquecida, mas que é necessário um motivo secreto para recolher a pequenez objetiva e replasmá-la como tal, assim como Leonardo fez com o pássaro.

Então, a *realidade* encontra-se no lugar do fundamento, mas a nota inclui a ideia da deformação: poderia ter sido outro pássaro. Além do mais, acrescenta Freud: "tratam-se de pequenas realidades" (1910/1989c, p. 77, nota 2), implicando serem *traços* que se inscrevem – e não a cena como totalidade. O que se inscreve são pequenos fragmentos de cenas, "vistos" e "ouvidos" desprendidos da relação com o outro.

Nessa nota aparece também a questão do destino, porém perpassada pela atividade significante materna e a ideia da anunciação, do presságio, que chegaria a Leonardo por meio do relato repetido. Então a repetição apareceria aqui como aquilo que a mãe insiste em contar: no relato, o que insiste é da mãe, mas vai aos poucos marcando o filho.

Finalmente, se nessa nota Freud coloca de um lado as pequenas realidades objetivas que servem de apoio, do outro estaria o ordenador dessas migalhas objetivas, que é o motivo secreto. Tais pequenas realidades, ordenadas pelo motivo secreto, adquirem figurabilidade: aparecem na imagem do abutre cuja cauda bate na boca da criança.

Uma vez aberta a questão da realidade, Freud afirma:

> [...] as lembranças infantis são recolhidas, falseadas e colocadas a serviço de tendências mais tardias, numa época posterior, e que, portanto, não podem ser distinguidas, com rigor, da fantasia. (1910/1989c, p. 78)

Podemos deduzir daí uma primeira afirmação: Freud desfaz a oposição radical entre fantasia e realidade, interioridade e exterioridade. Ele não postula uma formação solipsista da fantasia. Segundo Hornstein (1993),

> Não há, para Freud, uma fantasia que seja mera produção psíquica independente de toda marca mnêmica dos

acontecimentos vividos, assim como não há um trauma radicalmente exógeno, no qual o acontecimento puro se inscreva indiferente do mundo fantasístico. [...] Cada pedaço da infância é uma impressão da superfície de contato entre a psique e o mundo (p. 16 *et seq.*).

Para abrir a questão da temporalidade

Freud recorre à historiografia para explicar o funcionamento psíquico. Cito seu texto:

Enquanto o povo era pequeno e frágil, nem pensava em escrever sua história; as pessoas cultivavam o solo, defendiam sua existência contra os vizinhos, procuravam arrebatar-lhes terras e adquirir riquezas. Era uma época heroica e a-histórica. Logo se abriu outro período no qual as pessoas pararam para meditar, sentiram-se ricas e poderosas, e assim nasceu a necessidade de averiguar de onde provinham e como tinham vindo a ser. Então a historiografia, que tinha começado a registrar as vivências do presente, dirigiu seu olhar para trás, em direção ao passado, e recolheu tradições e sagas, interpretou os restos de antigas épocas nos usos e costumes e criou, dessa maneira, uma história da pré-história. (1910/1989c, p.78)

Mais adiante, afirma:

> Muitas coisas foram eliminadas da memória do povo, outras desfiguraram-se, numerosos traços do passado foram objeto de equívocos ao serem interpretados no sentido presente. [...] Mas apesar de todas as desfigurações e equívocos, a realidade do passado está representada neles. Se alguém pudesse desfazer as desfigurações, poderia descobrir-se a verdade histórica. [...] O mesmo vale para as lembranças da infância ou para as fantasias dos indivíduos. (p. 78)

Uma nova *teoria da memória* é inaugurada por Freud quando afirma que as lembranças da infância funcionam de modo análogo à história da época primordial de um povo, recomposta tardiamente e de modo tendencioso. Essa outra temporalidade, a da *ressignificação*, está claramente expressa em muitos momentos da obra freudiana.

Dois textos anteriores ao sobre Leonardo expressam com clareza o processo da complexidade da memória e da diversificação das inscrições. Freud, em 1896, afirma, na "Carta 52" a Fliess:

> [...] de tempos em tempos, o material preexistente das marcas mnêmicas experimenta um reordenamento segundo novos nexos; uma retranscrição: o essencialmente novo na minha teoria é que a memória não preexiste de forma

simples, e sim múltipla; está registrada em diferentes variedades de signos.[3] (1896/1989a, p. 274)

As transcrições correspondem a momentos sucessivos da
vida. E em cada uma delas a excitação tramita seguindo legalidades diferentes.

Em seu texto de 1899 – "Sobre as lembranças encobridoras" (Freud, 1899/1989b) – uma dinâmica psíquica particular
mostra-se com clareza no momento de analisar uma lembrança
encobridora, na qual uma reminiscência infantil serve como
tela para ocultar um sucesso posterior. Freud mostra como as
cenas se fundem umas às outras; elas se sobrepõem, dando
lugar à lembrança. Esta surge na fusão das cenas e na mistura
dos tempos. Seria possível construir a seguinte imagem: é
como se colocássemos uma série de transparências uma em
cima da outra e olhássemos o resultado do alto. A lembrança
corresponderia ao desenho final, a uma combinação de traços
que não batem com os da transparência número um ou três,
e sim com a sua soma. Em alguns lugares as linhas coincidem,

---

[3] "P: neurônios nos quais se geram as percepções às quais se atribui consciência, mas
que em si mesmos não conservam traço algum do acontecido. É que consciência
e memória se excluem.

Ps (signos de percepção): primeira transcrição das percepções, articulada segundo
uma associação de simultaneidade.

Inc (inconsciência): segunda transcrição, ordenada segundo outros nexos, talvez
causais.

Prec. (pré-consciência): terceira retranscrição, ligada a representações-palavras"
(Freud, 1896/1989a).

o que dá ao traço final uma intensidade maior. Estes são os pontos de condensação.

Em uma recordação relatada por Freud (1899/1989b), numa verde pradaria, com muitas flores amarelas, brincam três crianças. Recolhem as flores formando ramalhetes, porém, quando percebem que o da menina é o mais bonito, os meninos correm atrás dela para arrancá-lo de suas mãos. A menina chora e é consolada com um pedaço de pão que uma camponesa lhe entrega. Nesse exemplo, o amarelo não corresponde ao da flor dente-de-leão, já que a ele foi acrescentado o do vestido da mulher, objeto de uma paixão juvenil, que aparece, nas palavras de Freud, *exagerado alucinatoriamente*.

Em sua recordação de sua infância, sobre as crianças que recolhem flores na campina verde, Freud constrói uma imagem de *textura*, dizendo que é tal como em certos quadros, nos quais alguns elementos não estão pintados, e sim aplicados plasticamente. É como se os pontos do tecido, nos quais o inconsciente se faz presente, outorgassem à fala uma textura diferente, que pode ser tocada pela escuta analítica.

Mas os pontos de *intensidade alucinatória* na lembrança não são somente os de condensação. São pontos nos quais ecoa a pulsão. É um eco de pulsão que aparece na força da sensação. Representação-coisa (representação inconsciente), que pulsiona, ressoando na figurabilidade da imagem e na força da sensação.

O texto sobre Leonardo é publicado em 1910. Em 1923, Maclagan assinala um erro na tradução da lembrança. Ao transcrever a recordação relatada por Sconamiglio, Freud comete um lapso: traduz *nibio* por *abutre*, em vez de *milhafre* (Green, 1994, p. 12). Essa observação foi feita numa revista de arte que Freud e seus discípulos conheciam, sem suscitar, porém, nenhuma resposta.

Somente 33 anos depois esse tema foi retomado, por Schapiro, historiador de arte, num texto no qual são dirigidas várias críticas ao trabalho freudiano. A partir desse momento uma longa polêmica instaura-se entre os analistas. Polêmica a respeito do lugar da *realidade* e da *fantasia*, que faz surgir posturas metapsicológicas e clínicas diferentes.

Apenas para exemplificar por onde circula essa polêmica, citarei dois autores. Em primeiro lugar, Serge Viderman, no seu livro *A construção do espaço analítico* (1990), cujo capítulo VI analisa o texto de Freud em questão. Entende Viderman que o ponto fraco de Freud não foi o fato de ter cometido um lapso, mas o de ter pretendido fundamentar a construção da fantasia sobre elementos da realidade, o que, pensava, assegurar-lhe-ia certa solidez.

Na opinião de Viderman, a verdade da fantasia está na sua construção pela interpretação, independentemente de qualquer fundamento histórico. Segundo ele

> [...] o abutre, sua fábula e sua fábrica de imagens, ignoradas por Leonardo porém sabidas por Freud, permitiram a este inventar a verdade escondida da fantasia inconsciente. Não fosse assim – e deveríamos tomar ao pé da letra a existência

de formas matriciais primordiais – o inconsciente correria o risco de tornar-se uma ideia platônica, uma forma fixada, inscrita para sempre (1990, p. 150).

As verdades, diz Viderman, não estão em parte alguma antes de serem descobertas na situação analítica, por meio do trabalho que as constitui.

O autor critica a ideia de qualquer marca original que, segundo ele, deixa o analista no lugar de Duphin – do conto "A carta roubada", de Edgard Alan Poe (Viderman, 1990, p. 148). A partir desse lugar de decifrador, o analista procuraria a carta ou letra que estaria sempre no lugar certo. Pelo contrário, segundo Viderman, o analista constrói um todo coerente que não reproduz uma *fantasia preexistente*.

Laplanche, no livro *A sublimação*, responde às afirmações de Viderman:

> Se fosse levado o pensamento deste autor às suas ultimas consequências, se fosse descoberto algum dia que a lembran-ça de Leonardo não existiu, que Leonardo não existiu, ou, pelo menos, que o que se conta da sua vida é pura lenda, teríamos que afirmar que a interpretação de Freud seria ainda mais verdadeira, visto que justamente as migalhas reais sobre as quais ela se fundamenta desapareceriam. (1989, p. 63)

Mas, diz o autor, teríamos que nos perguntar: "seria inter-pretação de quê? Do próprio Freud?" (1989, p. 63). Insistindo na realidade do inconsciente, afirma que "não se pode escapar do real pelo símbolo, mas também não se pode escapar do símbolo pelo real" (Laplanche, 1989, p. 63).

Entendo que não pensar a fantasia como uma invenção do analista (como Viderman afirma) não tem por que nos levar a pensar em um inconsciente fixo, nem em uma marca originária[4]. Pelo contrário, penso que o que se pode retirar dos textos citados ("Carta 52", 1896/1989a; "Sobre as lembranças encobridoras", 1899/1989b; "Uma lembrança infantil de Leonardo", 1910/1989c) é a existência de um inconsciente aberto. Se o material de marcas mnêmicas pode ser retranscrito, quer dizer que os traços não são fixos. Se os conteúdos do inconsciente são, como Freud diz, indestrutíveis, isso não quer dizer que sejam inalteráveis. As marcas mnêmicas inscritas ficam nas mãos do processo primário que as deforma e transforma. E no tempo de construção da fantasia, que é o da ressignificação, conservam-se em movimento.

A marca mnêmica da infância é retraduzida, para Freud, à expressão plástica e visual numa época posterior: a do despertar da lembrança, sendo que a impressão originária nunca chega à lembrança, e o que se oferece é a lembrança falseada.

---

[4] Para referir-se ao trabalho de desconstrução e construção, que não leva a um lugar único, Pontalis, no artigo "A estação da psicanálise", diz: "É um 'extrato de', não o todo, mas fragmentos que só a análise, porque ela primeiro desconstrói, vai poder por em contato e fazer concordar, *puzzle*, seja, mas sim 'motivo' a reunir o sem 'rosebud' no final; uma rede ferroviária, se quisermos, mas sob condição de que novas vias se abram, que tenham batentes, erros de direcionamento e mesmo descarrilamentos; um sistema nervoso, mas que não teria centro" (1994, p. 101).

Não se trata de descartar a realidade, e sim de pensar a relação com ela como um emaranhado complexo com trajetos sinuosos que quebram qualquer ideia de causalidade linear. Se o que pertence à índole do sexual, como esclarece Freud, tem um funcionamento de permanente movimento, é no interior dele que podemos pensar o processo analítico, não como mera construção do analista, mas também não como mero decifra-mento. A ideia da escavação arqueológica, à procura do tesouro escondido em algum cofre secreto, pouco tem a ver com a de uma lembrança permanentemente construída.

Gostaria de voltar à construção da lembrança infantil de Leonardo, pois na nota de rodapé que citei anteriormente, se de um lado Freud colocava as pequenas realidades, de outro situava o motivo secreto, articulador dos pequenos fragmentos objetivos. É atrás deste motivo secreto que o texto caminha.

Freud apela à interpretação simbólica da lembrança, di-zendo que cauda (*coda*, em italiano) é um dos mais familiares símbolos do pênis. Então, o pênis entrando na boca da criança seria uma fantasia de desejo que se funde com outra: o mo-mento em que, estando o bebê no berço, toma na boca o bico do seio de sua mãe para mamá-lo. É uma afirmação de Freud que a impressão orgânica desse primeiro gozo vital deixou em nós uma marca indelével. E essa fantasia esconde uma remi-niscência do mamar ou do ser amamentado.

Portanto, se, a partir da temporalidade, o inconsciente abre-se ao novo via retranscrição, abre-se ao outro em sua origem; é esse outro que inscreve o prazer em seu corpo. Na frase "bateu muitas vezes com sua cauda sobre meus lábios" (da Vinci, apud Freud, 1910/1989c, p. 77), Freud vê a expressão da intensidade dos vínculos eróticos da mãe com o filho e retira o segundo conteúdo mnêmico da fantasia: "minha mãe marcou minha boca com numerosos e apaixonados beijos" (1910/1989c, p.100). É este o motivo secreto articulador da lembrança, o segredo de amor entre mãe e filho. A ternura da mãe comandou o seu *destino*.

A seguir Freud se pergunta por que na fantasia a figura da mãe apareceu na forma de um abutre e apela a uma interpretação mítica. Nos hieróglifos, a mãe era representada pela imagem de um abutre, e os egípcios veneravam uma divindade materna plasmada com uma cabeça de abutre. A ave era um símbolo da maternidade porque os egípcios pensavam que nessa variedade de pássaros havia apenas fêmeas, as quais eram engravidadas pelo vento. Isto o levou a afirmar (supondo que Leonardo conhecesse o mito) que a lembrança tinha-se originado a partir de um lugar identificatório de Da Vinci com o abutre. Leonardo era um filho sem pai, ou de pai ilegítimo. A ausência de inscrição no registro da filiação paterna inscrevia-o identificatoriamente no lugar do abutre, mas, ao mesmo tempo, teria feito com que as marcas de erotização na relação materna ressoassem com mais força. A fantasia traz com ela um *eco de gozo*.

O emaranhado que vai sendo feito entre a lembrança e o que foi vivido é tecido não apenas de presenças (a materna), como também de ausências (a paterna).

Um acontecimento da sua vida, a ausência do pai, converteu-se para Leonardo num enigma – afirma Freud – que despertou atividade pulsional. É essa tese que Freud desenvolve no tópico "O enigma da Esfinge", em "Três ensaios sobre a teoria da sexualidade" (1905/1989c), no qual afirma ser um acontecimento – o nascimento do bebê – o que ameaça o menino de ser privado dos cuidados e do amor e o torna reflexivo e penetrante. Podemos pensar, então, que um acontecimento não é um simples fato, mas algo ao qual não é possível responder a partir da trama de simbolização já existente, e que, portanto, carrega em si uma potencialidade traumatizante, embora seja, ao mesmo tempo, capaz de bifurcar um caminho.

O aparelho psíquico sofre recomposições perante as solicitações dos novos processos histórico-vivenciais. As marcas mnêmicas mantêm-se, mas vão tecendo novas tramas, novas construções fantasmáticas que condensam uma multiplicidade de dimensões pulsionais.

"A lembrança infantil de Leonardo é então um ponto de coagulação de certo número de dimensões pulsionais, de um certo número de desejos" (Laplanche, 1989a, p. 65).

No artigo sobre o poeta e a fantasia, Freud afirma que, na fantasia, passado, presente e futuro são como as contas de um colar cujo fio é o desejo. A lembrança infantil é como a tela do quadro, um espaço demarcado por um enquadramento (o próprio texto da lembrança) no qual os traços se combinam. Essa combinatória de traços – que revela, mas ao mesmo tempo encobre, pela deformação – torna presentes as marcas de erogenização, ao mesmo tempo que está marcada pelos processos de luto. Segundo Green, analisando outra obra de Leonardo (*Cartão de Londres*[5]):

> O espaço do quadro seria o portador de toda a carne cujas delícias fantasiadas e nostálgicas o corpo da mãe evoca. No entanto, além se abriria outro espaço, no qual o figurável não mais encontra lugar e que apenas ao pensamento cabe construir, somente a partir do figurável. (1994, p. 92)

Mas aqui atingimos o limite do texto de Freud sobre Leonardo.

Enquanto realiza a desconstrução da lembrança, Freud vai tentando reconstruir uma história factual. Propõe-se preencher as lacunas mnêmicas da biografia. Procura saber, por exemplo, até que idade ele viveu com sua mãe, Catarina, ou foi morar com o pai. Porém fracassa nessa primeira tarefa, fato que fica demonstrado na comparação com os dados existentes na biografia do artista. Certos documentos indicam a presença de Leonardo na casa do pai bem antes da idade indicada por Freud. Além do mais, a suposição de uma permanência do pequeno junto a uma mãe sozinha cai por terra, pois é sabido que Catarina casou-se com um padeiro das redondezas no ano seguinte ao do nascimento de Leonardo (Green, 1994).

---

[5] A obra está exposta na National Gallery, em Londres.

Interessa-me aqui insistir num ponto: o de que essa – a da reconstrução da verdade material – é uma tarefa impossível, cuja impossibilidade decorre da teoria da memória e da temporalidade sobre a qual refletimos anteriormente.

A segunda tarefa realizada por Freud é a que podemos manter como válida: a de tornar visível o que até então era invisibilidade atuante. A *diversidade da inscrição* e a *complexidade da memória* levam-nos a desistir da ideia de construir uma história de vida numa análise. Pelo contrário, o processo de desconstrução conduz-nos a fazer aparecer o infantil traço por traço e a reconstruir tramas recolhidas em diferentes inscrições do vivido. Pedaços de tecido no qual se alojam os lutos, as vicissitudes da sexualidade, as construções e as perdas de objeto. Justamente por isso, para o analista, nada é demasiadamente pequeno como exteriorização dos processos anímicos; nenhum detalhe é desprezível para a escuta.

Em uma de minhas primeiras citações do texto de Freud, ele introduzia a questão da *verdade histórica*. Esta, porém, não coincide com a verdade material. Citando Galende:

> A verdade material não é a de uma origem que a análise tenha que revelar. Sua função é a de marcar o limite que assinala esse resto, que escapa a toda simbolização, fazendo da verdade histórica uma representação *incompleta* do real. [...] A história em psicanálise são pontos de condensação em que as tramas do vivido entrelaçam-se e pulsam. Forçam a presença do passado no atual, resistindo a toda linearidade

cronológica e requerem um trabalho de interpretação para estabelecer não a linearidade do acontecido, mas sua verdade histórica. (1992, p. 267)

Há tentativas clínicas mecanicistas que parecem querer desenterrar verdades objetivas guardadas em algum lugar, que transformam o analista em decifrador. Outras vezes, a insistência no aqui e agora transformam a sessão numa mera interação. Não é incomum ouvir de certos grupos de analistas, frases como: "para a gente, o que importa é o aqui e agora, vocês é que se interessam pela história". Em meu entendimento, essa frase cria uma falsa oposição e nega duplamente o inconsciente, na medida em que desconhece o que lhe é mais específico, a sua *temporalidade*.

A ressignificação separa a psicanálise de qualquer determinismo mecanicista e recoloca a concepção da causalidade psíquica. Não procuramos no passado a causa do presente. O que passou *é* presente pela sua presença no infantil. O que passou fez-se realidade psíquica. O infantil é o que estabelece a ponte entre a infância e o inconsciente (Dayan, 1995).

É entre a possibilidade de devolver ao corpo erógeno a sua maior força pulsante (na atualidade da transferência) e o trabalho sobre o tecido da trama simbolizante – que recupera algo do que Freud chamava *existência estrangeira interior* – que o processo de análise pode acontecer se não quisermos que se torne um trabalho explicativo a deixar-nos presos ao iluminismo racionalista (Hornstein 1993).

Se a lembrança infantil fala do corpo erógeno, no processo analítico, esse corpo tem que falar por meio da lembrança. Aquilo que da representação-coisa está contido na lembrança cobra, na atualidade transferencial e na força pulsionante da associação livre, um máximo de capacidade de figurabilidade e de eco de pulsão. Mas, para que a pulsão ecoe, é necessária uma escuta com capacidade de ressonância.

Hugo Bianchi, no artigo "Repetición o história?" (1991), reflete sobre o tempo e o destino. No cotidiano – diz Bianchi – o tempo aparece numa sucessão de experiências vividas em que algo deixa sua marca por ser significativo. Mais quando algo se torna significativo em relação ao vivido antes e ao que ocorrerá depois. Supomos um ordenamento causal, no qual o que aconteceu antes é causa do que ocorrerá depois. A repetição quebra esse ordenamento. Nela observamos uma sucessão de fatos em que interpretamos o efeito de uma causa que nos escapa; por isso essa causa nos aparece representada como falta, como significação vazia, geradora de angústia. Nesse espaço vazio, colocamos o *destino* na tentativa de produzir um efeito restitutivo que permite realinhar a repetição nos moldes da causalidade temporal, pagando o preço de projetar a causa numa entidade alheia.

O que encobre a lembrança encobridora? As fantasias inconscientes e as pulsões nela representadas. Entretanto, eu diria que ela encobre, fundamentalmente, a quebra da temporalidade e da causalidade presentes na fusão das cenas e na mistura dos tempos. O seu texto lhe fixa um tempo: *eu estava no berço*; tentativa de recuperar uma ordem que nos é familiar.

Entre 1503 e 1507, Leonardo pinta a *Monalisa*. Uma moça florentina serve-lhe de modelo. Seu sorriso o encanta de tal maneira que, a partir desse momento, ele atribui esse traço às criações livres da fantasia.

Segundo Freud, esse sorriso teria cativado Leonardo porque despertou em seu interior uma lembrança antiga que, uma vez despertada, teve peso suficiente para não mais soltar o artista, que se viu forçado a buscar-lhe novas expressões.

Freud supõe que Catarina, sua mãe, tivesse um sorriso misterioso que Leonardo perdera, e reencontrá-lo na dama florentina cativou-o. A realidade se desfigura na sua inscrição e busca figurabilidade em sua expressão.

Um traço despregado da relação com o outro, pequeno fragmento desprendido da cena, marca mnêmica tecedora de sonhos durante a infância que, ao ser despertada pelo sorriso da dama, ganha máxima força pulsionante e se apossa de Leonardo, levando-o a procurar novas formas de expressão. Em vários quadros o sorriso leonardesco plasma-se. Mas o sorriso que brinca nos lábios das mulheres vai-se repetindo e ao mesmo tempo transformando-se, o que indica um processo de elaboração. Aparece em *São João Batista* e *Santa Ana, a Virgem e o menino*. No quadro *Maria e os outros dois*, o sorriso perdeu seu caráter enigmático, *estranho familiar* e expressa interioridade e calma, beatitude. Nos processos de criação, a própria figurabilidade do que se repete vai abrindo passo para o diferente.

Talvez seja interessante notar que, no texto sobre Leonardo, Freud antecipa praticamente em dez anos um conceito de Eros como aquilo que conserva tudo o que é vivo. Digo interessante porque é justamente num texto no qual fala dos processos de criação. Ligação, aumento permanente da complexidade e criação de novas combinatórias são possibilidades da pulsão sexual, que restringe o *eterno retorno do mesmo* ao âmbito da pulsão de morte.

3.

Tempo e história no processo psicanalítico[1]

Excursões fronteiriças

Antes de adentrarmos mais propriamente em nosso tema – o tempo e a história no processo psicanalítico – acreditamos poder ser frutífera uma breve excursão em territórios afins à nossa problemática, embora formalmente alheios à psicanálise.

O primeiro desses campos é o da historiografia, a ciência da história. Nele, interessa-nos apontar a vertente que promoveu toda uma reformulação de seu objeto, a partir da tomada de consciência, pelos historiadores, do *relativismo* de sua ciência, concomitante ao entendimento de que entre a história vivida e a história há sempre uma construção. Reformulação marcada pelo reconhecimento – ausente na corrente denominada *positivista* –, de que em seu processo de conhecimento encontra-se

---

[1] Publicado originalmente em *Psicanálise e Universidade*, n. 7, p.81-95, 1997. Comunicação apresentada no seminário "Dialogando com Freud", na Sociedade Psicanalítica de São Paulo, a convite de Luis Carlos Menezes em 1996.

irredutivelmente presente alguma *perspectiva*: passa-se assim a tematizar a própria implicação dos historiadores nos fatos que interpretam; seu ponto de vista torna-se inseparável de suas análises; a ideia (que norteia grande parte da produção histórica anterior) de um "acontecimento" unidimensional que deveria ser integralmente resgatado passa a ser considerada a expressão de uma ingênua concepção realista de seu objeto, cujas sucessivas reelaborações começam a integrá-lo de modo incontornável. Em consequência dessa reformulação, o acontecimento aparece renovado entre a história que advém e a história do historiador, e a ideia de *tramas complexas* substituirá definitivamente a de fluxo *unilateral*, presente na história-relato[2].

O texto "Moisés e o monoteísmo" (Freud, 1939/1989) é um dos momentos em que melhor se pode vislumbrar um encontro entre a psicanálise e a reformulação do objeto historiográfico tal como descrita no parágrafo anterior. Nesse sentido, é bastante interessante evocar a defasagem apontada por Freud entre a *transcrição* e a *tradição*, ao afirmar que elementos omitidos ou deformados na transcrição poderiam ter-se mantido na *tradição*. É possível ainda discernir nesse trabalho a ideia de uma história em movimento, na qual a poderosa força de certas tendências é capaz de deformar um texto, como demonstra a seguinte afirmação:

---

[2] Cf. Le Goff, J.; Nora, P. *Faire de l'histoire*. Paris: Gallimard, 1974. O tema foi também trabalhado por Laplanche, J. L'interprétation entre déterminisme et herméneutique, une nouvelle position de la question. In *Revue Française de Psychanalyse*, n. 5, 1991. Tradução espanhola em *Trabajo del psicoanalisis*, n. 13, 1992.

O TEMPO, A ESCUTA, O FEMININO: REFLEXÕES

> O texto bíblico contém indicações histórico-vivenciais valio-
> sas e até inapreensíveis, que foram deformadas pelo influxo
> de poderosas tendências e enfeitadas com as produções de
> uma invenção poética. (p. 40)

Transportemo-nos agora a um segundo território, o das *biografias*. O livro *Práctica psicoanalítica e história*, organizado por Hornstein (1993), inclui um artigo intitulado "Ficción e história en La novela de Perón". Trata-se de uma conferência proferida por um escritor argentino, Tomás Eloy Martinez, que julga as críticas a seu livro *La novela de Perón*, publicado em 1985, como produtos de uma tentativa excessivamente rígida de se delimitar *o divisor de águas entre a realidade e a ficção*. Notemos que até mesmo o título da obra já coloca lado a lado a palavra "novela", que é sinônimo de invenção, e a palavra "Perón", que evoca todo o peso da história da Argentina. Ao tentar definir o gênero ao qual pertenceria seu livro, Eloy Martinez (1993) afirma ter tido o atrevimento de converter o presente em uma *fábula*, na qual os personagens históricos estabeleceriam uma relação dialética com a imaginação, podendo até mesmo corrigi-la. Chama ainda a atenção para o fato de que, para os autores de *romances históricos*, a instauração da verdade só se dá num pacto com o leitor:

> De acordo com esse pacto os fatos históricos são como são,
> mas mostram-se insuficientes para descrever a realidade,
> tornando-se então necessário sair em busca de outros fatos

> que a enriqueçam. A verdade que a história considera a única possível deve ser acrescida de outras verdades; abramos os olhos e orientemos a bússola dos significados para todas as direções possíveis. Iluminemos tal ou qual personagem histórico por dentro, escutemos a respiração de cada uma das partículas da multidão no momento em que algo estala dentro da história. (p. 206-207)

Segundo o autor, o ponto de partida de qualquer biografia será fatalmente a aceitação de sua impossibilidade em resgatar integralmente uma história de vida: "Nenhuma vida, nem sequer a própria, pode ser escrita" (Martinez, 1993, p. 208). Confrontado a convicção de que é impossível expressar a *plenitude da verdade*, prefere o jogo de justapor diversas verdades que, ao se encontrarem, desdobram reciprocamente suas "cerimônias dialéticas" (Martinez, 1993, p. 212). Sua pretensão é, nessa empreitada, encontrar "verdades em movimento", "verdades que respiram", verdades mais legítimas do que as construções fundadas nas velhas relações causa-efeito (Martinez, 1993., p. 213).

Um terceiro território a ser visitado é o da ciência. Para ilustrá-lo, vamos recorrer ao texto de Donald Spence, *Teorias da mente: fato ou ficção*, em que se encontra o relato da seguinte experiência:

> Numa entrevista recente, perguntaram a Stephen Hawking, o cosmólogo de Cambridge, se ele era um leitor regular

de ficção científica. Ele respondeu: "eu li uma quantidade razoável de ficção científica na minha adolescência. Agora eu a escrevo, com a diferença de que gosto de pensar nela como fato científico." (inédito, p. 164)[3]

Apenas os limites deste trabalho impedem-nos de prolongar esta excursão, que se poderia estender a vários outros campos; mas ela já permitiu preparar um espaço em que sejam escutadas com maior nitidez as ressonâncias da seguinte questão: lidar com termos como "a verdade" e "a verossimilhança", encontrar as fronteiras entre a história e a ficção, distinguir a linha divisória entre o "factual" e o "mítico", ou encontrar as formas sinuosas em que se tece a relação entre a realidade e a fantasia não são tarefas fáceis para os historiadores, os biógrafos e tampouco para os cientistas. Sê-lo-ia para nós, os psicanalistas?

Passado-presente na psicanálise

É possível reconstruir a história de uma vida numa análise? Ou, melhor dizendo: será que uma análise deveria propor-se a reconstruir a história de uma vida?

---

[3] Tradução de Alan Victor Meyer para apostila de curso do Departamento de Psicanálise do Instituto Sedes Sapientiae do capítulo publicado em: Spence, D. *The rethorical voice of psychoanalysis*: development of evidence by theory. Cambridge: Harvard University Press, 1994.

De fato, o processo analítico não poderia ser definido como uma volta ao passado: o divã não pode ser assimilado a uma "máquina do tempo", capaz de nos transportar ao passado, que, na forma de *fato* real acontecido, ter-se-ia supostamente mantido intacto em algum lugar.

É exatamente sobre tal questão – é possível reconstruir uma história de vida em uma análise? O produto do processo psicanalítico é uma biografia? – que se debruça Laplanche (1991):

> A palavra "história" aplicada ao indivíduo é seguramente frequente em Freud. Em compensação, a palavra *Lebensgeschichte* (história de vida, biografia) eclipsa-se muitas vezes diante da palavra "história da doença" ou "do doente". As páginas "históricas" mais brilhantes, as que continuam a alimentar nossos comentários, intitulam-se A *partir da história de uma neurose infantil*. Sem dúvida, a palavra "história" aí se encontra presente, mas singularmente acompanhada pelas palavras neurose e infantil, e de maneira ainda mais notável, precedida por um "*aus*", "tirado de" ou "a partir de". (p. 13)[4]

A expressão "a partir de" mostra como o fato real é aqui tomado nas fronteiras do reconstituível, como resto que foge da significação, mas que funda o limite de sua possibilidade.

---

[4] Tradução de Marcelo Marques Damião, para apostila do Departamento de Psicanálise do Instituto Sedes Sapientiae.

O TEMPO, A ESCUTA, O FEMININO: REFLEXÕES

Ao se colocar a mesma questão, Pontalis (1994) irá responder:

> Não há histórias de vida em Freud desde que ele se tornou Freud. Não há histórias de caso. No máximo há história da doença, ou, mais tarde, com o "Homem dos lobos", o seguinte título: *Extrato da* (literalmente "a partir", "*aus*") *história de uma neurose infantil*. Neurose infantil e não da infância, neurose a adivinhar, a fazer aparecer de traço em traço: um efeito de arte. (p. 101)

A *unicausalidade linear* entre um fato-causa acontecido e um sintoma-efeito – segundo a qual a clínica deveria ser primordialmente definida como um lugar para se reviver o fato traumático, visando a esvaziá-lo de seus resultantes sintomáticos – não é encontrada sequer nos primórdios da clínica freudiana, embora esteja impositivamente presente na imagem que dela se difunde e vulgariza. Nesse sentido, o historial de Catherina (Freud, 1895/1989a) é bastante revelador: tendo Freud viajado para as montanhas, com o objetivo de distanciar-se das *neuroses* que preenchiam totalmente seu cotidiano em Viena, foi "encontrado" pela sobrinha da dona da hospedaria onde se alojou; a moça sofria com crises de angústia, e ao descobrir, pela inscrição no livro de hóspedes, que Freud é médico, colocou-o exatamente no lugar do analista na transferência: alguém a quem dirige a fala a partir de sua angústia, à espera de um alívio para o sofrimento. Freud acreditara poder deixar o analista no consultório, mas o sofrimento de Catherina converteu-o imediatamente em destinatário de sua fala, criando-o como analista *nessa* transferência. Verdade tão sabida e ao mesmo tempo tão esquecida, quando os analistas tentam definir sua função pelo uso do divã, do enquadre do espaço, do tempo, do número de sessões ou por sua pertinência institucional.

Seguindo o historial, percebe-se que já nesses primórdios da clínica, Freud partia, em seu trabalho com Catherina, de uma *cena* tingida de um sentimento angustiante – ligado à imagem de um rosto muito feio que a persegue – e em seguida acompanharia no relato da paciente as várias *cenas* que aparecem associativamente: em primeiro lugar, a cena sexual entre o tio e a empregada, à qual se seguem duas séries de histórias referentes ao assédio sexual do tio à própria sobrinha.

Não podemos deixar de notar, como já fez Monique Schneider (não publicado)[5], certa intenção "disciplinadora" de Freud, fruto de seu espírito científico, refletindo-se na ordenação seriada que ele tende a realizar das cenas e que resistirá à *temporalidade indisciplinada da clínica*. Mas, sem negligenciar esse aspecto, também não se pode negar que uma *causalidade múltipla* já se encontra presente nesse historial, em que vai sendo construída uma *dinâmica entre as cenas*: duas séries de vivências encontravam-se presentes para Catherina, sem que ela pudesse entendê-las ou valorizá-las: é apenas na presença

---

[5] No texto "O tempo do conto e o não tempo do inconsciente", cedido pela autora quando de sua visita a São Paulo, em outubro de 1991 e apostilado pelo Departamento de Psicanálise do Instituto Sedes Sapientiae.

de uma terceira *cena* que se estabelece uma conexão entre a nova impressão e as duas séries de *reminiscências*, permitindo-lhe começar a *compreender* e a *defender-se* (Freud, 1895/1989a).

Alguns pontos devem ser destacados a partir da análise desse historial:

- A causalidade múltipla já se encontra presente desde o início da prática clínica freudiana.
- O interesse de Freud não se dirige às cenas isoladas, e sim ao tecido que entre elas vai-se tramando.
- Os movimentos da dinâmica intrapsíquica – compreender, defender-se – mostram os efeitos da ressignificação *a posteriori*.
- O trabalho não implica somente a recordação, mas incide sobre os *nexos* e a circulação do *afeto*.

Algo foi-se deslocando, do fato à cena, da cena à trama entre as cenas e para aquilo que entre elas *circula*.

Portanto, já a análise de uma experiência tão precoce na prática psicanalítica mostra que é impossível reconstruir uma história de vida ou fazer uma biografia, pois o passado factual – a *realidade material* – não se encontra arquivado em lugar nenhum. O *presente* é sempre *reminiscente*; o *passado* ao qual temos acesso é fruto da *ressignificação*, que dá lugar não apenas ao surgimento de novas significações, mas também de mudanças no interior da tópica.

Teoria da memória

As afirmações que acabamos de expor sobre a clínica decorrem de certas concepções metapsicológicas, que, por sua vez, são consequências das teorias sobre a inscrição e a temporalidade presentes na obra de Freud.

Na "Carta 52" a Fliess, Freud afirma:

> De tempos em tempos o material preexistente das marcas mnêmicas experimenta uma reordenação segundo *novos nexos*, uma retranscrição: o essencialmente novo na minha teoria é que a memória não preexiste de forma simples, e sim múltipla; está registrada em diferentes *variedades de signos* [...] As transcrições correspondem a momentos sucessivos da vida. E em cada uma delas a excitação tramita segundo diferentes legalidades. (1896/1989a, p. 274, itálicos meus)

Onde encontraríamos, então, o fato como tal? Pois, conforme se depreende da afirmação de Freud, a própria diversidade de inscrições e a retranscrição já instauram uma dinâmica toda particular no interior do psiquismo.

Avancemos ainda um passo. No texto *"As lembranças encobridoras"*, Freud relata:

> Numa verde pradaria, com muitas flores amarelas, brincam três crianças. [...] Recolhem as flores amarelas, formando

O TEMPO, A ESCUTA, O FEMININO: REFLEXÕES

ramalhetes, porém, quando percebem que o mais bonito é
o da menina, os meninos correm atrás dela para arrancá-lo
de suas mãos. A menina é consolada por uma camponesa,
que lhe dá um pedaço de pão. Eles também vão em busca
do pão. (1899/1989b, p. 305)

Poderíamos talvez acreditar que essa lembrança fosse a
expressão de um *fato* acontecido e arquivado na memória,
mas Freud diz-nos que se trata de uma *lembrança encobridora*: mais do que uma lembrança *da* infância, refere-se *à*
infância. Concebendo-a como um efeito do mecanismo de
condensação, propõe um trabalho de desconstrução: convida-
nos a acompanhá-lo nos caminhos traçados pelas cadeias
associativas, que paulatinamente demonstram tratar-se de
uma lembrança *construída* a partir de elementos perceptivos
tomados de diferentes *cenas* e que expressam *movimentos* pulsionais e *desejantes* presentes no sujeito. Assim, a *cor amarela
da flor* e o *sabor do pão* são os dois elementos da lembrança
com maior intensidade sensorial, que Freud chega a definir
como uma intensidade alucinatória – não no sentido da
alucinação, mas tal como descrita em "Interpretação dos
sonhos" (1900/1989), como força da imagem. A cor amarela
é reencontrada no vestido usado pela moça que fora objeto
de seu amor numa viagem de retorno à sua cidade natal,
nos tempos da juventude. A *cena* conduz então à *fantasia*
de casar-se com ela, e, portanto, à *pulsão* sexual. O sabor do
pão conduz a outra cena, portadora da fantasia. Freud, então

jovem universitário, acossado pela dificuldade financeira, teria fantasiado o casamento com sua prima para viver uma situação mais favorável, com a possibilidade de "ganhar o pão" de modo mais tranquilo.

Dessa forma, as fantasias – portadoras de desejos – *projetam-se*, formando a lembrança, o que absolutamente não significa uma negação da autenticidade da *cena infantil*. As marcas mnêmicas de uma cena infantil servem de apoio às fantasias, que, por sua vez, dela se utilizam para uma *alusão metafórica*. As marcas mnêmicas são assim retraduzidas *posteriormente* na construção da lembrança.

Vemos, portanto, que uma dinâmica de mão dupla se estabelece entre as marcas perceptivas e os movimentos desejantes, dinâmica na qual se constitui a lembrança encobridora. E é imperativo aí reconhecer a dimensão temporal, na qual o posterior ressignifica o anterior, apagando qualquer possibilidade de estabelecimento de uma cronologia linear. Nesse mesmo texto, Freud irá referir-se à possibilidade de que talvez todas as lembranças infantis sejam, no final das contas, *encobridoras*. Ele sugerirá que a lembrança encobridora não seja apenas um fenômeno encontrável em certos momentos na clínica, mas sim um fato que nos auxilia a entender o próprio funcionamento psíquico e a dinâmica do trabalho clínico.

Sabemos que a lembrança carrega em seu bojo fantasias conscientes e inconscientes, mas se nos referirmos ao "Manuscrito M" (1897/1989c), verificaremos que, para Freud, a fantasia é construída por um congregado de fragmentos "vistos" e "ouvidos", destacados de diferentes cenas e que se combinam, dando lugar a fantasias, em que as antigas conexões ficam irremediavelmente *perdidas*. Em outros termos, a própria construção da fantasia funda-se sobre algo a partir de então *irrecuperável*.

Ora, quando nos desvencilhamos da ideia de uma constituição solipsista do mundo fantasmático, quando questionamos a rígida delimitação entre o fantasiado e o real, não há como definir o trabalho clínico em termos de um processo de esvaziamento da fantasia em favor de qualquer "realidade" que, nessa eventualidade, não passaria da realidade do próprio analista.

A lembrança pode então ser descrita como um conglomerado construído pelos restos das cenas, os quais são escolhidos, arranjados e intensificados a partir dos múltiplos movimentos desejantes; os pontos de intensificação da sensação são os pontos de *condensação* de representações; fundamentalmente, lugares onde *ecoa a pulsão*. A lembrança e a fantasia constroem-se na história vivencial, onde se entrelaçam o âmbito individual e o coletivo (Galende, 1992).

Como foi apontado, Freud aproximava a lembrança encobridora da infantil. E é exatamente de uma lembrança infantil que trata o texto "Uma lembrança infantil de Leonardo", de 1910:

> Parece que já estava anteriormente destinado a ocupar-me
> tão intensamente do abutre, pois me ocorre uma lembran-
> ça muito antiga em que, estando eu no berço, um abutre

desceu sobre mim, abriu minha boca com sua cauda e bateu diversas vezes sobre meus lábios. (da Vinci, apud Freud, 1910/1989c, p. 77)

Assim como ocorre com respeito à lembrança encobridora, tampouco a lembrança infantil de Leonardo será considerada por Freud uma cena "real" do passado, que tivesse sido inscrita psiquicamente e pudesse funcionar como *causa* de um acontecimento no presente. Pelo contrário, aqui irá mais uma vez conceber a lembrança como algo construído e sobre o qual se propõe a realizar justamente um trabalho de desconstrução. Esse trabalho leva-o a afirmar que a construção da lembrança apoia-se em pequenas *realidades objetivas*: dados perceptivos, vistos ou ouvidos, traços que se destacam de sua relação original com outros (nesse caso, a relação com a mãe). O sentido do caminho não é, então, do presente em direção ao passado, mas do construído em direção ao traço no qual o passado manteve-se *indestrutível*.

No caso do texto de 1910, a fantasia de desejo que a lembrança contém é a do contato da boca com o pênis, e se apoia na *reminiscência* do ato de mamar. O corpo, cumprindo uma função de ponte, inscreve em si as impressões deixadas pelas primeiras experiências de satisfação, e é nas suas *aberturas* que ecoa a pulsão, desdobrando o leque possível de construção da fantasia. Os beijos erotizados da mãe insatisfeita inscreveram nos lábios de Leonardo uma marca de gozo, instaurando um circuito da pulsão que se *figurabiliza* na fantasia-lembrança.

Sem dúvida, estamos aqui às voltas com a história; mas de qual história se trata? Caso quiséssemos nomeá-la, o título que melhor lhe conviria é o de história da *erotização*: a dos movimentos pulsionais e dos *lugares de identificação*, condensados num pequeno traço, resto de uma história vivida e convertida em *realidade psíquica*.

Freud tentou construir a biografia de Leonardo, mas fracassou: os documentos encontrados sobre a vida do artista não confirmaram as hipóteses levantadas. Porém, vimos que outro trabalho, diferente da reconstrução biográfica, encontra-se também presente no texto: o da *reemergência* do traço, processo de desconstrução dos condensados fixos, visando a reencontrar as linhas de força, os movimentos do desejo coagulados da lembrança.

Apoiando-nos nessa perspectiva, podemos afirmar que o objetivo do trabalho analítico não é buscar um texto passado para torná-lo causa explicativa do presente. Mas o texto narrado no passado ou no presente é sempre um *texto a ser desconstruído*, para fazer surgir alguma verdade histórica.

Os vários tempos da clínica

No cotidiano da clínica o *tempo* apresenta-se como cronologia, no que se refere ao tempo das sessões e ao tempo da análise.

O relato dos analisandos coloca-nos diante de várias estratégias em relação à *vivência*, à passagem do tempo. Demorei para entender a intensidade do abalo vivido por um analisando quando perdeu um concurso que permitiria sua efetivação como professor titular. O que teria perdido nessa perda? Os retratos dos *professores* mortos iam para o Salão dos Imortais, resto cotidiano que durante anos servira-lhe como suporte de sua própria imortalidade fantasiada. Com a perda do concurso, sua estratégia mais bem-sucedida de ultrapassagem da condição de mortal havia fracassado. Mas pude acompanhá-lo, sessão por sessão, na construção de outras estratégias, em que ficava patente seu modo de vivência temporal: era um verdadeiro ilusionista para apagar a passagem do tempo.

Quando alguém nos procura em busca de análise, é capaz de contar-nos uma história – ao menos quando se trata de uma neurose[6]. Essa história, que funciona como referência identitária – por meio da qual é possível reconhecer certa continuidade de vida e construir uma biografia em que as lembranças são ordenadas de acordo com certa sequência e exibindo certa coerência –, é produto da atividade egoica e do processo secundário. Traz em si os efeitos do recalcamento, e seu tempo é o *tempo histórico*, o da sucessão dos acontecimentos regulados pela cronologia.

---

[6] A clínica com psicóticos revela as terríveis consequências do fracasso do processo de historização, sobre o qual a obra de Piera Aulagnier fornece preciosos ensinamentos.

As condições de uma análise, isto é, a associação livre e a atenção flutuante, propiciam um processo de desconstrução e de abertura a novas sequências associativas, trabalho de desmanche dos aglomerados cristalizados, de destrançamento das significações fixas. Ao associar livremente, o analisando conta *histórias*: relato de eventos, de suas experiências afetivas, de fatos ocorridos. Tais histórias são datadas, algumas muito atuais (por exemplo, algo acontecido na chegada à sessão ou no caminho até ela), outras referindo-se a tempos remotos, ou a um passado próximo. Nesses relatos, a dimensão temporal revela-se pelas palavras utilizadas: "ontem"; "quando eu era criança"; "amanhã" (o tempo da consciência). Mas essas histórias-relato contêm sonhos, lapsos, lembranças, formações do inconsciente, nos quais outro tempo aparece, presentificando a memória *intemporal*, própria da representação-coisa, do processo primário.

Iremos deter-nos em apenas uma dessas formações, por seu caráter emblemático. O sonho, afirma Pontalis (1994), é sonhado no presente. É um conjunto de imagens, todas dadas no presente, ainda quando se sucedam umas às outras. No sonho o tempo é assimilado ao espaço: *há sonho*. Apenas no momento de relatá-lo é possível dizer *"eu sonhei"*. Talvez exatamente por isso ele seja a via régia de acesso ao inconsciente. Nele os acontecimentos sucedem-se sem se engendrar, tocam-se sem se influir, avizinham-se sem contradições. Essa é a razão pela qual consegue fornecer imagens para impressões que nunca puderam ou poderão ser lembradas, justamente aquelas impressões no corpo que, segundo Freud, figurabilizam-se apenas em termos do processo onírico, e que são fontes de toda criação.

Piera Aulagnier (1990, *apud* Hornstein, 1993, p. 43) estabelece uma distinção entre três âmbitos: a) o do *memorizável*: as lembranças passíveis de serem reencontradas quando parto à sua busca; b) o do *reprimido*: as representações censuradas pelo eu, mas que já fizeram parte do memorizável na vida infantil; c) do *automemorizante*, um fundo de memória integrado ao discurso de tal forma que permanece despercebido para quem fala e para quem escuta; fundo sonoro de um leque de partituras que serão escolhidas em função das ressonâncias entre os sons que se escutam presentemente e os que foram escutados no passado. Estes não podem ser percebidos como elementos do passado, mas tampouco estão separados do tempo presente, já que dele são parte integrante.

Por seu lado, Gantheret afirma que não possuímos uma única memória individual, mas várias: a do fantasma – do que nunca foi –, a da verdade – do que foi – e a memória do corpo – do que foi vivido com excessiva intensidade para poder ser elaborado (*apud* Kaës, 2005. p. 176).

Poderíamos então afirmar haver um passado que o analista escuta quando se dispõe a ouvir esse fundo sonoro, essa memória do corpo e do fantasma, esses instantâneos que se figurabilizam nas imagens oníricas, esses restos reminiscentes presentes nas repetições. É apenas esse passado que realmente importa na análise, aquele que se converteu em *realidade psíquica*. Passado portanto psíquico, que, diferentemente do

O TEMPO, A ESCUTA, O FEMININO: REFLEXÕES

passado histórico, não é aniquilado por aqueles que o sucedem. E insisto na distinção, já que a confusão é demasiado frequente: esse passado não pode ser expresso pelas categorias gramaticais que ordenam o tempo sequencial, produto do processo secundário, que constrói o texto manifesto.

Ao contrário, é um passado que não se torna *história* e que exige um trabalho de interpretação, a partir do presente, para deixar de ser mera *repetição*: ao ser colocado numa perspectiva, cria uma nova perspectiva segundo a qual a história de vida será contada.

A formulação dada por Galende a essas mesmas concepções merece ser transcrita aqui:

> O processo analítico não consiste na revelação de uma verdade que até esse momento teria sido ignorada, mas sim na reconstrução de tramas nas quais a história vivencial do indivíduo se organizou na relação com os desejos e ilusões que a animam. (1992, p. 264)

Portanto, o objeto do trabalho psicanalítico são verdades construídas, sempre parciais e inacabadas, a partir das inscrições já existentes no interior de uma história: a história da *transferência*, capaz de produzir deslocamentos permitindo investir um objeto, construir um objeto que escape do mero círculo da repetição. Na transferência, aquilo que foi demasiado intenso para ser elaborado atualiza-se, atualização corporal das pulsões parciais, favorecida pelas condições do processo analítico. *Atualização* na qual o analista escuta o que *não é* atual. *Ambiguidade* presente na *temporalidade da transferência* (Fédida, 1988).

O termo "verdade histórica" irá aparecer na obra de Freud no texto sobre a "Gradiva", onde, como lembramos, sua busca suscitou certa viagem guiada pelas "pegadas deixadas por um singular movimento do pé" (Freud, 1906/1989a). Talvez seja esse um dos momentos mais felizes da escrita freudiana em sua tentativa de descrever o rigor e a delicadeza exigidos no trabalho analítico de reconstrução dessa verdade: exigência dessa mesma sutileza do traço, minúcia do gesto, no qual vai sendo retecida uma trama que permaneceu mutilada pelo efeito do recalcamento, e que, no caso de *Gradiva*, permitiu um deslocamento: da pedra à mulher (Freud, 1906/1989a).

4.

ENCONTROS ENTRE IMAGENS E CONCEITOS: REFLEXÕES SOBRE A TEMPORALIDADE EM PSICANÁLISE[1]

A *força das imagens*

Entre presenças que marcam a cotidianidade deste final de século, não poderíamos deixar de lembrar as imagens; elas imperam em anúncios publicitários, novelas e filmes que entram diariamente na vida do telespectador. No seio da cultura de massa, as imagens são fundamentalmente usadas por seu forte "poder hipnótico", por sua força de captação do outro, por seu efeito "passivizador", e são oferecidas como mais um objeto no mundo do consumo, para penetrar sorrateiramente na subjetividade, tentando ocupar todos os espaços de vazio, de falta, prometendo apagar as angústias. As imagens têm sido,

---

[1] Publicado originalmente em Bartucci, G. (Org.). *Psicanálise, cinema e estéticas de subjetivação*. Rio de Janeiro: Imago, 2000. p. 187-211. Uma versão parcial dessas elaborações foi comunicada oralmente no Espaço Psicanálise e Cultura, em outubro de 1995.

nas últimas décadas, um dos meios de veiculação de ideais de subjetivação que priorizam a exterioridade e a uniformidade; por esses motivos, têm sido alvo de muitas críticas.

No entanto, se a cultura de massas faz uso do poder hipnótico das imagens, isso não nos pode fazer esquecer de sua outra força oposta, o poder de evocação, que se mostra na forma pela qual a obra de arte visual nos interpela, por meio das cores, das formas, das linhas e dos movimentos que conseguem abrir brechas de entrada e produzir impacto nos traços erógenos do corpo.

No movimento psicanalítico algumas correntes descuidaram da questão da imagem em prol da palavra, ou nela pensaram apenas no sentido do poder alienante da especularidade narcísica. No entanto, no texto freudiano, vários são os lugares em que a imagem é considerada componente fundamental na constituição do psiquismo. Lembremos apenas do capítulo "O inconsciente" (1915/1989d), um dos textos da Metapsicologia, no qual o registro visual aparece para Freud como essencial na constituição da representação-coisa: "[...] a representação-coisa [...] consiste no investimento, se não da imagem mnêmica direta da coisa, pelo menos das marcas mnêmicas dela derivadas" (Freud, 1915/1989d, p. 94). No "Manuscrito M" (1897/1989c), os "vistos", além dos "ouvidos", são os restos fragmentários de realidade com base nos quais se constituem as fantasias. Certamente as imagens visuais integram uma parte muito importante da materialidade a partir da qual surgem as impressões que produzem o corpo erógeno.

Nesse sentido, Freud opunha-se a que seu pensamento fosse considerado filosofia, argumentando que quando pensamos abstratamente corremos o risco de negligenciar as relações das palavras com as "representações-coisa" inconscientes. E alguns analistas pós-freudianos fizeram questão de não esquecer a importância atribuída à imagem na construção teórica freudiana. Por exemplo, num texto de Fédida e Lacoste (1998) é possível encontrar a seguinte afirmação:

> Não se poderia, de forma alguma, economizar a reflexão – por mais sucinta que seja – que trata de duas palavras, *Bild* (imagem) e *Vorbild* (modelo ou protótipo) [...] Em Freud, a corporeidade do *Bild* (do sintoma) leva a um esquema corporal do psíquico. É neste sentido que o aparelho psíquico do capítulo VII da *Interpretação dos sonhos* originou-se, justamente, da memória estratificada do corpo histérico, mas por intermédio do trabalho do sonho. O esquema é de execução e alcance metapsicológico, mas dispõe da corporeidade do *Bild*. Na análise de pacientes obsessivos, poder-se-ia mostrar que se trata de integrar a corporeidade do sintoma (histeria e/ou sonho) no esquema do *Bild*, onde o dialeto tende a produzir a ilusão de um puro discurso do psíquico. (p. 27)

No entanto, se em alguns momentos Freud queixava-se das abstrações, em outros não deixava de defendê-las. Em 1925, Karl Abraham pressionou-o para que colocasse a psicanálise em imagens, para que cedesse ao apelo de assinar o roteiro de um filme. Freud irritou-se e se opôs a tal iniciativa dizendo: "Minha principal objeção continua a ser que não me parece possível fazer de nossas abstrações uma representação plástica minimamente respeitável" (Freud; Abraham, 1960[2], *apud* Pontalis, 1991, p. 160). O que teria pretendido exatamente dizer com o termo "abstração"? É o que pergunta Pontalis, lembrando o episódio. E responde:

> [...] creio que é preciso estender o alcance da palavra, e portanto da objeção, ao conjunto da "coisa" psicanalítica; nada da vida mental pode ser traduzido pela imagem sem falseamento. A incisiva recusa que Freud opôs a Abraham era nada menos que a enunciação de uma recusa categórica fundamental: a imagem não acolhe o inconsciente. (1991, p. 160)

E Pontalis acrescenta:

> Num certo sentido, a psicanálise libertou o imaginário, estendeu para além do campo da percepção o domínio do visível e assinalou sua influência tanto na vida pessoal quanto coletiva: os sonhos, devaneios, fantasias, cenas visuais, o teatro privado e as cidades ideais dos visionários nunca deixam de nos acompanhar. Em outro sentido, porém, ela

---

[2] O diálogo encontra-se integralmente reproduzido em *Correspondance Freud-Abraham*. Paris: Gallimard, 1960.

desacredita esse visual, destituindo-o da condição a que ele aspira: o inconsciente, tal como o ser dos filósofos, não se dá a ver. (p. 161)

Se por um lado, como afirmava Freud, não é bom que as palavras se desliguem excessivamente das representações-coisa, por outro a "coisa" psicanalítica não pode restringir-se à imagem. Poderíamos, então, pensar ser entre as imagens e as palavras que as coisas acontecem, seja no trânsito intersubjetivo e intrapsíquico, seja no trabalho conceitual e de transmissão, seja no espaço da clínica psicanalítica. De fato, colocar em palavras algo que até então não podia ser dito é sem duvida um objetivo da psicanálise, mas isto só é possível pela capacidade imagética da escuta do analista, e por sua possibilidade de figurabilidade, condição indispensável para que algo possa ser sonhado. Por isso, alguns analistas, como André Green e Piera Aulagnier, foram levados a pensar o processo psíquico do analista na sessão em termos de "processos terciários", ou como uma capacidade de circular entre a representação-coisa (processo primário) e a representação-palavra (processo secundário).

A reflexão desenvolvida nesse artigo também surgiu no espaço de um "entre". No caso, entre imagens de um filme e conceitos psicanalíticos sobre a temporalidade. Em 1995, assisti a *Antes da chuva* (*Pred dozhot*, 1994), filme com roteiro e direção assinados por Milcho Mancheviski. O filme trata dos conflitos etnorreligiosos entre os macedônios ortodoxos e os muçulmanos albaneses. Entre o caos urbano da cidade de Londres e a beleza das paisagens da Macedônia, é construída a estética do filme. Na verdade, não se trata da situação real da Macedônia, que praticamente não foi atingida pela guerra, mas o filme refere-se à situação da ex-Iugoslávia, remetendo-nos a uma terra que foi palco de marcantes conflitos na história da humanidade. A crueldade da violência da guerra urbana ou da guerra entre irmãos contrasta com a bela paz da paisagem, com o azul da água que descansa os olhos do espectador, com o fulgor do céu e da lua brilhante e com o equilíbrio transmitido pelo convívio harmonioso com a natureza, com o mosteiro no meio das montanhas e a cor das casas, que quase se confunde com a da paisagem para não violentá-la. Ao mesmo tempo em que mostra a guerra, o filme faz sentir o "gostinho da paz".

Não pretendo, no entanto, analisar aqui a obra; porém a força de algumas imagens e a estrutura temporal do roteiro produziram uma ressonância significativa em alguns conceitos sobre a temporalidade em psicanálise. A força das imagens evocava os conceitos, os conceitos pareciam adquirir mais força e clareza no encontro com a figurabilidade das cenas. Apresento aqui alguns dos encontros que se fizeram entre as imagens e os conceitos que se seguem.

O tempo da errância

O roteiro de *Antes da chuva* não preserva a estrutura do tempo cronológico: a primeira e a última cenas são a mesma,

O TEMPO, A ESCUTA, O FEMININO: REFLEXÕES

com o que se constrói um círculo no qual vai sendo montada a história, constituída de três episódios, nesta ordem: "Palavras", "Rostos" e "Fotos". No primeiro deles, um monge, Kiril, acolhe, no monastério em que vive, uma jovem albanesa perseguida pelos macedônios ortodoxos. Descobertos, fogem, com a intenção de ir à Inglaterra para encontrar-se com o tio dele, um fotógrafo que lá vive. Mas a jovem acaba sendo morta. No segundo episódio, Aleksander Kirkof, o fotógrafo macedônio radicado em Londres, após passar duas semanas na Bósnia, atormentado pela responsabilidade em relação à guerra, decide voltar à Macedônia, com Anne, colega de trabalho em uma agência de fotografia, e com quem vive uma relação amorosa. Anne, no entanto, resolve ficar em Londres, e testemunha um ato de violência urbana. No terceiro episódio, Aleksander volta para Skopje, onde encontra uma guerra entre vizinhos (macedônios e albaneses). É importante observarmos, entretanto, que esse curto relato da sequência do filme não transmite sua complexidade, que emerge no entrecruzamento dos episódios.

No início do filme, há um diálogo, ou melhor, um monólogo entre dois monges – já que um fala enquanto o outro, que fez voto de silêncio, participa com gestos em sua presença silenciosa. Ambos retornam da horta para o mosteiro, buscando refúgio contra a chuva que se avizinha. A mesma cena reaparece no final da terceira parte. No entanto, se na tela a cena é a mesma, para o espectador ela é muito diferente, pois inclui os múltiplos sentidos que foram construídos ao longo dos três episódios. A história da jovem albanesa que, ajudada por um monge, encontrara abrigo num convento macedônio, mas acaba sendo morta pela própria família, vai sendo significada pelos três episódios, no contexto da vida do lugar, das histórias pessoais e da violência do mundo.

É assim que as imagens do primeiro episódio vão adquirindo sentido à medida que cada trecho da trama vai sendo tecido. Encontramos aqui o que em psicanálise é chamado de temporalidade do *a posteriori*, temporalidade da errância da vivência até que um sentido se faça: as imagens ficam em suspenso, à espera, e ganham sentido no próprio desenrolar da história. Tempo do *a posteriori*, no qual o sentido é criado permanentemente e recriado na produção de novas articulações. Esse sentido não reside nas cenas isoladas, mas apenas na trama que se cria no encontro entre elas, de tal forma que, ao serem repetidas, a imagem ou a cena estarão carregadas, para o espectador, de um sentido muito diferente. Assim como a estrutura do roteiro quebra a ordem sequencial, o *a posteriori*, como forma de temporalidade psíquica, quebra a linearidade temporal e causal, em que um acontecimento anterior é tomado como causa de algo que ocorrerá depois.

É na construção bifásica do trauma, na formação do sintoma que Freud introduz essa concepção de causalidade psíquica. Ao escrever sobre a *proton pseudos* histérica – mentira originária – no relato da constituição da fobia de Emma, narra duas cenas e é somente na relação entre elas que poderá ser compreendido o surgimento do sintoma (1895/1989b, p. 401-403). Quando Emma tinha oito anos, estando numa confeitaria, um dos atendentes beliscou seus genitais através de suas roupas, acompanhando o gesto de uma risada. Nenhuma reação foi despertada na menina, que lembra ter ali voltado por uma segunda vez, sem nenhuma alteração. Aos doze anos, Emma entrou numa loja e, ao encontrar os empregados rindo, foi tomada de intenso sentimento de terror, o que a fez fugir correndo; desde então, não conseguiu mais entrar sozinha numa loja. Os elementos semelhantes, presentes nas duas cenas – a loja e a risada dos empregados –, estabelecem um nexo entre elas. Entretanto, existe na segunda cena um elemento novo que introduz a diferença: Emma é agora uma adolescente, e a partir de sua excitação puberal, a lembrança da primeira cena produz um afeto *sexual* que no episódio original não estava presente e que se transforma em angústia. As alterações da puberdade possibilitaram uma nova compreensão da lembrança, o que levou Freud a afirmar: "Descobriu-se que recalcara uma lembrança, que só com efeito retardado [*nachträlich*] tornou-se um trauma." (1895/1989b, p.403). Portanto, se é num segundo momento que o primeiro acontecimento tornou-se traumático, a eficácia traumática está entre os dois acontecimentos, no jogo de associações entre os vestígios mnêmicos, tornando-se impossível datar o acontecimento traumático num momento cronológico determinado. Este se localizaria apenas num fenômeno ocorrido *a posteriori*.

Tampouco se deve pensar numa causa situada no passado, ou num inconsciente sepultado em um lugar qualquer, ou em restos do passado soterrados em alguma profundeza. "Excitação difusa"; "vaga agitação"; "falta de marcas mnêmicas para que os nexos se realizem"; "lacuna psíquica"; "falta de sentido sexual": todas essas são formas pelas quais, nos relatos clínicos, Freud refere-se ao momento da primeira experiência, quando algo falha na inscrição, e quando parece criar-se uma vacuidade no interior dessa vivência inicial. Esse vácuo criado na vivência pela falta de sentido deixa-a carente de ossatura, informe, num estado de errância, à espera de que algo novo lhe outorgue uma forma mais definida. Será em outro tempo e lugar, diferentes daqueles do acontecimento original, que a vivência inicial irá alcançar um sentido a partir do qual o passado se constituirá como traumático. No caso do "Homem dos Lobos" (1918/1989, p. 29-46), um sonho irá significar a cena originária (o coito dos pais) e produzirá a excitação desencadeadora da fobia. Forma particular de memória essa, na qual as marcas – que se mantêm na errância, à espera de um sentido – não estão em nenhum lugar, senão naquele de sua ressignificação.

Duas direções do tempo

No primeiro episódio do filme, "Palavras", enquanto os monges fazem suas orações na pacífica quietude do interior do convento, um grupo de crianças brinca no campo. Com galhos secos, constroem um círculo que delimita um território, um espaço no qual fazem tartarugas guerrearem.

Aqui, as crianças, submetidas ao violento cotidiano da guerra, repetem a violência em seus jogos. Ao fazerem as

O TEMPO, A ESCUTA, O FEMININO: REFLEXÕES

tartarugas guerrearem, repetem ativamente o que experimentaram passivamente na realidade. Tudo o que impressiona as crianças na vida diária é incorporado em suas brincadeiras, numa tentativa de ab-reação da intensidade da impressão e de domínio da situação, num esforço para que o psiquismo não fique submerso pela intensidade provocada pelas experiências vividas. As crianças, afirma Freud (1908/1989b), comportam-se em suas brincadeiras como um poeta, pois incluem as coisas de seu mundo numa nova ordem que lhes agrade. Assim, as impressões dolorosas são incluídas na brincadeira infantil da mesma forma que o são nas atividades artísticas dos adultos, como a "tragédia" (1908/1989b, p. 123-135). O que leva Freud a afirmar que "ainda sob o império do princípio do prazer, existem suficientes meios e caminhos para se converter em objeto de lembrança e elaboração anímica o que é em si desprazeroso" (1920/1989a, p. 17). O poeta em sua atividade criadora, o adulto ao fantasiar e a criança ao brincar têm algo em comum, na medida em que todas são atividades de forte investimento afetivo, nas quais o psiquismo põe em funcionamento um processo de elaboração a partir de excitações penosas.

Em seu texto "O criador literário e o fantasiar" (1908/1989b), Freud refere-se ao nexo particular da fantasia (que no adulto substitui a brincadeira), ou atividade criadora, com o tempo, ou melhor, com a multiplicidade de tempos nos quais ela se constrói. Diz ele:

Uma fantasia oscila de certo modo entre dois tempos, três momentos temporais de nosso representar. O trabalho anímico vincula-se a uma impressão atual, a uma ocasião do presente que foi capaz de despertar os grandes desejos da pessoa; a partir daí, remonta-se a uma vivência anterior, infantil no mais das vezes, na qual esse desejo se realizava, e então cria uma situação referida ao futuro, que se figurabiliza como a realização de um desejo, justamente o devaneio ou a fantasia, no qual estão impressas as marcas de sua origem no atual e na lembrança. (1908/1989b, p. 130)

O devaneio, da mesma maneira que a atividade poética, parte de uma percepção atual e se dirige para o infantil, onde encontra o desejo que lhe serve de plataforma de lançamento para o futuro, criando uma fantasia na qual esse desejo se figurabiliza, articulado numa produção que respeite a ordem sequencial. Freud refere-se a elas como um produto de "sangue misto", um intermediário entre a identidade de percepção e de pensamento, entre processo primário e secundário, entre repetição e rememoração[3].

---

[3] Em Freud, o termo "fantasia" apresenta grande amplitude, servindo para designar desde o sono diurno, o devaneio, até as fantasias inconscientes que se encontram no fundamento dos sintomas neuróticos, abrangendo desde as construções feitas na mistura de várias cenas que expressam os movimentos de desejo (lembranças encobridoras) até as fantasias originárias, tema este extremamente polêmico entre os analistas. Mas como Laplanche e Pontalis mostram no verbete sobre a fantasia em seu *Vocabulário*, o interesse de Freud não era distinguir entre fantasia consciente e inconsciente; ao contrário, ele teria visado a mostrar suas analogias, suas estreitas relações, e suas passagens mútuas, considerando-as algo que atravessa toda a tópica e que adquire seu caráter de consciência ou inconsciência dependendo das intensificações dos investimentos (1988, p. 231).

O TEMPO, A ESCUTA, O FEMININO: REFLEXÕES

No entanto, quando trata das teorias sexuais infantis, Freud (1905/1989c) define o sentimento penoso vivido pela criança ao ser surpreendida pelo nascimento de um irmão como o sentimento de "desvalimento" ou de "desamparo" infantil. Assim, quando uma criança é dessa forma surpreendida, despertando-lhe o temor de perder o amor dos pais, produz-se um duplo movimento: se de um lado ela fantasia o desaparecimento do irmãozinho – "quero que a cegonha o leve de volta" –, de outro começa a ver-se interessada em pesquisar sua origem – "de onde vêm os bebês?" (p. 177). É na base da pulsão de saber que Freud situa o enigma, o mesmo proposto pela Esfinge de Tebas. Em outras palavras, o acontecimento que cria o desamparo transforma-se em enigma e desperta a curiosidade e a produção fantasística: "Todo investigar é produto da pressão da vida" (1908/1989d, p. 189).

Essa mesma bifurcação será tratada no texto intitulado *O tempo do conto e o não tempo do inconsciente*, de Monique Schneider (s/d)[4], ao analisar o conto dos cisnes, no que se refere à estrutura temporal da própria narrativa, trabalhada por Propp. Acompanhemos sua análise.

O conto começa com uma situação de perda. Os pais de uma menina partem e a deixam sozinha cuidando do irmãozinho. Entretida numa brincadeira, não percebe quando os cisnes levam-no embora. A chegada de um irmão, diz a autora, pode ser descrita como um corte, pois produz uma *incisão* numa temporalidade até então *indivisa* na relação com os pais.

---

[4] *vide* nota de rodapé 5, na página 58.

Acontecimento que introduz o *novo* – neste caso, um novo penoso – a perda de uma situação familiar vivida até então. Segundo Schneider, ocorre, então, a denegação, movimento do desejo que tenta suprimir o novo penoso, suprimir o irmãozinho, abolindo concomitantemente o "tempo em progressão" (s.d., p. 18). A partir da experiência da perda, a menina vai atrás do irmãozinho, seguindo um caminho que a leva até a floresta escura, ou seja, tenta alcançar um ponto aquém do tempo, um tempo de irrealidade, de antes do nascimento. Mas esse movimento de refluxo do tempo, de volta para o não tempo da noite é acompanhado por um despertar, em que a criança formula questões sobre a origem: "frigideira, frigideira, onde teriam ido os cisnes?".

Assim, no conto, a menina chega à casa da Baba Yaga (p. 22), no centro da floresta: é o coração do tempo, a casa girando sobre si mesma, mostrando a impossibilidade de qualquer temporalidade linear. Nela, encontra a maçã de ouro, essa temporalidade sem perdas, que se opõe à separação necessária para que se instale o tempo sequencial.

Continuando, a menina depara-se com o ouriço, encontro que, no entanto, devolve-lhe em espelho sua própria agressividade em relação ao irmão. Esse mesmo encontro permite-lhe reencontrá-lo e abre um caminho de retorno: a menina, então, torna-se de certo modo a parteira do garotinho, ao resgatá-lo da morte, num momento de elaboração no qual um acontecimento vivenciado até então como invasivo (o próprio nascimento do irmão) começa a ser integrado.

Vemos assim que no interior da narrativa a autora encontra o trabalho de *elaboração*, que é um momento de "transposição da experiência temporal" (p. 23). A menina, que até então negara o tempo e caminhava na direção de antes do tempo, pôde reconstruí-lo e dirigir-se para o tempo sequencial. Mas essa transposição temporal implica uma mudança no movimento do desejo: da denegação para a inclusão do corte e do luto. A própria tessitura da narrativa vai construindo um lugar no qual se possa localizar o acontecimento vivido e o sentimento de "desamparo". O que leva a autora a concluir que

> [...] o conto pode ser visto como um jogo com o tempo, com as dimensões antagônicas do tempo: um tempo realista, separado pelas experiências da cesura e do luto, e um tempo onírico, encaminhado em direção à experiência de um não tempo, de um antes fundador do tempo. (p. 24)

Vemos então o desamparo infantil colocado no âmago da produção fantasística e das produções criativas: estamos diante de um trabalho de tecelagem, em que a fiação do tecido vai construindo no psiquismo um lugar capaz de alojar o *novo*. Aqui, o momento de elaboração é visto como a "transposição da experiência temporal" permitida pela mudança de movimentos do desejo – momento que ocorre entre a tentativa denegatória do outro e do novo, e o trabalho de abertura e de circulação no psíquico, mediado pela inclusão do corte que permite a inclusão do inédito. Nesse mesmo sentido poderíamos pensar o processo de perlaboração na clínica analítica.

Assim é que no filme o círculo dos galhos secos delimita o território dentro do qual se realiza a brincadeira infantil. No texto de 1908, "O criador literário e o fantasiar", Freud (1908/1989b) recorre à imagem de um colar para referir-se ao espaço virtual no qual o fantasiar acontece, dizendo-nos que o fio que entrelaça os tempos da fantasia é o desejo. No interior do círculo, um trabalho de elaboração acontece. As fantasias originárias – a sedução, a castração e a cena primária – são respostas para as interrogações sobre a origem da sexualidade, de si próprio e da diferença dos sexos que inquietam a criança. Elas refletem, em um espaço imaginário, a forma na qual o simbólico se insere no corporal (Laplanche; Pontalis, 1990). As teorias sexuais infantis vão retrabalhar as fantasias originárias, desde as vicissitudes do complexo de Édipo e de castração, tentando novamente construir respostas para as interrogações sobre a origem, o desejo e os outros que rodeiam a criança. Em outra modalidade típica de encenação fantasmática, o "romance familiar" (Freud, 1909/1989a, p. 212-213), a criança cria um relato secreto sobre as origens e sobre os pais; nesse romance, um trabalho de elaboração de desprendimento dos pais e da oposição entre as gerações vai-se produzindo. As construções fantasmáticas são encenações imaginárias com forte potência simbolizante. Elas têm um lugar fundamental no processo permanente de construção de si próprio e do estranho, processo no qual uma ficção sobre as origens é fundamental para ancorar uma história.

Os instantâneos

No segundo episódio do filme citado, "Rostos", na agência de fotografia, em Londres, a personagem Anne observa um conjunto de fotos. Entre elas, os acontecimentos que ocorrem nesse episódio e o registro que permanece com o espectador do episódio anterior, uma sensação de embaralhamento dos tempos vai-se produzindo. As datas não correspondem, mas é no conjunto das fotos espalhadas no chão que a sensação fica mais acentuada, uma vez que elas nos remetem a eventos distintos de épocas diferentes. Cada foto, entretanto, parece concentrar e condensar toda uma história, a da violência da guerra.

Como nessa mistura de instantâneos, um amálgama de cenas e de tempos, assim dá-se o tempo do processo primário. As marcas acotovelam-se sem ordem de sucessão; os princípios lógicos não são respeitados, as contradições convivem, o antes e o depois desaparecem. A atemporalidade do inconsciente afirmada por Freud marca uma oposição à representação abstrata do tempo, que só corresponde à consciência. No entanto, o inconsciente não deixa de ter um tempo, embora de natureza diversa daquele dos relógios e dos calendários. Em "O mal-estar na cultura" (1930/1989), Freud constrói uma fantasia na tentativa de explicar esse tempo que não passa, o indestrutível do inconsciente em que nada envelhece. Convida-nos a imaginar uma Roma onde, sobre o Palatino, levantar-se-iam ainda os palácios imperiais e na qual, onde hoje se localiza o Palazzo Cafarelli, também se encontraria o templo de Júpiter Capitolino, não apenas em sua última forma, mas também no aspecto etrusco (p. 71). Freud acaba sendo obrigado a reconhecer a inutilidade de tal fantasia, pois um espaço não pode ser duplamente ocupado. No entanto, no psiquismo, os traços mnêmicos convivem em justaposição, independentemente da data de sua inscrição. No tempo instantâneo do inconsciente, no momento de sua aparição, toda a história faz-se presente.

O inconsciente mistura os tempos, ignora a separação entre eles. O sonho é uma boa expressão disso, em seu conjunto de imagens num presente eterno, em sua linguagem "ao infinitivo" (Schneider, p. 22): somente ao ser controlado ele passa a ser incluído em uma temporalidade ordenadora. No inconsciente as marcas não envelhecem, o tempo não passa, é o tempo da repetição.

No desenvolvimento conceitual freudiano, desde a primeira tópica, a repetição faz-se presente, no seio do princípio do prazer: os caminhos do desejo são caminhos abertos para sempre, a busca da primeira experiência de satisfação marca a sexualidade humana. Mas no interjogo entre os princípios do prazer e da realidade, que inclui os desvios e a postergação para se obter o prazer, abre-se o espaço para as formações substitutivas, para a criação de produtos intermediários: os sonhos, os sintomas, as fantasias.

É no "para além do princípio do prazer", no automatismo da repetição, na neurose de destino, nesse "eterno retorno do mesmo" cuja figuração poética Freud encontra na Jerusalém Liberada (1920/1989a, p. 22), que esse conceito alcançará toda sua radicalidade. Aqui, a espada do herói Tancredo faz jorrar sangue ao produzir uma ferida na árvore, e ele escuta, então, a voz de sua amada Clorinda, a quem ferira *pela segunda vez*, pois ela, revestida da armadura de um cavaleiro inimigo, teria sido morta pela espada do herói. No entanto, não é apenas na extrema radicalidade das neuroses de destino, mas também nas neuroses traumáticas e na brincadeira infantil que Freud encontrará essa compulsão para repetir experiências desde sempre dolorosas – repetição daquilo que não encontrou lugar no psiquismo e se repete à procura de um lugar, repetição do traumático. Construir um passado em que há um tempo que não passa, produzir uma irreversibilidade do tempo que limite a força de vampirismo do "passado que inexiste como tal" é função do processo analítico.

As bordas

No filme, um fotógrafo macedônio que habita o espaço urbano de Londres, depois de fotografar a guerra na Bósnia durante duas semanas, resolve voltar à terra natal. A lente de sua máquina fotográfica, testemunha dos horrores da guerra e instrumento de concretização de sua atividade sublimatória, transforma-se em arma de guerra. "Eu matei um homem", diz, explicando que, tendo-se queixado a um soldado de que não havia feito nenhuma foto interessante, este imediatamente ordena que um de seus prisioneiros afaste-se dos demais e o mata, cena que é resgatada pela imagem da fotografia. Mas esta foto demorou a ser seguida de outra, já que ele não consegue mais fotografar. Interroga-se sobre sua responsabilidade na guerra e decide empreender a viagem de retorno à Macedônia. O passageiro a seu lado no ônibus pergunta-lhe qual o objetivo da viagem. "Um batizado", responde. "De quem?" "Meu".

O batizado é um momento ritualístico que marca a inclusão, a pertinência a um grupo. A viagem de retorno de Aleksander Kirkof à Macedônia parece ser uma busca de referências identificatórias, de marcas identitárias, de reconstrução da história. A história faz-se sob o signo do desgarramento, afirma Rey (1984, p. 25), referindo-se mais especificamente ao momento em que Freud escreveu "Contribuição para a história do movimento psicanalítico" (1914/1989b), a partir da ruptura com Jung, e o livro sobre Moisés (1939/1989), na proximidade de sua morte e no contexto da guerra.

Sabemos que toda morte de um próximo implica um trabalho de luto no qual é necessário que se desfaça, fio a fio, a trama de ligação tecida com o objeto perdido, trama da qual participam sentimentos ambivalentes. Sabemos que em "Luto e melancolia" (1915/1989b) Freud mergulha de forma magnífica nessa temática, mas o que me interessa aqui é salientar um ponto que foi trabalhado por Kaës em "Rupturas catastróficas e trabalho da memória: notas para uma investigação" (1991). Segundo esse autor, não haveria luto estritamente privado, pois embora qualquer trabalho de luto comprometa a singularidade e a intimidade de cada sujeito, ele se dá sempre sobre uma inscrição coletiva, social, cultural ou religiosa. É sempre nessa dimensão que serão encontrados os rituais, assim como os enunciados sobre a origem, a morte, ou a relação entre gerações que servem de apoio ao trabalho de luto. Ao mesmo tempo, Kaës afirma que

> [...] as diferentes figuras da morte, do assassinato, do desa-parecimento na escala do genocídio, não podem ser tratadas pela psique como um luto normal. Implicam também a espécie, os vínculos genealógicos, os conjuntos transubje-tivos, ou seja, os fundamentos narcisistas da continuidade da vida mesma. (p. 160)

Conhecemos a necessidade de cada um de construir um saber sobre sua história libidinal e identificatória que outorgue a si e aos que o rodeiam uma sensação de continuidade temporal. A belíssima exposição de Piera Aulagnier (1989) nos ensinou muito a esse respeito. A autora mostra como o eu advém de um espaço que o precede, de um discurso já existente, e como tem de encarregar-se de representar, de construir uma versão sobre esse tempo vivido-perdido. Esse eu deve construir uma versão de sua ontogênese, para poder ancorar um devir e para que se abra a possibilidade de mudanças na vida, mas com a garantia de que seja preservado algo do "próprio". Nessa construção, que cabe ao "eterno aprendiz" (p. 14) realizar, são encontra-dos obstáculos importantes, pois a reconstrução deverá ser realizada apenas por meio de "documentos fragmentários"

(p. 208). Mas, para escrever o primeiro capítulo de seu livro, o "aprendiz" precisará de uma *coautoria*; irá necessitar de informações e de "enunciados identificatórios" (p. 208) que sua mãe poderá transmitir-lhe ao relatar sua relação com o bebê, já que as inscrições em seu corpo testemunham que há algo experimentado em um tempo anterior à existência dos traços mnêmicos deixados pelas representações ideativas. Mas é só até esses traços que a memória do passado do "eterno aprendiz" poderá chegar. A importância de tal construção fica evidente quando nos deparamos como os efeitos produzidos por seu fracasso, dos quais a psicose é testemunha. É essa construção que dá acesso aos processos de rememoração e de historização que se contrapõem ao *id*, esse "mestre feiticeiro" (p. 15), que não cessa, em sua atemporalidade, de repetir sua "história sem palavras".

É na história singular que se constrói a possibilidade de simbolização; no entanto – e aqui acompanho o pensamento de Kaës (1991) –, é o *entorno cultural* que se encarrega de manter as *bordas*, de construir um fundamento metapsíquico com função de enquadre, funcionando como garantia externa da capacidade de simbolização continente da identidade e estrutura de apoio dos processos de pensamento e sublimação. Quando essa garantia está ausente, produzem-se efeitos de ruptura no trabalho psíquico de ligação, de representação e de articulação que se tornam obstáculos para o "trabalho de memória" (p. 151). Trabalho complexo que, no entender de Kaës, tende a desocultar o reprimido, mas também a reprimir o que não pode ser tolerado, e a ressignificar a partir do presente colocando em perspectiva o passado.

Por meio dos mitos, das lendas, dos contos, do trabalho dos historiadores ou da arte, a cultura oferece elementos importantes para que se constituam as bordas do círculo que permite a rememoração. Pelo contrário, o que é censurado pela cultura, como, por exemplo, no *mandato de esquecer* que impera em algumas situações de traumatismos sociais, impede a construção das bordas para o necessário processo de historização.

O tempo congelado do narcisismo

Mas na viagem de retorno que realiza para a Macedônia em busca de marcas identitárias, o fotógrafo Aleksander Kirkof encontra outra "guerra entre irmãos". Os 28 mil olhos que os bizantinos arrancaram dos 14 mil macedônios capturados quatrocentos anos antes parecem ter permanecido fixados no tempo, no "olho por olho" da guerra entre vizinhos. Olhos que ao mirar o semelhante veem apenas as pequenas diferenças detonadoras de ódio – o tempo congelado do narcisismo.

Na conceitualização freudiana, os princípios do prazer e de realidade e o conflito entre as pulsões de autoconservação e a sexualidade pareciam ser suficientes para explicar as neuroses. Porém, ao se deparar com fenômenos como a repetição de situações desagradáveis, o masoquismo, a reação terapêutica negativa no processo de cura e a intensidade da destrutividade humana a partir da Primeira Grande Guerra, Freud reconhece a necessidade de introduzir certas modificações teóricas. As transformações conceituais que efetua na passagem da primeira para a segunda tópica são inúmeras, mas certamente as que se referem à conceituação do eu são fundamentais.

A partir do estudo das psicoses e de seu eu desestruturado, Freud reconhece a existência de uma fase de fragmentação autoerótica. Em 1914, introduz o narcisismo como o novo ato psíquico que nos retira da fragmentação autoerótica e que, ao mesmo tempo, constitui o eu (Freud, 1914/1973b). O amor a si mesmo origina-se do olhar amoroso do outro sobre o eu. Os pais, que veem o filho como a prolongação do próprio narcisismo, atribuem-lhe todas as perfeições – *"his Majesty, the baby"* (Freud, 1914/1973b, p. 2027) – e o colocam no lugar de seu próprio ideal de eu: o menino será um grande homem e a menina casará com um príncipe. A criança, identificada com o lugar do ideal, acha-se o centro do mundo e o portador de todas as perfeições, não separando o eu atual do ideal.

O eu ideal, que se forma nessa identificação com o ideal outorgado pelos pais, produz um estancamento da libido no eu e, em termos temporais, uma tentativa de anulação da passagem do tempo. O sentimento de "eternidade" é aproximado, por Freud, ao sentimento "oceânico", como a situação mais absoluta de concretização do narcisismo primordial, situação na qual se apagam os limites do eu com o mundo e se vive a sensação de ser "Um com o Todo" (1930/1989, p. 73) – lugar de forte atração, sobretudo diante do *desamparo* infantil e da nostalgia do pai (p. 72). Renunciar ao lugar da perfeição narcísica da infância não será tarefa fácil.

A partir da triangulação edípica, o ideal coloca-se além do eu atual, sem renunciar à perfeição, mas reconhecendo-a como impossível, rearticulada ao ideal e relançada para o futuro. Nessa passagem do eu ideal para o ideal de eu, uma mudança importante acontece na temporalidade psíquica: a perda de objeto dimensiona o passado como falta. Na diferença que o eu faz entre o que é e o que gostaria de ser, faz-se possível a abertura de um devir, ou seja, abre-se um tempo de futuro. No entanto, o narcisismo, com sua tentativa de eliminação do tempo e do desejo, será sempre um polo de atração que exigirá do sujeito psíquico um luto permanente.

Os sentimentos de agressividade e hostilidade para com os que são nossos semelhantes, mas dos quais nos separam as "pequenas diferenças" (p. 111), são comuns, como ressalta Freud (1930/1989), nas lutas entre cidades vizinhas, entre os alemães do sul e do norte, entre os ingleses e os escoceses, e assim por diante. Na aversão a esses "estranhos próximos" expressa-se o amor a si, um narcisismo que aspira à sua autoconservação e se comporta como se qualquer divergência de suas crenças individuais implicasse uma crítica a elas.

O tempo artesão do psiquismo

Longo é o caminho a ser percorrido até que o psiquismo possa reconhecer o outro como separado de si próprio, percurso que coincide com o tempo de constituição da realidade psíquica. Longo é o processo que, a partir do corpo e das vicissitudes de sua erogenização, leva à construção de uma história significante. Mas a construção do fora e do objeto, dos espaços psíquicos (a tópica) e da instauração das múltiplas temporalidades no psiquismo são diferentes faces de um processo que na verdade é único.

No início, temos o *infans*: pressionado pela urgência das necessidades corporais e ao mesmo tempo em estado de desamparo, carente de recursos que lhe permitam satisfazê-las, assim como de uma organização pulsional, dotado de alguns recursos instintivos e incapaz de distinguir o fora do dentro. Na primazia da identidade de percepção – que não inclui o estranho –, boca e seio fundem-se na satisfação alucinatória: a ausência é negada, o ausente é alucinado. Mergulhado no prazer autoerótico – pois é de seu corpo que obtém satisfação –, será, no entanto, marcado pela alteridade que cunha seu sinal desde a primeira experiência de satisfação – o cálido leite que entra pela boca da criança já deixa impressa a possibilidade de um *plus* de prazer. O Outro marca desde o início a qualidade da repetição. Na sucção, os lábios beijam a si mesmos, o objeto encontra-se em estado de fusão com o corpo, não são admitidas nem distância, nem separação.

Da identidade de percepção que busca a atualização de uma percepção idêntica resulta uma *satisfação alucinatória*. Como sabemos, a identidade de percepção fracassa, pois do contrário estaríamos permanentemente condenados a uma homogeneidade sem cortes. A sucção e a alucinação que a acompanham não fazem cessar a fome. Surge então o choro. É a própria pressão da necessidade que vai abrindo caminhos que levam até o reconhecimento do objeto. Em "O mal-estar da cultura", Freud diz que

> [...] o lactente não diferencia ainda o mundo exterior e seu eu, que ele considera a fonte de múltiplas sensações que afluem em sua direção. Só aprenderá isso pouco a pouco, em decorrência de incitações diversas vindas do exterior. De qualquer forma, um fato deve-lhe causar forte impressão: é que algumas sensações, que só mais tarde reconhecerá como provenientes de seus próprios órgãos, são capazes de lhe proporcionar sensações a qualquer instante, enquanto outras, mais fugidias, esgotam-se periodicamente – entre elas, citamos a mais cobiçada, o seio materno – sendo-lhe temporariamente subtraídas, só sendo recuperadas recorrendo ao grito. Assim, pela primeira vez, contrapõe-se ao eu um objeto, como algo que se encontra no exterior e que somente uma ação particular força a aparecer. (1930/1989, p. 68)

O grito primitivo é uma mera tentativa de descarga sem intenção de chamado; apenas aos poucos converte-se em apelo que convoca a presença do objeto. A ausência do objeto e o choro que o traz de volta vão construindo um *fora*. A distância vai-se instaurando, assim como a separação, e é sobre o fundo de ausência que o objeto se constrói como presença.

O jogo de presença e ausência do objeto vai introduzindo as vírgulas nessa homogeneidade sem cortes. A satisfação alucinatória vai dando lugar à identidade de pensamento e à busca de objetos substitutivos. Quando a prova de realidade vai sendo incluída entre a alucinação e a percepção, o princípio do prazer não é destituído, mas cria caminhos de desvio que conduzem a um prazer mais postergado. O ato de pensar substitui o desejo alucinatório (Galende, 1992). Na ausência do objeto, o nome vai ocupando o seu lugar. O jogo do *fort-da* é um bom exemplo desse processo.

Assim, o percurso dá-se do "grito-mera-descarga" ao "grito-chamado" e à palavra que reconhece a ausência e salienta a presença. Vai de um tempo de presente absoluto, no qual se repete o idêntico à identidade de pensamento, até o processo secundário e à representação-palavra, acedendo a uma temporalidade da linguagem regida pela sucessão, submetida às categorias gramaticais; em suma, um percurso que leva à repetição que inclui a diferença. Gradativamente, um passado, um presente e um futuro vão podendo ser reconhecidos. E a história torna-se possível.

Esse processo de construção das temporalidades psíquicas, que acontece em conjunto com a construção do objeto, vai produzindo a diferenciação das instâncias no interior da tópica: inconsciente, pré-consciente, consciente (ao nos referirmos à primeira tópica); *id*, eu, supereu, ideal de eu (ao falarmos em termos de segunda tópica). Os tempos psíquicos são os *construtores* do psiquismo. A pluralidade das temporalidades instaura diferenças qualitativas no funcionamento das instâncias psíquicas. Essas diferenças são salientadas pela presença, na obra freudiana, de uma série de pares, diferentes nomes com os quais Freud foi nomeando as características dos espaços psíquicos: consciência e inconsciente; processo primário e processo secundário; tempo da repetição e tempo da rememoração; mistura dos tempos do infantil e sequência temporal ou flecha do tempo dos processos secundários, aquisição bastante tardia do processo de subjetivação.

Como esclarecem Laplanche e Pontalis (1988), o termo "tópica", significando "teoria dos lugares",

> [...] supõe uma diferenciação do aparelho psíquico em sistemas com características e funções distintas, dispostos em certa ordem, o que permite considerá-los metaforicamente lugares psíquicos sobre os quais é possível se fornecer uma representação figurada espacialmente. (p. 656)

Evidentemente, não se pode negar a influência que, sobre o pensamento freudiano, teve o contexto científico de sua época, em que imperava a teoria anatomopatológica das localizações cerebrais, ou ainda da psicopatologia de então, que entendia de modo quase *realista* a existência de grupos psíquicos separados. No entanto, a originalidade de sua proposta está em atribuir aos *lugares psíquicos* uma forma de funcionamento diversa, diferença fundamentalmente oriunda de sua natureza temporal, aspecto que priorizou em sua teoria.

Mas se são diferentes temporalidades que marcam os *lugares* dentro do psiquismo, é também a transformação das temporalidades que instaura as *passagens*. Pensar o psiquismo mais por meio de referências temporais do que espaciais permite concebê-lo, fundamentalmente, como algo em perpétuo movimento, já que o tempo é movimento (Le Poulichet, 1996b). Nesse sentido, a transformação é a marca da dinâmica psíquica, afirma Freud em muitos de seus textos – e talvez em nenhum de forma tão expressiva quanto na famosa "Carta 52" (1989i). Nela, demonstra a diversidade das inscrições do psiquismo e suas diferentes qualidades, mediante a descrição das leis que regem seu funcionamento temporal, evidenciando também a circulação posta em jogo no psiquismo, no processo de *retranscrição*.

Nessas retranscrições, diz Freud, cada reescritura inibe a anterior e dela desvia o processo excitatório. Portanto, as formas com que as marcas mnêmicas são reescritas vão ditando as leis que regulam a circulação da excitação no psiquismo. As diversas escritas são, portanto, legalidades distintas de fluxo das excitações, e essas diferenças são fundamentalmente de temporalidade, correspondendo à distinção entre os processos primário e secundário. As transcrições constituem a operação psíquica de *épocas* sucessivas da vida. Como observa Schneider, o tempo sequencial, a flecha do tempo irreversível que reconhece a diferença entre o passado, o presente e o futuro, a estruturação temporal com poder ordenador que reconhece a cronologia não está presente no psiquismo desde o começo, e também não se inscreve nele como mero reflexo de experiência; sua possibilidade se constrói num trabalho que é o mesmo trabalho da produção do psiquismo, trabalho de constituição de desejo, trabalho de cesura e de luto, que abrem a possibilidade de aceder a esse tempo sequencial.

O tempo é *artesão do psiquismo*, de um psiquismo que se mantém vivo num trabalho permanente de transformação e de construção de si próprio, exercício que se dá numa multiplicidade de trabalhos – o do sonho, o do luto, o da memória, o da pulsão – cuja combinatória constitui o trabalho de elaboração no sentido de ligação, que só pode ocorrer porque também há corte, porque também há reconhecimento da finitude, o trabalho da morte. Uma inscrição se repete no filme, de forma falada e escrita: "*O tempo não morre... o círculo não é redondo. O tempo não espera... o círculo não é fechado*" – está à espera dos acontecimentos.

Parte II

Sobre a escuta psicanalítica

*"O que se repete na transferência, age-se na paixão, e, logo,
não acontecera, não encontrara seu lugar psíquico. Ensaia-se
sem texto. 'Esta noite se improvisa.'"*
J.-B. Pontalis, A força de atração, 1991.

5.

A ESCUTA PSICANALÍTICA[1]

A escuta adquire um lugar central na psicanálise por ser uma coisa de palavras, ditas ou silenciadas. Palavras que enganam, mas que abrem um acesso à significação.

No entanto, ao inaugurar o campo da escuta, a psicanálise produz uma verdadeira ruptura epistemológica concernente ao pensamento psiquiátrico do momento. Citando Saurí (1979) em seu texto compilatório sobre a histeria:

> A trama das crenças no naturalismo, contexto no qual a histeria começa a ser estudada cientificamente, privilegia o modo visual de conhecer. A metáfora da luz domina sua área expressiva e inquisitiva, enquanto a necessidade de ver e iluminar guia o esforço dos cientistas. O visto, e com maior razão o olhado, goza de uma prerrogativa relevante. Não é, pois, temerário afirmar que durante a vigência do naturalismo predomina epistemologicamente o campo

---

[1] Texto publicado originalmente na revista *Percurso*, ano 1, n. 1, 1988, p. 20-23. Comunicação apresentada no painel sobre "A escuta psicanalítica" promovido pela livraria Pulsional, em abril de 1988.

visual, e que a intenção explícita ou tácita de seus seguidores é conhecer olhando. Neste contexto, o que é privilegiado são as características visíveis daquilo a ser conhecido, pelo que os traços ostensivos passam a primeiro plano. (p. 67)

O espaço e a figura; a figura olhada sobre um espaço. O império da objetividade positivista, a recolher e a anotar todos os dados que aparecem perante o olhar. E o que de melhor para se olhar se não a histeria, já que esta se mostra com toda a espetacularidade?

No entanto, próximo à década de 1890, chegando ao fim do século, no interior da Escola de Nancy, o relato começa a ocupar um lugar. A narrativa do sujeito, após ser hipnotizado, começa a interessar. Com isso, a categoria da recordação torna-se presente. Citando mais uma vez Saurí:

[...] escutar refere-se imediatamente à fala, e sua raiz latina vincula "o escutado" ao ato de ouvir e de "montar guarda"; situação em que o escuta, cumprindo ofício de sentinela, vigia os sons provenientes de um campo diferente do seu próprio. (1979, p. 197)

"O escuta" ouve ruídos vindos de fora e também o silêncio, que se incorpora ao campo da positividade. Se o silêncio nada diz diretamente, algo nele se insinua, e quem escuta atentamente percebe as pegadas, as marcas que adquirem forma no momento em que germinam as palavras (ainda que estas, também enganadoras, portem em si o silenciado). A partir daí, o exercício da suspeita torna-se presente, pois há um "a mais" do que o dito para ser escutado.

A hipnose vai sendo substituída pela livre associação. A figura vai dando lugar à narrativa. Freud pede às histéricas que se deitem, fechem os olhos; dessa forma, e, às vezes com o auxílio de uma pressão frontal, as recordações surgem.

O campo se estende em todas as direções, não só por não permanecer – tal como o campo do olhar – reduzido ao dado, mas, ao contrário, por ser no mais lacunar do discurso que um fio de significação vai-se tecendo. Mas também porque aparecerá a recordação e, com isso, a história solicita ser levada em conta.

O que escuta o analista?

Não pensamos a linguagem como um instrumento de comunicação – ela o é *também*. Alguém se propõe a comunicar algo e para isso se vale da linguagem. Porém, até aqui, a descoberta freudiana não está presente.

Ao introduzir o conceito de inconsciente, Freud situa a fala em outro lugar: alguém fala, e, ao fazê-lo, diz mais do que pretendia. Nesse falar, em certos momentos, a lógica consciente se rompe, desvanece-se, e algo diferente se presentifica, manifestando outra lógica: a do processo primário, presente no lapso, no sonho, no chiste, no esquecimento, na frase contraditória. E também no duplo sentido de uma frase como a que Freud manda Dora escutar: "Memorize bem suas próprias palavras. Talvez tenhamos que voltar a elas. Você falou, textualmente, que durante a noite pode acontecer algo que obrigue alguém a sair do quarto" (1905/1973, p.958).

Quando Freud escuta o sentido dos sonhos, a psicopatologia da vida cotidiana, inclui no espaço do sentido aquilo que até então era considerado um "sem sentido", mostrando assim a positividade do esquecimento, da falta, do equívoco. Ao falar de Catarina, diz que a linguagem é demasiadamente pobre para dar expressão às suas sensações; com isso, ele aponta a ampliação do campo do discurso como o caminho do analítico.

A instauração da situação analítica, propondo a regra fundamental – a livre associação e o seu reverso, a atenção flutuante –, produz um desfraldar da palavra. No seio da associação livre vai-se produzindo um descolamento da imagem, do fato como fixo. Este se vai incluindo em múltiplas imagens caleidoscópicas, cujas combinações se multiplicam. O ritmo, a cadência, a intensidade maior de alguns fonemas, a excitação explícita no gaguejar de uma palavra, o sentido duvidoso de uma frase mal construída: tudo isso vai dando tonalidades diferentes àquelas figuras que não passam despercebidas à escuta sutil da atenção flutuante. Ao mesmo tempo, ao ser escutado pelo analista, o próprio sujeito que fala se escuta.

Como vemos, a imagem retorna. Porém, não a imagem dada na figura do corpo histérico, mas a que surge da desconstrução do discurso e que adquire sua maior nitidez no momento da interpretação.

O TEMPO, A ESCUTA, O FEMININO: REFLEXÕES

No alicerce de toda palavra, quem insiste é a pulsão, que não fala, mas é evocada pela palavra e, levada pela compulsão à repetição, procura satisfazer-se. Seguindo de perto as repetições, acompanhamos as vicissitudes da pulsão e rastreamos as pegadas das identificações.

Diria, então, que, do lugar do analista, escuta-se tudo para poder escutar alguma coisa – o inconsciente –, que insiste em ser escutado no seio da repetição, e se disfarça, fantasia-se na trama dos movimentos imaginários e, no entanto, vai tecendo o fantasma.

De que lugar o analista escuta?

Quem se dispõe a escutar depara-se com o inesperado, o que acontece quando o amor irrompe no seio do processo de "relatar", e tal irrupção surpreende – como a Breuer, que, assustado, cai fora da cena. Igualmente a Freud, que decide enfrentar os demônios, e a cada analista, quando se deixa surpreender e não faz da constante tradução (interpretação analógica) uma tentativa de enjaular a fera. O próprio Freud diz que a força probatória do fenômeno da transferência está na forma surpreendente com a qual irrompe.

O conceito de inconsciente não necessariamente quebra a ideia de exterioridade presente no olhar psiquiátrico. Se o inconsciente é entendido como algo que está no sujeito, como depósito ou panela de instintos, seria possível converter a sessão analítica em um espaço experimental, onde alguém de fora poderia observar o que se encontra no sujeito e lhe comunicar. É a noção de transferência que vem romper com a possibilidade de objetivação.

Sendo o campo da transferência algo que inclui ao mesmo tempo o analisando e o analista, tal montagem não permite mais objetividade. Apesar de ambos estarem incluídos no mesmo campo, é evidente que isso não implica simetria nem igualdade de funções.

O analisando dirige-se ao analista como se fosse o único destinatário de sua palavra, o que nada mais é que a tentativa de articular seu desejo a uma presença concreta, atribuindo-lhe um objeto, para não reconhecer que a impossibilidade do desejo de satisfazer-se implica uma falta, uma ausência. O analista mantém a transferência, mas não se confunde com ela, e, mediante a não resposta, remete o sujeito aos fundamentos infantis do amor.

A abstinência do analista permite, no dizer de Freud (1915/1973), que subsistam no analisando a necessidade e o desejo como forças que impulsionam o trabalho analítico; evitando-se apaziguar as exigências de tais forças com substitutos, remete-se o sujeito a suas origens inconscientes.

No entanto, isso só é possível por meio de uma renúncia narcísica do analista que lhe permita não ocupar o lugar de amo do desejo, convertendo a análise em sugestão; não se oferecer como ideal a ser imitado, convertendo a análise em pedagogia; não acreditar em uma neutralidade absoluta, desconhecendo os obstáculos da escuta que, rapidamente, encarrega-se de atribuir

O TEMPO, A ESCUTA, O FEMININO: REFLEXÕES

ao analisando como se fossem resistências suas, convertendo a análise em uma grande batalha contra elas.

Conrad Stein diz que: "As sessões do paciente têm mais possibilidades de se converterem na sua psicanálise se são, para o seu analista, o lugar privilegiado de continuação da sua" (1971, p. 364).

Quando Freud trata da transferência recíproca em "O futuro da terapia psicanalítica" (1910/1989b), compreende-a como um sintoma, algo despertado pelo discurso do paciente e que toca os pontos cegos do analista – do que se deduz a necessidade da análise pessoal deste.

Ainda que a análise pessoal seja condição primordial para tornar-se analista, ela não garante a escuta. Cada novo processo de cura confronta o analista com a necessidade de percorrer as cadeias associativas, aproximando-o de seu próprio desejo. Reencontra, assim, a possibilidade de ocupar o lugar de quem põe em andamento o processo de desvelamento do desejo do analisando. Este julga o analista como aquele a quem dirige o sintoma (neurose de transferência), mas que, perante a não resposta, ressignifica, a cada momento, sua demanda, até a finalização da análise.

Há algum tempo atrás, um analisando, no seu fim de análise, disse-me: "Há alguns anos, quando cheguei aqui, sabia que sofria, porém só agora sei por que vim. Deve ser o único investimento em que só se sabe por que se veio quando se vai".

Bela reflexão sobre a questão do tempo em análise, que é o tempo de ressignificação. Como acreditar que, na primeira frase de uma sessão, esteja dito tudo o que será posteriormente explicitado? Entendo que o sentido não é algo já dado e que precisa ser descoberto, mas sim algo que se tece na rede de significantes e no tempo da ressignificação.

Penso que reconhecer que a possibilidade de escuta está no próprio desejo do analista – recuperado a cada momento pelo trânsito das associações que lhe permitem reconhecer seu desejo pessoal em jogo para poder a ele renunciar – leva-o a não ter a necessidade de querer assegurar seu lugar – nem pela rigidez do *setting*, nem pela rigidez do gesto.

Freud dizia, em uma carta a Biswanger:

> O que se dá ao paciente não deve ser jamais afeto imediato, mas afeto conscientemente outorgado segundo as necessidades do momento [...] Dar pouco a alguém porque o amamos muito é uma injustiça contra o paciente e uma falha técnica. (Biswanger, 1970, p. 317)

Os limites da escuta

Afirmei no começo que a abertura do campo da escuta traz à cena a história. De que história se trata? Óbvio que não a factual, mas a da constituição do fantasma que vai surgindo na análise como efeito de deciframento a partir do sintoma. No entanto, não se pode dizer que a causa do sintoma esteja no passado. "A causa do sintoma está no presente, na inscrição

O TEMPO, A ESCUTA, O FEMININO: REFLEXÕES

presente do vivido e que na análise atua como transferência" (Cabas, 1978, p. 29).

No entanto, a construção do fantasma não é senão uma teoria que, tal como um mito, tende a responder aos enigmas que o sujeito se coloca. É isto, pelo menos, que Freud mostra no caso do Pequeno Hans, ou no artigo sobre as teorias sexuais infantis.

Acontece que tudo isto se complica porque o analista também tem seu fantasma, sua teoria, sua história, assim como a história e o presente do movimento psicanalítico. Tal complexidade pode oferecer possibilidades ao analista com relação à sua escuta, mas também pode limitá-la.

Seu fantasma torna-se limite para a escuta nos pontos cegos. A teoria passa a ser limitadora da escuta quando entra na sessão para ser aplicada ou confirmada, obstaculizando com isso as possibilidades de o analisando construir a única teoria válida para si próprio: a que constrói sobre sua história.

A presença de vários corpos teórico-clínicos no movimento psicanalítico também pode produzir uma ampliação no campo da escuta, não pelo ecletismo, que produz confusões, mas pelo trabalho sério de situar as teorias no momento histórico em que surgem e as questões que se propõem a responder (nenhum corpo teórico, sozinho, responde a todas as questões trazidas pela complexidade da clínica), bem como pelo trabalho de cruzamento de conceitos para esclarecer cada vez mais suas proximidades, suas diferenças, suas semelhanças e oposições.

Não é isso o que acontece quando as adesões dogmáticas convertem os discursos teóricos em uma espécie de senha com a qual o analista garante sua aceitação pelo grupo, em troca de esvaziar sua palavra e alienar-se nos processos especulares de reconhecimento mútuo.

Há um limite insuperável para a análise: o limite da morte. Aqui cito um artigo sobre a prática, de Cabas:

> A morte é o momento em que cessa a eficácia do presente enquanto causal, onde tudo é puro passado, puro trauma e puro acontecimento factual, brutal, catastrófico e insolúvel. Para os vivos, pelo contrário, o fato se resolve em uma estrutura cuja história é a própria realidade dos vivos em sua inscrição presente. (1978, p. 29-30)

Pergunto-me: como historicizar as teorias e os acontecimentos (pertinências institucionais) para que nos sirvam no processo constante de ressignificação da clínica sem deixar que nos convertamos em *mortos-vivos* dos estereótipos e dogmatismos?

6.

O TRABALHO DA FIGURABILIDADE NA ESCUTA PSICANALÍTICA[1]

Não poderia escrever este artigo sem situá-lo nas circunstâncias de sua produção. Quando os colegas do conselho editorial da revista *Percurso* me comunicaram a ideia de publicar novamente os textos do primeiro número dessa revista, acrescidos de alguns comentários de cada autor sobre o tema, fui relê-lo, e como não é difícil imaginar, muitas recordações vieram à tona.

Corria o ano de 1988, e três anos antes tínhamos fundado o Departamento de Psicanálise do Instituto Sedes Sapientiae, estabelecendo assim uma associação de analistas que abria um novo espaço de formação permanente para os que até ali faziam parte – como professores, alunos ou ex-alunos – do curso de Psicanálise existente desde 1976. Fundar uma revista era mais um passo de grande importância num diálogo que ganhava cada vez mais consistência entre os colegas de dentro da instituição, assim como entre aqueles de fora

---

[1] Artigo publicado originalmente na revista *Percurso*, n. 35, p. 41-48, 2005.

dela. Com a lembrança de trechos de discussões, anedotas, momentos de humor e outros de preocupação, revivi aquele prazeroso processo de trabalho de grupo que culminou na fundação da revista e na publicação de seu primeiro número[2]. Tínhamos claro que desejávamos encabeçar uma publicação representativa das ideias que nos norteavam como analistas no projeto institucional, algumas das quais explicitadas no editorial daquele primeiro número: propúnhamos uma revista como suporte de uma tessitura em que fios de diferentes escritas se cruzassem e textos de diferentes origens pudessem dialogar visando ao avanço da psicanálise. E sabíamos que, para que isso pudesse ocorrer, ela deveria acolher autores livres de uma relação dogmática com suas filiações e com os pensamentos por elas defendidos; autores para os quais a escrita não assumisse a função de contrassenha, visando meramente à reafirmação de pertinências. Ao contrário, ela deveria dar palavra àqueles que se dispusessem a trabalhar nas bordas da teoria e da clínica, e para os quais a escrita servisse como uma abertura para o diálogo.

Ao reler o número inaugural, encontrei textos de forte pregnância clínica, e isso numa época em que os analistas do meio pouco escreviam. São textos que trazem em si a força do acontecimento, talvez por todos se terem transformado em escritos num momento posterior àquele em que foram apresentados como falas pontuais.

---

[2] Faziam parte do primeiro Conselho Editorial: Janete Frochtergarten, Kitty Haasz, Miriam Chnaiderman, Renata Udler Cronberg, Renato Mezan e Silvia Leonor Alonso.

O TEMPO, A ESCUTA, O FEMININO: REFLEXÕES

Dezessete anos se passaram desde a fundação da revista, vinte desde a fundação do Departamento de Psicanálise do Instituto Sedes Sapientiae. Hoje, pode-se dizer que ele passa por um momento bastante profícuo, com importantes produções em todos os setores. Temos muito a comemorar: os números da revista *Percurso* ficaram mais volumosos, os textos mais longos, mais densos em informações e argumentações. E paralelamente a essas transformações, é possível constatar que os princípios norteadores da fundação da revista se mantêm.

Assim, pareceu-me muito interessante a ideia do conselho editorial de que cada autor avançasse um pouco na reflexão do tema dos artigos originais. Afinal de contas, como afirma Pontalis (1991a), o que o autor e o leitor esperam obter de um escrito psicanalítico "não é, como no caso do escrito científico, uma verdade conclusiva, nem mesmo um fragmento único de verdade, mas a ilusão de um começo sem fim" (p. 134).

Condições necessárias de uma análise

No que se refere ao tema da escuta analítica, o que escrevi em 1988 mantém sua atualidade, pois o artigo original consistia basicamente na enunciação das condições e regras fundamentais de um processo analítico. Penso que mesmo com outras palavras, essas ideias devam ser aqui reafirmadas.

Em cada análise o paciente procura-nos em função de seu sofrimento, para o qual busca alívio. Por vezes, também chega "mordido" pelo caráter enigmático desse sofrimento, que desejaria compreender. Assim, ao nos procurar, ele nos torna decifradores de enigmas, portadores de um saber sobre as causas desse sofrimento, sustentáculos de uma crédula espera de transformação.

A atenção flutuante do analista e a associação livre do analisando criam um espaço possível de interpretação, retirando a linguagem de sua função comunicativa e tentando devolver-lhe sua possibilidade de desdobramento. Na associação livre, a fala caminha na direção do que a excede, ampliando-se ao situar-se fora da censura daquele que fala e daquele que escuta.

Nesse campo de liberdade aparente (pois sabemos não ser exatamente isso o que ocorre, dada a força das determinações inconscientes), quando se devolve à fala a possibilidade de sua abertura polissêmica, o infantil – que é sempre sexual – põe-se a brincar, desenhando tipos de fala que ressoam na escuta do analista, formando figuras; algo é assim dito a um destinatário que, na transferência, mostra-se constituído na mescla de presença e ausência.

A fala diz em cada momento. Diz com sua forma, no seu esvaziamento depressivo, na sua agilidade dos instantes de euforia, na fertilidade das situações de transferência positiva, mas também diz ao se paralisar na inibição, ao se enroscar nos momentos repetitivos da neurose, ou ainda ao se esterilizar pela raiva ou pela tristeza, ao se tornar fugidia na tentativa de evitar a angústia, ou mesmo quando se enrijece na impossibilidade de mudança. Em certos momentos, ela também abre brechas na produção de lapsos, nas associações despertadas por um sonho, em pequenos tropeços que revelam conteúdos e formas de funcionamento do inconsciente. Como afirma Fédida, ela recria sentidos no exercício de sua dimensão poética, visto que a situação do tratamento tenta devolver à palavra sua "função de metáfora": "[...] não a poesia, mas a poética, no sentido da *poiesis* grega [...] a recriação constante de sentido" (1988, p. 54).

O analista não responde às solicitações concretas do analisando, mas dispõe-se a acompanhá-lo, oferecendo-lhe uma escuta com capacidade de ressonância, que possa acolher suas intensas vivências afetivas e na qual ecoem os seus "pequenos restos" cheios de sentido. A capacidade de acolhimento e escuta do analista permite que o analisando vá criando confiança para entregar-se à associação livre, permitindo que a fala comunicativa se abra, recolhendo fragmentos que até ali tinham permanecido esquecidos ou desarticulados, descartados ou renegados. Enganchando-se agora a um movimento da pulsão, recobram sua força de sentido e voltam a circular, permitindo que o poder metaforizante da palavra os transforme. A palavra não só diz, mas transforma.

A presença paciente do analista, conjuntamente com sua "aposta" – seu investimento na possibilidade de transformação –, vai possibilitando que o analisando construa em si próprio a capacidade de permanecer em contato com seu mundo de fantasia e, a partir dos pequenos restos, construa sentidos.

Sabemos que nem sempre é com leveza que tudo isso acontece. Ao contrário, cada avanço num processo de análise deve ganhar terreno sobre os próprios recuos. Como afirma Marie Moscovici (1990), seja do lado do divã, seja do lado da poltrona, tais recuos estão inevitavelmente presentes, e isso a leva a comparar o processo de análise com o comportamento do salmão, que na época da desova sobe o curso das águas na direção das nascentes, em contracorrente, no sentido inverso ao da queda das cascatas, dando saltos quase impossíveis, alçando-se em incríveis voos para vencer a "força-contra". No entanto, embora haja necessariamente essa força contrária a vencer, o prazer é imprescindível. De fato, se no processo de análise não houver prazer, se o analista não puder investir prazerosamente na descoberta do desconhecido, tampouco o analisando poderá fazê-lo, e isso certamente impedirá o avanço do curso analítico. Será então entre o prazer e a resistência que o analista irá exercer sua função de escuta; os pontos cegos gerados pela resistência criam uma condição que denota claramente a importância fundamental da supervisão em todo esse processo.

Notemos ainda que a dimensão terapêutica está sempre presente no horizonte do analista. A análise não se restringe ao processo de autoconhecimento, pois nela também se pretendem mudanças, transformações, redução de sintomas. Assim, se de um lado o analista não deve jamais ser tomado pelo *furor curandis* (o que poderia levá-lo a oferecer antecipadamente ao analisando sentidos cuja eficácia viria apenas do poder de sugestão), de outro não se deve esperar dele que se mantenha alheio ao aprisionamento do analisando numa interminável repetição. Quando uso aqui o termo "horizonte", não pretendo dizer que a transformação seja uma meta a ser alcançada apenas ao final do processo de análise – o que poderia até mesmo levantar objeções sobre a demora que tal transformação demandaria. Não, ela está presente em cada sessão, e desde o começo, desde as entrevistas iniciais. Aliás, é preciso salientar que as transformações acontecidas em uma análise são de diferentes ordens: incluem desde efeitos catárticos até *insights*, passando pelos efeitos de confiança, reconhecimento mútuo, aposta do analista, investimento crédulo do analisando no trabalho, ou aquelas vinculadas ao fato de se ter um novo destinatário para a fala, ou ao reconhecimento de se estar investindo no cuidado da própria vida psíquica (Korman, 1996).

A cada processo de análise, a transformação não é somente do analisando, mas também do analista, que se defronta com o limite tanto do saber teórico quanto do saber sobre si mesmo. Se o analista não se dispuser a encontrar-se com o desconhecido em si próprio, e assim transformar-se, poderá converter a análise em mera aplicação da teoria, ou então em prática confessional, também privada de qualquer potencial de transformação. Cada processo abala as referências do analista, e faz com que ele encontre o estranho em si mesmo. A análise pessoal poderá conectá-lo com as fontes da mobilidade psíquica necessárias à ressonância de sua escuta.

O analista escuta a partir do lugar de transferência. Ser o suporte da transferência lhe permite acompanhar as repetições, não para explicá-las ao paciente (o que não teria efeito algum), mas sim para deixar-se tomar pela transferência e do seu interior *fazer* um deslocamento – subjetivo do analista, em princípio – que poderá ser transmitido ao analisando com uma palavra, um gesto, ou, às vezes, mesmo por meio do silêncio.

Figurações do lugar do analista

Sabemos que, no desenvolvimento da obra freudiana, várias figurações do lugar do analista na escuta foram-se fazendo presentes, algumas das quais apresentamos a seguir.

O *analista arqueólogo*, historiador, arquivista, surge da insistência de Freud no trabalho sobre a rememoração, visando a desfazer os efeitos da amnésia infantil e a preencher as lacunas da memória. Essa proposta manteve-se até os textos tardios, mas foi revelando seus limites ao longo da sua obra. Na "Psicoterapia da histeria" (1895/1989a), por exemplo, o material psíquico aparece ordenado numa tripla estratificação – ordenamento cronológico, temático e por grau de resistência – e o analista realiza essencialmente um trabalho de busca de cada situação traumática, como quem pesquisa num arquivo. Apesar do lugar de inegável destaque que essa figura ocupa no texto de Freud, não podemos esquecer que o tempo da ressignificação também é enunciado por ele numa etapa bastante precoce de seu trabalho. O "só depois" já aparece no "Projeto de uma psicologia científica" (1895/1989b), e a teoria da memória como retranscrição pode ser encontrada na "Carta 52" (1896/1989a). Assim, fica difícil sustentar a ideia daquela ordenação em paralelo à concepção de uma memória que não é um arquivo, e sim uma memória viva, em movimento e feita de pequenos fragmentos ressignificados no tempo. De qualquer forma, a imagem do arqueólogo que encontra restos preservados das experiências infantis, ou que reconstrói o que existia baseando-se em traços deixados – será pelas marcas no chão que se poderá saber quantas colunas havia, assim como sua altura na construção original, dirá Freud em "Construções em análise" (1937/1993, p. 261) – é uma analogia que reaparecerá no decorrer de toda a obra de Freud.

Uma segunda figura, a do *analista decifrador*, irá tomar força a partir de "Interpretação dos sonhos" (1900/1989). Aqui, o analista ver-se-á colocado diante de um texto enigmático, o conteúdo manifesto do sonho, que, por efeito do trabalho de deformação onírica, do deslocamento e da condensação, aparece como uma mensagem cifrada que precisa ser desvendada. Como sabemos, essa concepção de deciframento de textos enigmáticos irá estender-se ao sintoma, passando a constituir-se tarefa central do trabalho analítico.

É a partir de Dora que se fará presente uma nova figuração do lugar de escuta do analista. De fato, quando a transferência deixa de ser um fenômeno periférico para ocupar o lugar primordial numa análise, o analista irá converter-se, segundo as palavras de Pontalis, num *destinatário-transitário*, quase um resto diurno, capturado na migração das pulsões, das representações das experiências vividas. O analista é agora o destinatário de toda palavra na transferência, o lugar central ao redor do qual se montam os circuitos de repetição, que possuem como alicerce a pulsão. Não por acaso, para descrever como o paciente põe em ato suas paixões – o amor e ódio presentes na transferência – Freud irá lançar mão do exemplo da novela *Gradiva*, na qual encontramos o personagem do arqueólogo tomado por uma história de amor, e que é acompanhado por sua terapeuta Zoe na aventura de dar corpo à feminilidade, caminho no qual avança entre os vestígios e as ruínas, interpretando, construindo, ambos movidos a Eros.

O conceito de transferência adquire crescente complexidade com suas várias fases – sugestão, resistência e repetição – passando a ser considerado o campo no qual se joga o jogo analítico. Evidentemente, este irá sempre incluir o analista, que verá um diferente colorido ser conferido à sua escuta a partir dos novos sentidos assumidos pela repetição. Em "Mais além do princípio do prazer" (1920/1989a), encontramos uma dimensão bem mais estranha e demoníaca. Aqui, o que se repete no automatismo de repetição é o que não está escrito. Fundamentalmente, o que se encontra em jogo é a pulsão de morte, na qual a repetição e a ação tomam o lugar da fala e da rememoração. Isso irá construir outro lugar para o analista, lugar descrito na afirmação de Fédida (1988) de que "há analista onde falta a palavra" (p. 54).

Como já notamos, Freud afirmou em grande parte de sua obra que analisar é rememorar, tornar consciente o inconsciente, lembrar as vivências e os afetos por elas provocados. Trazer à tona o recalcado por meio dos restos dos sonhos e das associações, permitindo, mediante as repetições na transferência, a aparição de afetos sufocados. No entanto, no texto *Construções em análise* (1937/1993), ele vai relativizar a importância da lembrança, dizendo que, por vezes, não há lembrança, e que a "convicção" seria capaz de provocar um efeito análogo. Reconhece também a existência de um passado anterior à linguagem, e que só poderia voltar como alucinação. Aqui, portanto, a escuta do analista deve mostrar-se disponível para o que não está escrito, abrindo-se para o mundo do irre-presentável, que doravante será seu objeto. A construção e o delírio passam a ser vistos como dotados do mesmo poder de convicção proveniente da verdade histórica vivencial. Apesar de Freud inicialmente evocar uma narrativa como exemplo de construção, o desenvolvimento do texto permite compreender que, na verdade, a construção poderia ser mais bem descrita como uma imagem capaz de movimentar a pulsão. A constru-ção faz com que algo antes existente apenas como inscrição sensorial passe a poder desenhar uma figura.

Presenciamos assim uma ampliação do campo de escuta, ampliação que não ocorre pelo abandono das concepções anteriores. Evidentemente, o que funciona no interior da ordem do princípio do prazer vai continuar sendo trabalhado, e o trabalho de desconstrução do que surgiu como formação inconsciente – efeito do recalque – permanecerá como objetivo da análise. Mas agora passa a ser necessário também acolher o "mais além", para poder fazer-se face ao irrepresentável.

A história põe-se em jogo na transferência. Enquanto os analisandos vão contando as estórias, ambos, analista e analisando, reescrevem a história que se apresentava deformada pelo processo do recalque, reescrevendo seus silenciamentos e disfarces. Mas ao mesmo tempo também se escreve nas lacunas onde nada havia sido escrito, desde que se empreenda a construção de uma superfície na qual essa escritura seja possível. Pois o "espaço da borda" – no qual podem ser produzidos sonhos, brincadeiras, atividades criativas, recursos com os quais se enfrentariam as experiências traumáticas – é por vezes bastante precário, ou mesmo inexistente, sendo assim necessário favorecer sua construção durante o processo analítico.

Algumas mudanças nas últimas décadas

Nas duas últimas décadas presenciamos o surgimento de algumas mudanças que devem ser apontadas.

Do lado do analista, embora não se possa afirmar que os dogmatismos tenham sido erradicados, ou que os fechamentos de grupos ou a psicanálise de escola tenham deixado de existir, nota-se um grupo crescente de analistas circulando por diferentes corpos teóricos, encontrando nos entrecruzamentos de teorias – o que deve ser diferenciado do ecletismo – um lugar de escuta mais propício para deixar ressoar a diversidade de fenômenos clínicos.

Do lado dos analisandos, tornaram-se cada vez mais presentes algumas novas formas de sofrimento, com predomínio de problemáticas ligadas ao desamparo, ao excesso e ao vazio.

No que se refere ao contexto mais geral em que a psicanálise se move, nota-se o surgimento de uma série de novas resistências a ela, ligadas ao predomínio da urgência, da velocidade, da eficácia e da funcionalidade como valores soberanos do mundo contemporâneo. Os princípios teóricos da psicanálise têm sido bastante questionados com base nesses valores que, ao favorecer modos de vida e sociabilidade pouco propícios ao cultivo da interioridade, acabam gerando capacidade menor nos indivíduos para suportar tristezas e angústias, o que resulta em maior predisposição a atuações. Lembremos ainda das críticas à psicanálise ligadas à crescente medicalização dos sintomas e sua oferta ao público como saídas miraculosas e infalíveis para qualquer forma de sofrimento. Consideramos essencial o diálogo entre analistas sobre essas transformações das formas de resistência à psicanálise, sem o que sua escuta correria o risco de se esterilizar numa atitude meramente defensiva.

Indissoluvelmente ligada às especificidades de nosso mal-estar contemporâneo, a clínica atual depara-se todo o tempo com a tensão resultante da radicalização de um embate entre o que poderíamos descrever, por assim dizer, como duas formas diferentes de funcionamento da pulsão. De um lado, certamente ainda encontramos manifestações daquela pulsão que procura satisfazer-se buscando o prazer adiado, regido pela ordem do princípio do prazer, pulsão ligada e articulada no mundo da fantasia, tendo o desejo como fio de ligação. Mas, de outro, é numa progressão surpreendente que em nossas clínicas constatamos as marcas de uma vida pulsional caracterizada pela busca do gozo absoluto, na imediaticidade de um objeto, num tempo impostergável: impulsões, paralisias de pensamento, patologias de ato, violências autodestrutivas são os efeitos cada vez mais marcantes dessas condições.

É cada vez maior a frequência com que recebemos como analisandos pessoas vivendo situações de extremo desamparo, ameaçadas com o risco de desorganização do eu. Sujeitos vivendo um sexual sem medida, sem distanciamento nas suas relações com os outros. Buscando lidar com tais condições, alguns tentam preencher o vazio do desamparo com objetos de compulsão; outros fabricam uma couraça que substitui o corpo pulsional. Todos precisam construir na análise a possibilidade de uma separação do corpo próprio e do Outro primordial, organizando estratégias de sobrevivência para fazer frente aos repetidos traumatismos da infância. Também temo-nos deparado cada vez mais com sujeitos que sofrem ou sofreram violências devastadoras em seu cotidiano – entre outras, roubos e sequestros – tendo de se haver com seus efeitos dessubjetivantes. Ainda é preciso assinalar as frequentes ocasiões nas últimas décadas em que intervenções de analistas têm sido solicitadas junto aos que receberam o impacto de catástrofes sociais: situações de avassalamento subjetivo como terrorismo de estado ou os atentados terroristas, que não necessariamente remetem a uma falha prévia, mas nas quais uma possibilidade até então existente se desvanece por efeito da irrupção do traumático (Waisbrot *et al.*, 2003).

Esse conjunto de situações tem exigido dos analistas um esforço de reflexão a respeito da "metapsicologia dos processos psíquicos do analista na escuta", para retomar uma expressão cunhada por Fédida (1989) com base nos escritos de Ferenczi sobre a elasticidade da técnica. Entre as muitas interrogações que o tema tem levantado, iremos destacar duas: qual o funcionamento psíquico exigido do analista quando se trata do irrepresentável? Como se colocar frente ao excesso traumático para criar condições que permitam reconstituir o invólucro que se fragmentou e precisa ser reconstruído?

As respostas dos analistas a essas questões têm sido convergentes em alguns pontos: 1) Quando não há conflito intrapsíquico, não é possível o trabalho de interpretação visando a desfazer ligações e estabelecer outras; 2) Quando o eu encontra-se em estado de extrema vulnerabilidade, não se pode interpretar ambivalências e ódios contra o objeto; 3) Quando, em lugar da memória, há pesadelo, quando o que temos são apenas índices ou fragmentos de algo visto ou ouvido na cena traumática, elementos sem caráter propriamente simbólico e que permaneceram sem contextualização, faz-se necessária a "construção"[3].

Assim, quando não se trata de desconstruir o sintoma construído pelo recalque – e seu fracasso, que provoca o retorno do recalcado –, mas sim de construir psiquismo, bordas de eu, muitas questões se colocam ao analista, tanto sobre seu lugar na

---

[3] Duas interessantes situações de trabalho de construção podem ser encontradas nos textos de Botella e Botella (2002, cap. 1) e Toporosi (2003).

escuta como em relação a sua forma de intervenção. Quando faltam bordas de corpo e bordas de eu, é preciso construí-las. No dia a dia, vários fenômenos cada vez mais recorrentes atestam a necessidade de construir bordas corporais, como, por exemplo, a frenética busca das cirurgias plásticas, a glamorização das marcas do corpo – tatuagens, *piercings* –, às vezes certas condutas automutiladoras. Da mesma forma, a incorporação dos objetos derivados – comida, droga, jogo – indicam a tentativa de construir bordas de eu.

Ante a falta de mecanismos de paraexcitação, que deixam o sujeito entregue a excessos impossíveis de serem metabolizados, muitos analistas têm ultimamente afirmado que algo deve acontecer *pela via do porre* e não *pela via do levare*. Embora tal afirmação pareça totalmente aceitável, ela certamente nos recoloca diante do impasse com o qual Freud se deparou desde o início, o do fantasma da sugestão: como agir pela chamada *via do porre* sem converter a análise em mero procedimento de caráter sugestivo? Quando se trata do "princípio do prazer" pode-se funcionar ressignificando as marcas da história; mas quando, de certa forma, a temporalidade foi "perdida", quando não há passado e tampouco projeto de futuro, é preciso que o processo analítico funcione como um modelo de história, com base no qual se crie a possibilidade de construir esse projeto. Esse trabalho deve ser realizado no interior do campo da transferência, campo no qual se joga o jogo, permitindo que as relações com os objetos arcaicos recriem-se, reinventem-se.

Alguns analistas têm insistido no lugar da regressão tópica, em que o analista deveria funcionar para poder formular tal construção (Botella; Botella, 2002); isso o levaria ao limite do mundo da representação, propiciando o surgimento de uma imagem, quase uma alucinação, que ele então coloca em jogo, entrega para o analisando. Essa imagem teria o poder de imantar as forças pulsionais sem representação, antecipando, assim, formações pré-conscientes capazes de um dia atrair outras representações. Tal estado regressivo do analista propiciaria, portanto, a aparição de uma figura capaz de atrair o que até ali se expressava meramente no plano sensório e que passará doravante a ocupar o lugar de representação-fronteira, colocando um limite ao desamparo radical da perda da representação.

Outros têm insistido na importância da mobilidade psíquica do analista, assim como no papel fundamental da criatividade e do humor quando se trata de pôr em jogo um processo de elaboração psíquica que metamorfoseie o eu, instaurando um novo lugar psíquico reorganizador do tempo e do espaço a partir de uma primeira forma de sublimação (Le Poulichet, 1996a). Esse processo visaria a gradativamente recortar o gozo, criar bordas para o vazio, encontrar ancoragem para as pulsões, permitindo assim o surgimento de uma primeira forma de sublimação que atenuaria os efeitos do fracasso do recalque originário. Para os indivíduos que vivem sempre ameaçados por um Outro todo-poderoso que pode aspirá-los e converter o sujeito em nada, talvez o jogo transferencial com um analista capaz de suportar o vazio, criando-lhes a confiança de que não serão objeto de canibalismo de um festim narcísico, ou o trabalho com um analista que não se antecipe na outorgação de sentidos, pode propiciar a criação de figuras nos buracos produzidos por aquilo que não entrou na história.

A inclusão do novo e a importância da figurabilidade

A inclusão do novo é certamente uma das problemáticas fundamentais da psicanálise. Mas de que novo se trata? É em "Análise terminável e interminável" (1937/1989), que Freud refere-se à inclusão do novo numa análise, usando o termo "neocriação" para descrever a produção de um estado que nunca existiu no interior do eu, e que se conseguiria com a retificação com posterioridade do processo de recalque. Tal processo colocaria fim ao hiperpoder do fator quantitativo da pulsão, afirmação que demonstra sua preocupação com a relação entre a robustez da pulsão e a do eu. Vemos, então, aqui a presença de um novo remetendo à relação entre as instâncias; mas também discernimos a presença de um novo que se refere ao surgimento de inscrições ali onde antes não se encontravam, o que irá criar uma superfície na qual se pode escrever, criar psiquismo, imprimir impressões inéditas, construir-se bordas para o eu.

O trabalho da figurabilidade[4] é fundamental para a inclusão do novo no psiquismo. No seu belo texto O tempo de sonho e o

---

[4] Figurabilidade é o trabalho psíquico na vida acordada que guarda uma semelhança com o trabalho onírico, na medida em que segue um caminho regressivo que acaba numa percepção interna.

não tempo do inconsciente, Monique Schneider (s/d) mostra o efeito que o conto pode provocar em crianças vivendo situações de extremo desamparo. Nesses momentos, o conto oferece condições de figurabilidade que permitem reconstruir a trama devastada pela intrusão do traumático. O conto serve como objeto intermediário para reorganizar a categoria temporal, reordenando os movimentos do desejo que propiciam a inclusão do novo. Por exemplo, no momento do nascimento de um irmão, uma criança pode sofrer uma incisão na temporalidade que até esse momento era vivida como indivisa. O novo – o aparecimento do irmão – não pode ser incluído por colocar em jogo uma situação de perda, em que a criança vê de repente desaparecer sua tranquilidade em relação ao amor dos pais. Esta pode ser considerada o paradigma das situações de desamparo intenso, de falta de nexos necessários para incluir o novo. É possível, então, a partir da figurabilidade do conto, construir um tecido psíquico que vá criando espaços possíveis para tal inclusão. É nesse sentido que a autora analisa o conto dos cisnes, mostrando cada movimento que vai na direção da regressão temporal, na direção da temporalidade indivisa oposta ao tempo-sequência, através dos quais a menina protagonista do conto se faz artesã do que antes apenas sofria na confusão por uma perda inexplicada. É necessário, dirá a autora, "inserir o acontecimento numa espécie de cosmogonia privada". Esse texto oferece uma descrição realmente fina e precisa do trabalho de figurabilidade, realizado num necessário movimento regressivo, de volta ao não tempo do inconsciente, visando à retomada do caminho para a temporalidade sequencial. De forma semelhante ao conto, na construção, a figura oferecida pelo analista pode funcionar como uma ponte entre a invasão pulsional desorganizadora e o mundo da representação.

Em outras situações, encontramo-nos com o desamparo produzido pela falta de representações, situações em que predominam o excesso de excitações pela inexistência de nexos de ligação. Também aqui a figurabilidade tem uma função fundamental quando se trata de tentar recortar o excesso de pulsão, quando da realidade material restou só a impressão sensorial, quando os cheiros, os barulhos, os *flashes* de luz deixaram marcas na forma de traços sensórios, mas falta figura. Quando nos defrontamos com pedaços da realidade que permaneceram como puros elementos sensoriais, sem alcançar o caráter de representação psíquica.

Nessas situações, nossa função de intérprete não tem lugar. Como afirma Pontalis,

> [...] quando se quebra o tecido de imagens [...] o intérprete não tem mais nada então a dizer: ou ele *conserta o tecido* ou, confiando na paciente tecelagem artesanal que se chama "perlaboração", espera que da catástrofe nasça um enredo que não seja mais uma catástrofe. (1991a, p. 36)

Se em tais casos não há um conteúdo latente a desvendar atrás de um manifesto, faz-se necessário promover pré-consciente. Nós, analistas, concordaríamos que nessas situações nossa capacidade de figurabilidade será fundamental, já que é por meio das figuras oferecidas pelo analista ao analisando que poderá ser constituída uma borda à "lacuna", termo com que Freud se referia ao irrepresentável instaurado pelo traumático. Tal figura, repetimos mais uma vez, irá atuar como "representação-fronteira", conceito que pode ser encontrado no "Manuscrito K" (1896/1989a), e no qual podemos reconhecer uma forma embrionária do que bem mais tarde – quase vinte anos depois – Freud irá descrever no conceito de recalque primário.

A clínica cotidiana exige cada vez mais do analista que se desloque daquilo que é regido pelo princípio do prazer – e que pertence ao recorte da pulsão, produzindo sintomas, sonhos, sentidos onde o trabalho de desconstrução no tempo da ressignificação é possível – para aquilo que se encontra fixado, imóvel, sem representação e sem tempo, fazendo-se presente no traumático. Em ambos os casos, a sua escuta paciente, sensível e ressoante é o instrumento com que conta. Escuta atenta às armadilhas que a ameaçam, e que se consegue por meio da análise pessoal, de um saber em permanente transformação e da circulação das reflexões com os colegas sobre as formas sempre mutáveis sob as quais a resistência à psicanálise se apresenta.

7

SUGESTÃO – TRANSFERÊNCIA:
OS RELATOS CLÍNICOS DE FREUD[1]

Apenas um longo mergulho na complexidade teórica e na precisão clínica permitiria afirmar, como Freud o fez em 1915, que o objeto mesmo do tratamento analítico é a transferência (Freud, 1915/1973). Esse trabalho foi realizado por Freud desde os "Estudos sobre a histeria" (1895/1989a), até 1914, em "Recordar, repetir e elaborar" (1914/1973c), o último de uma sequência de textos nos quais elabora a teoria da transferência.

A transferência vai abandonando aos poucos o lugar de fenômeno marginal para ocupar um posto central na análise, seja como objeto, seja como motor da cura, seja como instrumento fundamental nas mãos do analista.

Nesse percurso, vai-se produzindo uma inversão na relação entre os termos sugestão e transferência. Se, no início do trajeto, o campo é da sugestão, e a transferência aparece como fenômeno secundário na clínica, ao final do caminho o campo é o da transferência, e a sugestão uma de suas faces.

---

[1] Publicado originalmente em *Percurso*, ano III, n. 5-6, p. 33-38, 1991. Conferência ministrada no Instituto Sedes Sapientiae (São Paulo) em 24 out. 1990.

Busco aqui refletir sobre a relação entre os dois conceitos, partindo das "Lições introdutórias à psicanálise" (1917/1973), uma reunião de uma série de conferências sobre temas teóricos e clínicos proferidas por Freud e publicadas em 1917. Nelas, ao retomar o livro de Bernheim sobre sugestão (que ele próprio traduziu para o alemão), acentua que, embora tenha sido longo seu trabalho para se distanciar das terapias sugestivas, a *sugestão retorna na transferência*. Freud passa a limitar sugestão como a possibilidade de influência sobre um sujeito por meio dos fenômenos de transferência. Mas indaga-se, então: para que todo o desenvolvimento feito acerca do sentido dos sintomas, do inconsciente, da temporalidade, da sexualidade, da memória, se, por fim, voltamos a falar em sugestão? O autor procura, então, tranquilizar os ouvintes e enumera as muitas diferenças existentes entre a sugestão hipnótica e a sugestão na cura analítica:

Tratamento hipnótico	*Tratamento analítico*
Tende a encobrir e disfarçar algo existente na vida psíquica	Tenta fazer emergir algo claro, precisamente para suprimi-lo depois.
Age como um procedimento catártico.	Age como um procedimento cirúrgico.
Faz uso da sugestão para coibir os sintomas.	Parte dos conflitos que engendram os sintomas para ir à raiz deles, servindo-se da sugestão para modificar o destino dos conflitos no sentido desejado.

Mantém o paciente em absoluta passividade.	Exige penosos esforços do médico e do paciente para levantar as resistências internas.
Deixa a transferência sem nenhuma modificação.	Tem como objeto a própria transferência, que deverá ser liberada no final do tratamento.

Vejamos como Freud (1917/1973) refere-se a Bernheim:

> Bernheim deu prova de um profundo conhecimento, ao fundar sua teoria dos fenômenos hipnóticos pelo princípio de que todos os homens são, em uma certa medida, "sugestionáveis", o que não é senão a tendência à transferência [...] Sem dúvida, este autor nunca pôde explicar seja a natureza, seja a gênese da sugestão [...] não tendo tampouco visto o elo de dependência existente entre a sugestionabilidade e a sexualidade, ou seja, a atividade da libido. Em relação ao que nos diz respeito, damo-nos conta de que, se antes excluímos a hipnose de nossa técnica analítica, descobrimos agora a sugestão sob a forma de transferência. (p. 2.401)

Como se ligam sexualidade e transferência em Freud?

Apontaria aqui dois eixos. O primeiro é a descoberta – que não é da sexualidade infantil (disso Lidner e outros de sua época sabiam bastante) – da presença do infantil na sexualidade adulta, que o conduzirá à ideia de repetição. Afirmará no texto "A dinâmica da transferência", de 1912:

As influências experimentadas na infância determinam em cada indivíduo a modalidade da vida erótica, fixando os fins da mesma, as condições nas quais os instintos haverão de se satisfazer. Há, então, um clichê que é repetido ou reproduzido regularmente através de toda vida, mas que também é suscetível de alguma modificação pela ação das impressões recentes. (1912/1973, p. 1.648)

No texto "Mais além do princípio do prazer", tendo a sexualidade infantil convergido num complexo nuclear, o complexo de Édipo, Freud afirma: "Repete como atual, em lugar de lembrá-lo como passado. Essa reprodução traz sempre em si, como conteúdo, um fragmento da vida infantil e, portanto, do complexo de Édipo" (1920/1973, p. 2.514).

Em "Introdução ao narcisismo" (1914/1973b) e "Psicologia das massas" (1921/1973), Freud sugere o segundo caminho para pensar a relação entre a sexualidade e a transferência:

Considerando a atitude dos pais carinhosos em relação a seus filhos, observaremos um reviver e uma reprodução do próprio narcisismo, abandonado já há muito tempo. A hiperestima, que já estudamos como estigma narcisista na escolha do objeto, domina, como se sabe, essa relação afetiva. Atribuem-se à criança todas as perfeições, o que, em uma observação mais serena não faria, e se negam ou se esquecem todos os defeitos. Será o centro e o módulo da criação, *his majesty the baby*, conforme nós mesmos gostaríamos de ser,

> deverá realizar os desejos não realizados dos progenitores e
> chegar a ser um grande homem ou um herói em lugar de seu
> pai; ou, se é mulher, casar-se-á com um príncipe para tardia
> compensação de sua mãe. (p. 2.027)

Aos olhos dos pais, a criança aparece com todas as perfeições. Mas o desvio do olhar externo não o ratifica nesse lugar. A criança tenta então reencontrar o narcisismo pelo caminho da identificação, a partir do próprio ideal de eu formado pelas exigências do exterior e das quais depende enormemente. É a constituição desse ideal o que lhe permite manter-se no lugar narcisista do qual não quer abrir mão.

Acontece que, às vezes, a satisfação narcisista pode encontrar obstáculos. Então, o caminho possível será o ideal sexual: realiza-se uma escolha narcisista de objeto, ou seja, dota-se o objeto de todas as perfeições das quais ele carece. Neste caso, para Freud, o objeto teria alcançado o ideal do eu. Isso acontece na situação do enamoramento, mas também na hipnose: o hipnotizador, que ocupou o lugar de ideal do eu, converte-se, para o hipnotizado, no único objeto digno de atenção. O sujeito atribui um poder misterioso ao hipnotizador, o qual afirma possuir tal força, empregando-a para ordenar ao sujeito que olhe nos seus olhos. Hipnotiza pelo olhar.

Podemos então afirmar que a sugestionabilidade na hipnose dá-se pela existência de um laço erótico na relação do hipnotizado com o hipnotizador, laço que, seguindo o modelo da escolha narcisista de objeto, coloca o hipnotizador no lugar do ideal do eu.

Qual o lugar dessa estruturação narcísica na transferência? Para Freud, a cura por amor dá-se na busca por recuperar o narcisismo, amando-se aquele a quem se atribuem todas as perfeições. Isso estabelece a oposição à cura analítica. O sujeito prefere a cura por amor à analítica, a qual muitas vezes abandona, para fundir-se numa relação amorosa desse tipo.

Freud também afirma que o sujeito iniciará o tratamento analítico com a esperança de alcançar nele a cura por amor e orientando a esperança de consegui-la sobre a pessoa do analista. É importante lembrar, porém, que o fato de a cura analítica não ser uma cura por amor não significa que não haja amor na transferência.

A hipnose e a transferência, segundo Freud, juntam-se quando a transferência atua como resistência:

> Essa situação do hipnotizado, que mantém sua atenção fixa no hipnotizador, encontra seu paralelo em determinados fenômenos do tratamento analítico. Pelo menos uma vez em toda a análise, o sujeito chega a afirmar que não lhe ocorre nada, que nenhuma ideia surge na sua imaginação. As associações livres ficam detidas, e os estímulos que normalmente as provocam permanecem ineficazes. Termina por confessar que pensa na paisagem que está vendo na janela, na cortina que a enfeita ou no lustre que pende do teto. Concluímos então que começa a experimentar a transferência, que está absorvido por ideias ainda inconscientes

referentes ao médico, e vemos que volta a associar quando lhe explicamos seu estado. (1921/1973, p. 2.599)

Se, em alguns casos, a busca da cura por amor leva ao abandono da análise, em outros, a tentativa é de fazê-la imperar em seu próprio interior. Em "Observações do amor de transferência", Freud (1915/1973) relata como uma mulher em análise pode declarar-se apaixonada pelo analista e solicitar ser correspondida. Momento agudo da resistência, em que se suspenderiam as associações e não haveria mais o desejo de se analisar.

Detenhamo-nos nessa situação, a fim de entender o que nela acontece: quando a realidade psíquica dá lugar à pessoa concreta do analista, o espaço analítico se fecha. Há uma busca pela obtenção real de algo que deveria ser recordado – ou seja, reproduzido como material psíquico – e, portanto, mantido no domínio do anímico.

Além do mais, quando se centra fixamente a atenção na pessoa do analista, as associações param, e em consequência fica detida a possibilidade de movimento psíquico e, portanto, de toda e qualquer transformação.

A cena muda totalmente, diz Freud, como se no meio de um espetáculo de teatro alguém gritasse "fogo" (1915/1973, p. 1691). Isto é, uma situação em que os movimentos dos jogos transferenciais na qual a representação das diferentes e múltiplas personagens é constante, é substituída por outra, na qual a libido se fixa num ponto e age como alarme.

A paciente que ama o analista demanda ser amada por ele, já que, como Freud afirma, quem ama perde parte do seu narcisismo e só pode compensá-lo sendo amado (1915/1973, p. 1695). É em torno da questão da *demanda de amor* que Freud pensa a diferença entre a situação hipnótica e a situação analítica, do seguinte modo:

1) Se o analista deve evitar nessa situação ser tomado pela transferência recíproca, é porque se manteria ali numa situação especular de continuidade, no eixo da demanda, o que igualaria a situação analítica à hipnose.
2) Pelo contrário, a manutenção do lugar da abstinência abrirá um espaço possível para análise. Não se trata, esclarece Freud, apenas da abstinência sexual, mas sim da não resposta à demanda, possibilitando subsistir no analisando a necessidade e o desejo como forças impulsoras que permitirão continuar o trabalho analítico.
3) O analista, ao manter-se no lugar de quem conserva a transferência como algo a ser atravessado para remetê-la às origens inconscientes, permite o levantamento do recalque e a possibilidade de expressão do fantasma do desejo, descobrindo os fundamentos infantis do amor.

Retomemos então a questão da estrutura narcísica da transferência. O analisando inicia sua análise – como diz Freud – procurando uma cura por amor – isto é, colocando o analista no lugar do ideal, fazendo-o portador de todas as perfeições e

O TEMPO, A ESCUTA, O FEMININO: REFLEXÕES

demandando-lhe o seu amor. Busca, por meio da idealização, escapar da proximidade com os avatares do próprio desejo, pois isso o levaria a ter que se haver com os limites intransponíveis do sujeito humano: a diferença entre os sexos, a morte e a contradição entre as instâncias psíquicas.

Há, na cura analítica, uma estrutura narcísica que funciona como base da sugestionabilidade, ou seja, da possibilidade de influência do analista sobre o analisando e, portanto, indispensável para a existência da análise. Destaque-se, porém, que o fato de ter sido colocado no lugar do ideal de eu não implica que o analista nele tenha de se manter. São as próprias condições da situação analítica (abstinência, associação livre e interpretação) que abrem na análise um espaço para repetir, recordar e elaborar.

Em "Psicologia das massas e análise do eu" (1921/1973), Freud diz que a saída da psicologia coletiva (referindo-se à horda na qual o pai primitivo é o ideal, e esse ideal domina o indivíduo substituindo seu ideal de eu) acontece com o surgimento do primeiro poeta épico que se separa da multidão por meio da construção do mito, no qual expressa os desejos irrealizados a respeito do pai primevo.

Na situação analítica, de modo similar aconteceria a abertura de um espaço no qual o analisando, na reconstrução do próprio mito edípico, na reatualização de sua vida fantasmática, no pôr em jogo o infantil nos sonhos, vai produzindo um desligamento dessa estruturação narcisista, desses substitutos de pais primitivos, reencontrando, ao mesmo tempo, ideais mais possíveis nele próprio. Mas, para que isso aconteça, é preciso que o analista possa não se tornar hipnotizador.

Vamos pensar em dois momentos clínicos de Freud.

O primeiro em 1899, quando Freud hipnotizador atende a Emmy de N. em tratamento combinado de banhos, massagens e sessões nas quais, pondo o dedo na frente de seus olhos, ordena-lhe: "Durma". Ela cai num sonho hipnótico durante o qual Freud a convida a falar de suas lembranças sobre um tema. E, mediante ordens sugestivas, vai tentando apagar as marcas das cenas aterrorizantes, das alucinações zoológicas e fazê-la desistir das ideias delirantes (Freud, 1899/1989b).

O campo, na sua totalidade, é o da sugestão. A presença marcante de Freud é reforçada pela pressão exercida sobre a fronte da paciente. Tal pressão evidentemente reforça o efeito da sugestão, funcionando como um equivalente do suporte amoroso.

A falta de paciência leva Freud a uma atitude insistente, pressionadora, interrogativa, em que mesmo a pressão violenta se justifica para arrancar de Emmy seus segredos. A manutenção da autoridade é priorizada, e faz-se qualquer coisa para evitar o seu fracasso. Num momento no qual Emmy se queixa de dores no estômago e acusa Freud por tê-la mandado tomar determinada água, ele lhe diz: "Você tem 24 horas para refletir e convencer-se que suas dores são consequência do medo. Terminado esse prazo, eu lhe perguntarei se mudou de ideia e, se não for assim, não a atenderei mais" (1899/1989b, p. 75).

No momento em que Emmy se queixa de não estar obedecendo a suas sugestões tão docilmente como antes, decide convencê-la do contrário e, durante a hipnose lhe diz que no almoço ela solicitará a Freud que lhe sirva vinho no seu copo, mas depois dirá que não o quer. Levará a mão ao bolso e encontrará um papel onde tudo isso estará escrito. As coisas acontecem como antecipadas na situação hipnótica, com o que a autoridade de Freud é recuperada.

A questão do olhar – reafirmada por Freud como central na situação da hipnose – parece tentar estabelecer a continuidade entre dois corpos, o do hipnotizador e do hipnotizado, que se encontram num olhar sustentado. Essa continuidade entre os corpos é expressão de outra, a da unidade narcisista.

Se, por um lado, o olhar marca a continuidade do encontro, por outro fixa o hipnotizado na pessoa do hipnotizador, que se converte no ponto único de mira. Ao contrário, na análise, o fixo se presentifica na resistência.

Porém, é a própria Emmy que começa a abrir brechas no campo da sugestão. Num momento do processo, enfrenta a insistência interrogativa de Freud, dizendo-lhe: "Você não deve ficar perguntando-me de onde procede isso ou aquilo, e sim deixar-me relatar o que eu desejo". É como se nessa frase Emmy separasse a mão de Freud de sua fronte e solicitasse um espaço possível para seu próprio desejo. Frase que é, portanto, de recusa de uma presença exagerada, de denúncia de um desejo de Freud – o de domínio – e, ao mesmo tempo, de indicação para ele de um lugar – o da escuta atenta.

Vamos agora ao segundo momento na clínica de Freud (1918/1973): "Uma neurose infantil – o Homem dos Lobos".

Nesse espaço de tempo, de 1889 a 1918, muitas coisas aconteceram. Em termos da teoria, os eixos de conflito tornaram-se mais complexos: as pulsões entre si, o masculino e o feminino, o desejo e a repressão, o inconsciente e o consciente, o narcisismo e a castração, e assim por diante. Quanto à clínica, a associação livre se impôs. A transferência é, então, o campo no qual se travam todos os conflitos. A análise do jovem russo é talvez a melhor mostra do trabalho de filigrana de reconstrução numa análise.

Em três momentos do relato clínico, Freud usa o termo *transferência* (Le Guen, 1984). Em um deles, com o sentido de deslocamento entre duas cenas: pouco tempo antes do sonho, a criança fora levada várias vezes para visitar as manadas, quando então pôde ver os cachorros brancos de grande porte e, possivelmente, no ato do coito. Na noite do sonho, um deslocamento da marca mnêmica do coito dos cachorros sobre a cena dos pais deitados na cama provoca intensos afetos.

Num segundo momento, refere-se à transferência como repetição:

> No quarto no qual acontecia o tratamento havia um relógio na frente do paciente, que se encontrava deitado sobre o divã, ficando este quase de costas para o lugar que eu ocupava. Estranhei ao perceber que o paciente voltava a cabeça durante a sessão, como querendo dá-la por finalizada. Após um tempo, ele lembrou que o menor dos sete cabritinhos se escondia na caixa do relógio, enquanto as irmãs eram

O TEMPO, A ESCUTA, O FEMININO: REFLEXÕES

149

devoradas pelo lobo. Queria, pois, dizer-me: "seja bonzinho comigo. Acaso devo ter medo de você? Será que você me comerá? Terei que fugir de você e me esconder como o cabritinho mais jovem na caixa do relógio?" (1918/1973, p. 1.961)

Ganha forma então seu lugar de passividade diante do pai, que só pode expressar o amor oralmente, no ato de comê-lo.

Porém, é o terceiro momento que me interessa comentar. A análise do Homem dos Lobos prolonga-se por quatro anos e meio (fevereiro de 1910 a julho de 1914). No fim do quarto ano, Freud (1918/1973) resolve determinar um tempo e então interrompê-la. Baseia sua decisão no fato de que o paciente se mantivera, durante muito tempo, numa atitude de indiferente docilidade:

Temia tanto uma existência responsável e independente que isso compensava o que era incômodo em sua enfermidade. Só encontramos um caminho para dominá-lo. Tive de esperar até que a ligação com a minha pessoa fosse bastante intensa. Então pus em jogo um fator contra o outro, coloquei um prazo para finalizar. Sob a pressão inexorável da solicitação premente, as resistências cederam e a análise proporcionou, num prazo curto, todo o material que permitiu a solução de suas inibições e a supressão dos seus sintomas. Nesse último tempo de análise, a resistência desapareceu temporariamente, e o enfermo produzia-nos a impressão de uma lucidez que normalmente só se consegue na hipnose. (1918/1973, p. 1.943)

150 Coleção "Clínica Psicanalítica"

É suficiente ler com atenção esses parágrafos para perceber-se que os termos usados são os mesmos que os da época da hipnose: domínio, pressão, solicitação premente, arrancar os segredos. Se pensarmos no efeito produzido – que o próprio Freud relaciona com os efeitos da hipnose – podemos dar-nos conta do que se trata nesse momento clínico: impera a sugestão. Freud, a partir do lugar de ideal do eu exerceu um ato de sugestão. É como se, pela passividade, o Homem dos Lobos tivesse solicitado a Freud "colocar a mão na sua fronte". É como se Freud, ao responder a demanda, tivesse reinstaurado uma continuidade especular, deixando ambos aprisionados numa estruturação narcisista[2].

Em 1926, o Homem dos Lobos começa uma nova análise com R. M. Brünswick. Uma ideia fixa hipocondríaca – a de ter um buraco em seu nariz – o faz percorrer um circuito sem saída entre o nariz, o espelho e o bolso. É um círculo infinito de visitas a dentistas e dermatologistas, que nada mais são que

---

[2] Numa direção semelhante à seguida neste texto, Serge Leclaire (1991) tenta precisar o que aconteceu no momento da interrupção da análise do Homem dos Lobos. O autor afirma que Freud, em lugar de analisar o vínculo atual, que é a transferência, atuou ao fixar um prazo. A pressão assim exercida só podia, segundo o autor, culminar num único resultado: a preservação, a qualquer preço, do vínculo transferencial que o liga a Freud. O fato de o analisando ter sentido o ultimato freudiano como uma ameaça de separação, ao modo de uma ameaça de castração primária, fez com que o objeto, o homem Freud, passasse a ser experimentado como uma parte dele mesmo. Freud aceita tornar-se o mestre real, e com isso entra na cadeia sem fim do engodo obsessivo, em lugar de testemunhar a ordem simbólica. Escreve Leclaire: "Para conservá-lo como parte de mim, dou-lhe uma parte de mim, justamente essa que você deve estar esperando, e que certamente lhe dará prazer. Dou-lhe esta cena primitiva tão bela, tão rara, tão apaixonante, mas aprisiono-o por meio desta fábula. Dou a você, mas conservo-o comigo" (p. 257).

O TEMPO, A ESCUTA, O FEMININO: REFLEXÕES

um circular pela superfície interna do véu (envolvimento na relação narcísica com a mãe) e no qual estava preso em uma identificação marcada na frase: "Assim me é impossível viver".

R. M. Brünswick (1979) pensa que a fonte da nova enfermidade é o resíduo não resolvido da transferência com Freud:

> Ocupamo-nos inteiramente de um resíduo da transferência com Freud. Naturalmente, em função desse resíduo, o paciente não se achava completamente liberado de sua fixação no pai; mas a causa da ligação existente não era a presença de material inconsciente, mas o fato de que a própria transferência não havia sido completamente elaborada. (p. 218)

É na transferência que o apego ao pai se reatualiza. Mas Freud propõe um fim para essa análise, e R. M. Brünswick afirma: "Como analista, podemos estar de posse total dos fatos históricos da enfermidade, mas não podemos saber que grau de elaboração é requerido ao paciente para sua cura" (1979, p. 218).

Evidentemente a continuação do texto vai delineando a diferença entre a rememoração e a elaboração e colocando a fixação de um prazo de término da análise, estabelecido por Freud, como um fechamento do espaço de elaboração:

> A pressão pode fazer aparecer, em alguns casos, todo o material, mas é possível imaginar que o não acesso, que necessita da fixação de um limite de tempo, frequentemente utilizará

esse limite para seus próprios fins. Parece ter sido esse o caso
do homem dos lobos. (p. 219)

Na primeira situação clínica, sendo o campo o da sugestão, abre-se uma brecha para o desejo e a transferência a partir do movimento da paciente. Na segunda, sendo o campo o da transferência, instala-se uma relação de hipnose a partir do movimento do analista.

Citando Le Guen: "A recordação, com o que implica de representação verbal, de discurso organizado e até de narrativa, é só um meio entre outros e, sem dúvida, o mais superficial, de habitar a própria história" (1984, p. 109).O processo de reconstrução e elaboração em uma análise é a tentativa de encontrar a melhor forma de habitar a própria história. O tipo de presença que o analista tem nesse processo é o que vai dando, ou não, condições para a realização do trabalho. É essa presença que, ao quebrar a continuidade da hipnose na preservação do lugar da abstinência, ao distanciar-se do lugar fixo da hipnose em virtude da livre associação, permitirá o constante movimento dos jogos transferenciais. Em tal situação, o jogo de presença-ausência implica paciência na escuta. Porém, paciência não quer dizer desligamento. A escuta do analista é pacientemente presente e interessantemente atenta.

8.

PSICANÁLISE/PSICOTERAPIA: AS ONDULAÇÕES NO CAMPO DA PRÁTICA PSICANALÍTICA[1]

A criação do novo campo de saber que inclui o inconsciente, assim como a transformação do sentido de *pathos* da "Psicopatologia da vida cotidiana" (Freud, 1901/1989) fazem emergir da descoberta freudiana uma clínica diferenciada da clínica médica.

O texto freudiano pode ser definido como um tratado sobre os *processos psíquicos* em que, no interior do *movimento* entre a prática e a teorização, vão sendo elaboradas a imagem de um *aparelho psíquico* e uma metodologia de investigação. As construções do campo e do objeto de estudo são, portanto, simultâneas e contemporâneas a uma certa prática, que vai sendo paulatinamente *inventada*: a situação analítica.

---

[1] Texto publicado originalmente em *Psyché Revista de Psicanálise*, ano 4, n. 5, p. 17-28, 2000. Comunicação apresentada no encontro "Psicoterapia Psicanalítica na Atualidade", promovido pelo Departamento de Psicologia Clínica do Instituto de Psicologia da Universidade de São Paulo (USP), em 18 out. 1997.

Nessa construção, os impasses surgidos na prática exigem teorização, seja para ampliar o campo de trabalho, seja para marcar seus limites. Esse procedimento, tipicamente freudiano, nunca deixou de se constituir como uma tarefa para todos os que se dedicam à prática da psicanálise: aquilo que fecha a possibilidade de simbolização e faz obstáculo ao processo analítico ao agir como contraponto na resistência continua permanentemente a nos interpelar como analistas, colocando-nos face ao desafio de manter aberta a possibilidade de análise.

Tentativas de conceitualizar os obstáculos à cura foram uma constante em todo o percurso de Freud. Conceitos como os de resistência, da vertente de resistência na transferência, de masoquismo, de pulsão de morte, entre outros, testemunham o esforço freudiano em teorizar os fatores limitativos, bloqueadores do processo do tratamento analítico.

Segundo Pontalis (1978), o trabalho analítico situa-se entre dois polos: o sonho e a dor. É no lugar produzido pela dor, lugar de indistinção entre o fora e o dentro, entre o consciente e o inconsciente, entre o corpo e a psique, que se encontram os limites do analisável: exatamente nesse umbigo, onde o luto não realizado do objeto primordial fecha-nos o acesso à linguagem. Ajudar essa dor a se dizer, abrindo as trilhas que irão permitir-lhe aceder ao universo da linguagem e a poder sonhar-se – no sentido em que o trabalho da elaboração onírica, ao tomar as moções pulsionais e transformá-las, as inclui nas condições de linguagem, permitindo um trabalho de metaforização –: é exatamente nisto que se encontra a possibilidade do trabalho analítico.

O TEMPO, A ESCUTA, O FEMININO: REFLEXÕES
155

Esses polos delimitadores do campo de trabalho analítico são já indicados por Freud, quando diferenciou o campo das neuroses de transferência e o das neuroses atuais; lembremos que essa delimitação não visava a estabelecer categorias de ordenamento, mas sim a assinalar que o campo possível do analítico era o da neurose de transferência, situando o curto-circuito impossibilitador da *elaboração* psíquica das neuroses atuais como seu limite. Lembremos ainda que esses polos continuam sendo importantes, apesar das significativas mudanças que o lugar no qual eles se colocam sofreu no decorrer de sua obra[2].

É justamente a constante recolocação do analítico e de suas condições de possibilidade, assim como o permanente reconhecimento do que constitui seus limites, que irá outorgar legitimidade ao campo demarcado por esses dois polos. Mas tais limites não devem ser confundidos com os parâmetros do *enquadramento*.

As psicoterapias certamente precedem o nascimento da psicanálise. Em textos como "O tratamento psíquico" (1890/1989) e "Sobre a psicoterapia" (1905/1989b), Freud refere-se a esse tipo de atuação, afirmando que a psicoterapia é a terapia mais antiga da qual a medicina se serviu. A medicina dos primitivos e dos antigos age sobre os enfermos por intermédio da indução de uma confiante expectativa, estado psíquico que

---

[2] As formulações freudianas sobre as neuroses atuais foram retomadas pelos pós-freudianos na compreensão dos fenômenos psicossomáticos e definitivamente incluídas no campo da psicanálise.

certamente influenciaria os resultados de qualquer procedimento terapêutico.

Assim, a *sugestionabilidade* – poder de influência exercida pelo médico sobre o paciente – constitui a essência do procedimento que nesse momento Freud nomeia psicoterapia.

O traço distintivo do tratamento psíquico, do tratamento da alma (psique) é, portanto, o fato de agir sobre os processos anímicos, sendo a palavra seu mais importante instrumento. Freud afirma que as palavras são as principais mediadoras das influências que um homem pode exercer sobre os outros, constituindo-se em meios adequados para provocar alterações anímicas naquele ao qual são dirigidas. Dessa forma, não é mais tão enigmática a ideia de que o poder mágico das palavras pode eliminar fenômenos patológicos enraizados em estados anímicos.

Ao lado dessa afirmação sobre o poder da palavra, Freud também indica que, caso se impedisse a alguém a escolha de seu próprio médico, uma importante condição de influência sobre os enfermos estaria sendo eliminada.

A sugestionabilidade – o poder de influência outorgado a alguém – é o ponto de apoio das terapias *sugestivas*, nas quais, por meio da *ordem sugestiva*, impõe-se ao paciente um destino. Nesse sentido, o método hipnótico é considerado um facilitador, embora hipnose e sugestão não se confundam.

Breuer, com a ajuda de sua brilhante paciente, uma assistente social alemã (Anna O.), inaugura o método catártico. Essa cura pela palavra, a "limpeza de chaminé", como ele a chamava, permite-lhe descobrir a ligação entre as palavras e os sintomas. De fato, graças a esse procedimento, Breuer percebe que o movimento daquelas produzia efeitos sobre estes. Assim, propõe-se a eliminar os sintomas pela ampliação do campo da consciência, pelo resgate dos impulsos, das lembranças e dos pensamentos que, embora até então permanecessem fora desse campo, não deixavam de ter o poder de provocar intensas manifestações afetivas.

O método catártico renunciou à sugestão e o método analítico renunciaria à hipnose, substituindo-a pela regra fundamental da psicanálise – a associação livre e a atenção flutuante –, ou seja, pelo pacto estabelecido entre o analisando e o analista de que o primeiro diga tudo, fale de seu sofrimento, seus sonhos, seu corpo, seus pensamentos, sua vida, tendo como contrapartida a garantia da presença de uma escuta de suas palavras ou de seu silêncio por parte do segundo.

Freud não só abandonou a hipnose como técnica de tratamento como, em vários momentos de suas posteriores teorizações, tenta compreender os mecanismos envolvidos nos fenômenos do sonambulismo hipnótico, para ir diferenciando hipnose e análise e ao mesmo tempo ir gradativamente definindo a *especificidade da psicanálise*.

Num dos pontos mais altos de sua obra a esse respeito, mostrou que o fenômeno da *sugestionabilidade* depende da atividade da libido, e que a organização libidinal presente na hipnose é a mesma que se encontra no fenômeno de *massa*, na sua relação com o líder. Nessa *massa a dois* que o fenômeno hipnótico instaura, a continuidade corpórea apresenta-se na continuidade do olhar. O hipnotizador converte-se para o hipnotizado no único objeto digno de atenção. A sugestionabilidade na hipnose torna-se possível pela existência de um laço *erótico* que, segundo o modelo da *escolha narcísica do objeto*, coloca o hipnotizador no lugar do *ideal do eu*, lugar fixo a partir do qual emite a *ordem sugestiva*.

Quais aspectos desse processo a psicanálise abandona? A sugestionabilidade não pode ser abandonada, já que retorna inevitavelmente na transferência. O que se abandona é a *continuidade* presente na hipnose, quebrada pela própria *regra de abstinência*. Segundo Freud, o analista deve evitar ser tomado pela transferência recíproca, pois isso o manteria numa situação especular no eixo da *demanda amorosa*, o que acabaria por igualar situação analítica e hipnose (Freud, 1915/1973). É a não resposta à demanda amorosa que quebra a continuidade especular, permitindo que o desejo subsista como motor do processo analítico.

A regra da abstinência é parte fundamental do método analítico, que faz da interpretação seu ato fundamental: interpretação que não deve ser confundida com a explicação, e sim pensada como um processo de produção de significações, criador de sentidos.

A não resposta cria para o analista um lugar de mobilidade receptiva e ativa, o lugar do *estrangeiro na contratransferência* nas palavras de Pierre Fédida (1996), possibilitando-lhe oferecer-se, na transferência, como suporte dos mais variados lugares: desde o perseguidor idealizado até a atenta testemunha, desde o cúmplice na transferência até o corpo bombardeado e petrificado, impedido de exercer a função associativa necessária para sua tarefa de intérprete. Lugares que, por sua vez, dependem do lugar psíquico em que se dá o conflito: o espaço mental, a especularidade narcísica, o espaço psíquico transformado em órgão do corpo, o espaço do mundo, entre outros. Por essa razão, a transferência deve ser considerada a bússola de nosso trabalho (Pontalis, 1978).

Portanto, verificamos que aqui algumas passagens se deram: do fixo ao móvel, da continuidade especular à estrangeiridade, do ideal do eu ao suporte da transferência. Em suma, da *sugestão* à *psicanálise*.

A relação entre psicanálise e terapias sugestivas é de oposição: assim, a hipnose não deve ser considerada uma forma debilitada da psicanálise, mas um procedimento de natureza diferente. Essa necessidade de diferenciá-las não diz respeito a uma mera preocupação de ordem histórica, relativa à origem do método, mas é uma questão sempre presente.

Em diversos momentos da história do movimento psicanalítico presenciamos o retorno das terapias sugestivas, no interior mesmo dos parâmetros formais de uma psicanálise. Não é só quando se faz um paciente dormir o sono hipnótico que nos podemos tornar hipnotizadores. Os movimentos de medicalização e de psicologização, por exemplo, fizeram muitas vezes com que se esquecesse da especificidade do método psicanalítico, que se confundisse a psicanálise com seu *setting*, e que no interior deste a interpretação fosse usada para uma remodelagem do eu do analisando (quando, oferecendo-se como ideal de identificação, o analista guia o paciente para uma visão de mundo que é a sua própria). Não é raro que as análises, mesmo conservando seus contornos formais, convertam-se em terapias sugestivas ou sintéticas, ou ainda em uma atividade pedagógica: em vez de se permitir ao sujeito algum contato com seu desejo, este termina aprisionado nas identificações com o terapeuta, que funciona como ideal de eu. A transferência nesses casos é transformada em espaço de normatização e passa a ser vista mais como uma relação com o outro do que como lugar privilegiado de experimentação da realidade inconsciente.

É verdade que, no trabalho cotidiano, instituir a situação analítica e mantê-la funcionando exige de nós, analistas, muita inventividade.

Por vezes, no tranquilo decorrer de um processo, na sua mansa navegação – o analisando associa, o analista em atenção flutuante encontra a possibilidade de escuta e interpretação, que ocorre no momento em que o vivido aqui e agora e a representação fantasmática de um desejo reafirmado se encontram. Algo no tênue e delicado tecido da análise vai tomando consistência; a interpretação produz efeito – em que tudo parece acontecer como esperado –, a transferência erótica nos surpreende (lembremos, a propósito, que transferência erótica não é o mesmo que erotismo na transferência). Transferência negativa, momento em que o analisando, invadido por fortes angústias de fragmentação, tenta apossar-se da pessoa do analista, fetichizando-a, em busca de uma síntese protetora. O fixo (próprio da hipnose) impera, as associações se detêm, configura-se uma situação de desafio, na qual apenas a criatividade do analista poderá relançar a análise, permitindo que a fala recupere sua capacidade de ressonância, sua memória do infantil.

Em outras situações é o próprio analista, na urgência de acelerar a cura, que se transforma em hipnotizador. Para encontrar um exemplo, basta pensar no histórico do "Homem dos Lobos". No final do quarto ano de análise, Freud resolve determinar um prazo para seu término, e o analisando responde, oferecendo-lhe um imenso material de recordações. Nas palavras de Freud:

> Precisei aguardar que a ligação com minha *pessoa* estivesse suficientemente intensa para compensá-lo e nesse momento joguei com esse fator contra o outro. Resolvi, sem deixar de me orientar por bons indícios, que o tratamento deveria terminar num prazo determinado; estava decidido a observar estritamente tal prazo, o paciente acabou por acreditar na seriedade de meu propósito. E sob a *pressão* intransigente que aquilo significava, cedeu sua resistência, sua fixação à condição de doente, e a análise ofereceu, num lapso de tempo incomparavelmente breve, todo o material que possibilitou a eliminação de seus sintomas. Assim, o ultimo período de trabalho, no qual a resistência desapareceu por

momentos, e o enfermo dava a impressão de ter uma lucidez que normalmente só se alcança em *estado hipnótico*, forneceu os elementos que permitiram compreender sua neurose infantil. (1918/1989, p. 12)

Era mesmo de um estado hipnótico que se tratava. No momento em que o apego ao pai se atualizava no vínculo transferencial e se expressava como demanda de submissão, Freud aceitou tornar-se o mestre real e fez uso da pressão, a qual agiu no sentido da sugestão, produzindo efeitos complicadores, como demonstrou claramente Ruth Mack Brünswick (1979), que analisou posteriormente o paciente durante seu episódio psicótico[3].

Ter claro *o que* fazemos quando fazemos análise, ver claramente a especificidade do analítico, ter a regra fundamental como referência é justamente o que nos concede uma liberdade maior para pensar as estratégias de condução de um trabalho analítico em cada situação e para exercitar a "elasticidade da técnica" com a tranquilidade necessária à inerente criatividade do ser analista.

Dirigir-se ao lugar psíquico onde o pulsional traumático insiste e ajudá-lo a tornar-se figura não é tarefa fácil. Esse trabalho, de *simbolização significante* por meio da arte de interpretação, implica, de fato, oferecer-se como suporte para que aquilo que não tem palavra possa ir-se abrindo em espaço

---

[3] Abordo essa questão no capítulo "Sugestão – transferência: os relatos clínicos de Freud", neste livro.

na linguagem, para que a fantasmática na qual o mundo desejante se articula possa ir criando novos sentidos. Aliás, cumpre dizer – embora não haja "casos fáceis" nas vicissitudes da transferência e da contratransferência, pois cada situação clínica em sua singularidade é um desafio para o analista –, há certas situações nas quais esse desafio se intensifica: casos em que a maior fragilidade psíquica cria situações transferenciais maciças, ou em que a maior fragilidade egoica favorece os caminhos do *acting out*, ou ainda em que a falta de investimento na própria vida psíquica esfacela ou enfraquece excessivamente as condições de linguagem. Esse tipo de paciente, entre muitos outros, exige do analista um maior empenho no sentido de abrir trilhas, veredas de trânsito psíquico muitas vezes inéditas, ampliando a necessidade de se interrogar assiduamente sobre a especificidade do analítico, sobre a natureza desse trabalho.

Aqui creio ser útil referir-me e suscitar a reflexão sobre três parâmetros que alguns analistas utilizam para demarcar a linha divisória entre psicanálise e psicoterapia:

1. O *setting*. Deduz-se claramente do exposto até aqui que em minha opinião uma análise não se define pelo *setting*. O número de sessões, o uso do divã, o espaço físico no qual se trabalha certamente não são essenciais para demarcar o âmbito da análise. Com essa afirmação não estou negando a importância do enquadre: muitos dos analistas de minha geração aprenderam essa importância com o excelente trabalho de Bleger (1967), que demonstrava como o enquadre é justamente o lugar no qual se projetam os aspectos mais simbióticos dos

processos psíquicos, fazendo-nos entender como a presença dessa situação fixa é fundamental para que algo se constitua no movimento, tanto quanto a presença da mãe o é para a construção do eu da criança. Mas não é a presença desse *setting* que pode definir o analítico.

O enquadre analítico deve sempre ser considerado um instrumento nas mãos do analista, e nunca o contrário, ou seja, o analista jamais deve estar nas mãos de um *setting* determinado por uma instituição. A possibilidade de se manter vivo o método analítico depende de um permanente questionamento do que ocorre em termos de *funcionamento psíquico* no analisando em sua singularidade e na *atividade psíquica* do analista em cada situação clínica.

2. *O sofrimento.* A psicanálise introduziu uma mudança fundamental na maneira de se considerar a loucura. De fato, se os tratamentos organicistas deixavam de lado a subjetividade, o reconhecimento, realizado por Freud, da *verdade histórica* presente no delírio passou a singularizar e subjetivar o tratamento da loucura. Até o surgimento da psicanálise, o *saber* e a *loucura* estavam numa relação de oposição, a falta de razão encontrando-se do lado da loucura enquanto o monopólio do saber pertencia ao médico. No texto da "Gradiva" (1906/1989a), Freud, com base na obra de Jensen, vai tecendo uma fina trama para mostrar como no próprio delírio encontra-se *encravado* um pedaço da verdade histórica. Assim, verdade e loucura deixam de se opor.

O TEMPO, A ESCUTA, O FEMININO: REFLEXÕES

Outra relação que a psicanálise se encarregou de subverter é aquela entre *sintoma* e *saber*. As terapias sugestivas tendiam à eliminação dos sintomas porque estes eram considerados o lugar da disfunção, o corpo estranho era por ela responsável. O trabalho realizado por Freud com respeito à histeria mostra, ao contrário, que em todo sintoma existe um saber, ainda quando este não conheça a si próprio. Ou seja, uma paralisia na perna, fruto da conversão, é considerada em si a apresentação de uma teoria, que, não tendo encontrado outra forma para expressar-se, o faz por meio do deslocamento e da condensação operados no e pelo sintoma. Portanto, este deixou de ser visto como algo a ser eliminado ou explicado, mas, ao contrário, *desconstruído*.

Na medida em que o sintoma produz *sofrimento* e se torna um *enigma*, adquire grande importância para o início de uma análise. Quando alguém nos procura – pelo menos se se trata de uma situação atinente ao campo da neurose – o faz motivado por algum sofrimento, na crença de ter encontrado alguém possuidor de um saber capaz de diminuí-lo.

Iniciada a aventura analítica, é a busca de se pensar o desconhecido que mobiliza o caminhar. Tomo aqui as palavras de Piera Aulagnier sobre a definição do analista:

> [...] sujeito suposto capaz de suportar a situação analítica e suas coerções, mas também sujeito capaz de encontrar, na experiência, momentos de prazer, condição necessária para que possa investir esse trabalho psíquico particular que o

processo analítico exige. Sem duvida, suportar a frustração, a regressão, o não agir, a colocação em palavras, mas também se descobrir capaz de criar *novos pensamentos*, fonte de prazer, tornando suportáveis as provações e o desprazer que a experiência inevitavelmente impõe. [...] Investir o processo, investir nossa escuta e o discurso que se lhe oferece é, então, investir a possibilidade de ter que pensar o inesperado. (1998, p. 25)

Se o analista não é capaz de ir atrás do desconhecido, de sentir prazer com o impensável, tampouco o analisando poderá fazê-lo. É à busca do desconhecido que nos dirigimos, mas esta não se encontra desvinculado do sofrimento que a põe em marcha.

Na clínica, o saber, o conhecer e o compreender possuem um *poder de transformação*. Sendo a análise uma investigação sobre os processos psíquicos, em seu próprio acontecer ela transforma. O quê? As relações no interior do psiquismo, os objetos psíquicos dos quais trata, operando assim uma nova organização do espaço psíquico.

Na psicanálise, sofrer, conhecer e transformar encontram-se firmemente articulados, e é essa articulação que lhe é essencial.

3. *A analisabilidade.* Freud restringiu o alcance do método psicanalítico ao campo das neuroses. Mas seus discípulos começaram a sentir as limitações desse modelo, e por não desejarem resumir sua clínica ao trabalho com os "bons neuróticos", começaram a se questionar sobre a "elasticidade da técnica".

Ferenczi foi certamente um dos principais representantes dessa posição.

As ampliações do campo e da aplicação do método a realidades psíquicas novas e diferentes foram colocando em questão certas referências até então inquestionáveis, tanto na vertente técnica quanto conceitual, o que permitiu o próprio progresso da psicanálise.

Não só deixaram de ser tão claras as fronteiras que anteriormente restringiam a psicanálise ao campo das neuroses, como as próprias categorias nosográficas não são mais tomadas rigidamente como parâmetro de demarcação da analisabilidade. Curiosamente, hoje não apenas podemos encontrar nos escritos clínicos relatos de tratamento bem-sucedidos com pacientes psicóticos, mas também afirmações relativas à não analisabilidade de pacientes obsessivos e até histéricos.

A ampliação do campo – ocorrida com a inclusão da psicanálise infantil, da clínica da psicose, do atendimento de pacientes com graves transtornos narcísicos – trouxe novos complicadores para a transferência, que passou a abranger os pais. Além disso, lembremos dos efeitos produzidos nesse campo pela retaguarda psiquiátrica, pelo acompanhamento terapêutico, os trabalhos com a família etc. Essas novas zonas de cruzamento que produzem efeitos na transferência certamente implicam novos desafios na tarefa analítica: as *ondulações do campo* produzidas pela coexistência de diferentes realidades psíquicas que originam diversas realidades clínicas exigem ser escutadas e tratadas em sua singularidade, por vezes constituindo-se em impasses na prática cotidiana.

Terapia, em grego, quer dizer *cuidado* – pelo menos em alguns escritos de Platão. Terapeuta é aquele que escuta o Eros doente do paciente. Como afirma Fédida:

> Desde que nos ocupemos do ser humano, tudo o que se passa entre ele e nós, nos mínimos detalhes, reveste uma significação de fragilidade. [*Terapéia* é a] atenção delicada dada ao homem como se fosse um instrumento musical. Em função da posição que ocupamos, cada coisa que dizemos ou fazemos tem imediatamente uma incidência sobre a matéria vivente que o homem doente nos oferece. (1988, p. 30)

Nesse sentido, nós analistas somos terapeutas.

A meu ver, a tentativa de se demarcar uma linha divisória entre psicanálise e psicoterapia psicanalítica, e de se considerar esta última uma etapa da formação, sustentando-se tal demarcação por autorizações institucionais, só tem produzido efeitos complicadores: o não reconhecimento de autênticas psicanálises devido ao formalismo de certas "instituições" oficiais cria nos clínicos uma sensação de estranheza, pela defasagem entre o que conseguem realizar e o que podem nomear.

Acredito que psicanalista é aquele que se analisou o suficiente para criar as condições de autoanálise demandadas pela prática clínica; que submeteu sua clínica à supervisão, visando a adquirir recursos para suportar as transferências, e que estudou bastante metapsicologia para conseguir perguntar o que está em jogo nos fenômenos clínicos a ele apresentados. Com base nisso, coloca-se como necessidade incontornável para sua prática – seja em consultórios ou instituições, com adultos ou crianças, neuróticos ou psicóticos – que ele tenha criatividade suficiente para manter funcionando a situação analítica, na singularidade de cada realidade clínica.

Concordo plenamente com Pontalis (1978) quando afirma que as fronteiras do analítico não podem ser estabelecidas de fora, como procede um Estado ao demarcar as fronteiras de um país; é na singularidade de cada atendimento que o campo psicanalítico se constrói, que o limite do analisável se determina, a partir das condições do funcionamento psíquico dos que nos procuram, de seu momento de vida e de seu desejo, além de nossas próprias possibilidades de atividade psíquica. São suas as seguintes palavras:

> Digamos que a história da psicanálise consistiu menos em definir os limites de sua ação para precisá-los cada vez mais, como um Estado que realizasse incessantes retificações de fronteiras, do que em permanecer nesses limites, como um povo nômade que não se instalasse nunca em uma província, por mais afastada que esta estivesse das civilizações reinantes; mas não encontraria um espaço propício que não fosse o dos confins, nem outro motivo para existir que não fosse na vizinhança inominada com uma linha que ele mesmo, fora de qualquer mapa, está traçando. (Pontalis, 1978, p. 201)

PARTE III

SOBRE O FEMININO E O MATERNO

Minha mãe cozinhava exatamente:
Arroz, feijão-roxinho, molho de batatinhas.
Mas cantava.
Adelia Prado, O coração disparado, 2006.

Pulou no rio a menina
Cuja mãe não disse: minha filha.
Me consola moço.
Fala uma frase, feita com o meu nome,
Para que ardam os crisântemos
E eu tenha um feliz natal!
Me ama...
Adelia Prado, O coração disparado, 2006.

9.

"O QUE NÃO PERTENCE A NINGUÉM"... E AS APRESENTAÇÕES DA HISTERIA[1]

Ao percorrer as publicações das últimas décadas sobre a histeria, ou mesmo em conversas com colegas, frequentemente nos deparamos com frases do tipo: "não encontramos mais crises espetaculares como as descritas por Charcot", ou, "para onde foram aquelas mulheres maravilhosas, as Annas O., as Doras?"[2] (Lacan *apud* Nasio, 1990) ou, ainda, "em nossos dias não há mais histéricas como as de antigamente". E seria possível que houvessem[3]? Todos sabemos que as histéricas evoluem conforme a época, que elas não vestem roupas emprestadas das avós, mas as costuram em sintonia com o ambiente para o qual se apresentam. É na microcultura que as rodeia que encontram

---

[1] Publicado originalmente em Fuks, L. B.; Ferraz, F. C. *A clínica conta histórias*. São Paulo: Escuta, 2000. p. 81-102.

[2] A frase é de Lacan, tendo sido dita no decorrer da conferência *Propos sur l'hystérie*, proferida em Bruxelas, em 1977, e publicada na revista Quarto, n. 2, em 1981 (*apud* Nasio, 1990).

[3] Neste texto, é por uma simples questão de "recorte" que nos referimos sempre às "histéricas" no feminino. Isso não significa, evidentemente, que não reconheçamos a existência da histeria masculina.

os materiais com os quais constroem suas "máscaras feitas à mão"[4] que lhes permitem aparecer com diferentes rostos.

A seguinte afirmação de Perrier é, nesse sentido, bastante esclarecedora:

> [...] a histeria se institui dentro de um certo espaço de saber. Ainda que nessa situação possa tratar-se de uma geografia das comunicações. Uma família fixada no anacronismo cultural de uma aldeia perdida produzirá ainda doentes como as de Charcot e casos de conversão para os museus da nosografia; ao contrário, as filhas da *intelligentsia* parisiense demonstrarão com brios os últimos progressos da personalidade histérica através das anedotas libertárias de uma hiperatividade sexual. (1979, p. 162)

Como, num dado momento histórico, a "geografia das comunicações" varia nas diversas microculturas, expressões sintomáticas diferentes convivem lado a lado: assim, ainda hoje podemos ver moças desmaiarem em vez de dar a notícia de que estão grávidas, em famílias para as quais a "maternidade" e a "virgindade" continuam constituindo os troféus fundamentais do feminino. Mas nesta época é possível ver-se uma jovem definhar, seu corpo inteiramente reduzido, na anorexia, presa da mortificação, sob o império da "cultura *light*", que toma o "estar

---

[4] Expressão usada para diferenciá-la da máscara *prêt-à-porter* do obsessivo (Cf. Israel, 1984).

em forma" como imperativo máximo do ideal de saúde e beleza. Apesar de suas grandes diferenças, há em ambas algo em comum: o corpo no lugar de expressão daquilo que não consegue ser dito.

No entanto, se é imprescindível reconhecer a diversidade sintomática que acompanha as diferenças de contextos familiares ou microssociais presentes numa determinada época, não podemos deixar de reconhecer (quando estamos falando da histeria) a forma de apresentação dominante em cada momento histórico, o que cria verdadeiras "ondas" ou "epidemias".

Para localizar essa questão, vou-me referir a um texto do psicanalista francês Mikkel Borch-Jakobsen (1997) escrito nos EUA em 1992. O texto se denomina *Para introduzir a personalidade múltipla*, e refere-se à seguinte questão epidemiológica: a primeira onda de casos de distúrbios de personalidade múltipla (DPM) chegou à Nova Inglaterra vinda da Europa na *belle-époque* de Charcot, Janet e Binet. A partir de 1930, essa primeira onda parecia ter desaparecido, encontrando-se apenas alguns casos isolados. Em 1973, o livro *Sybill, o diário de uma personalidade múltipla*, é publicado por Cornelia Wilbur e pela jornalista Flora Schreiber, tendo sido transformado, com grande sucesso, em um filme de Hollywood. Desde então uma nova "onda" parece surgir, os dados epidemiológicos mostrando a existência de duzentos casos antes de 1980, mil em 1984, quatro mil em 1989 e trinta mil nas últimas estimativas. O autor tem a respeito uma posição muito interessante: esse aumento é paralelo ao estabelecimento do movimento de pesquisa e tratamento das personalidades múltiplas, acentuando-se à medida que este vai ampliando seu espaço nos serviços hospitalares, congressos, seminários e publicações. A síndrome passa a ter um lugar no DSM III (à diferença da neurose, que perdeu espaço), ocupando uma posição de destaque na mídia. Ou seja, há um crescimento paralelo do tema – no *espaço simbólico* e no espaço da mídia – e da epidemia. O que conduz o autor à seguinte afirmação:

> Os distúrbios de personalidade múltipla são uma "epidemia psíquica" exatamente como o foram a "grande histeria" de Charcot, as "crises magnéticas" de Mesmer, os convulsionários de Saint-Médard ou as possessões do século XVII. (Borch-Jakobsen, 1997, p. 82)

E conclui:

> [...] os DPM [distúrbios de personalidade múltipla] são a forma adotada pelo transe num determinado contexto histórico-cultural, ou seja, nos EUA dos anos 1975-1990 talvez sejam os DPM o exemplo paradigmático no qual a falta de um corpo próprio faz a desenvoltura com que lidam com seu corpo real como se fosse um "corpo de outro". (p. 67)[5]

---

[5] Outra importante referência sobre o tema pode ser encontrada Maleval: "vou-me referir a fenômenos observados por Azam, Janet e M. Prince, bastante frequentes no século XIX, que foram agrupados sob a denominação de 'personalidades sucessivas' e 'desdobramento da personalidade'. Naquele tempo as histéricas não dispunham da esquizofrenia; em compensação, eram muitos os romancistas e poetas que se interessavam pelo tema do duplo (Hoffmann, Dostoievski, Maupassant,

O TEMPO, A ESCUTA, O FEMININO: REFLEXÕES 177

Um relato feito por Freud em "A interpretação dos sonhos" (1900/1989) aproxima o tema da epidemia histérica: numa sala de hospital uma das internas recebe uma carta da família que lhe reaviva uma dor de amor, fato seguido de uma crise histérica; as companheiras de sala observam e também sofrem uma crise. Comentando tal situação, Freud afirma que determinado raciocínio – que não chega à consciência – estava na base da crise, e continua: "se por uma causa como essa alguém pode ter um ataque, isto pode acontecer comigo, já que tenho motivos semelhantes" (p. 168). O que o leva a deduzir que a identificação histérica não é mera imitação, mas que nela há um "igual a", um "comum" que permanece inconsciente e que consiste numa reivindicação etiológica. Decorre daí uma importante conclusão:

> É pelo caminho da identificação que os histéricos chegam a expressar nos seus sintomas as vivências de toda uma série de pessoas e não apenas as próprias, como se representassem todos os papéis de um drama só com seus recursos pessoais. (p. 168)

Voltemos um pouco mais no tempo: um médico hospitalar do século XIX chamado Briquet, encarregado do serviço do Charité, fez espalhar o boato – num momento em que as histéricas internadas no serviço apresentavam crises mais graves que

---

Stevenson etc.), o que mostra que a personalidade desdobrada funcionava no reino do imaginário" (1991, p. 216).

de costume – de que pretendia cauterizar com ferro em brasa a cabeça daquela que tivesse a crise mais barulhenta. Essa ameaça não suprimiu as crises, mas, no dia seguinte, uma jovem em delírio gritava que a estavam queimando e que via *fogo*. Uma vizinha que a escutava teve também uma crise na qual falava de *fogo celeste*. Esse episódio leva o autor que o relata – Etienne Trillat – a fazer a seguinte afirmação: "A histérica não reproduz somente o que pertence à sua problemática pessoal, mas sim reproduz o que não pertence a ninguém, o que circula como representação coletiva" (Trillat, 1991, p. 123).

A histérica – naquilo que lhe é mais específico em termos da constituição de seus sintomas – revela-se como verdadeiro paradigma de uma das afirmações capitais da psicanálise sobre a constituição da subjetividade: *não existe constituição solipsista do psiquismo*. Diz Freud, em "Psicologia das massas":

> A oposição entre a psicologia individual e a psicologia social, ou das massas, que à primeira vista nos parece muito substancial, perde parte de sua nitidez se a considerarmos mais profundamente. É verdade que a psicologia individual se restringe ao ser humano singular e estuda os caminhos pelos quais busca alcançar a satisfação de suas moções pulsionais. Na vida psíquica do indivíduo, o outro conta com total regularidade, como modelo, como objeto, como auxiliar ou como inimigo, e por isso, desde o começo, a psicologia individual é simultaneamente psicologia social. (1921/1989, p. 67)

Figuras da histeria

Um corpo de mulher caído no chão, entre espasmos e gesticulações, sem voz e às vezes sem sentido. Em movimentos convulsivos, o tórax se eleva, respirando com dificuldade...

Era assim que a histérica se apresentava nos tempos de Hipócrates. E se apresentava para um público que a olhava acreditando em um útero andarilho que, deslocando-se pelo corpo, pressionava o órgão sobre o qual se apoiava, provocando uma doença de sufocação. Sem voz e sem sentido, por meio de um corpo que se movimenta de forma animalesca, assim se apresenta a histérica numa época em que a proximidade entre a mulher e o animal é frequentemente apontada no discurso dos filósofos. As mulheres, longe de serem criaturas de Deus, eram consideradas transformações, numa segunda geração, dos homens vis e covardes, situando-se assim nas bordas do mundo do humano.

No entanto, quando se apresenta para ser olhada na Inglaterra puritana do século XVIII, sob um olhar dessexualizado, que eliminou a força e a concupiscência das paixões uterinas, ela se veste de mulher vaporosa, pálida e quase desfalecida, corpo lânguido e olhos semifechados, parecendo carecer de forças até mesmo para fazer uma crise. As explosões são sufocadas pelas tapeçarias e as gesticulações freadas pelas almofadas; suas crises reduzem-se às vertigens, aos suspiros, e, às vezes, ao desmaio (Trillat, 1991).

Se entrássemos na Salpêtrière no século XIX, encontraríamos uma cena semelhante à do quadro de Brouillet, *A lição clínica na Salpêtrière*, onde Blanche Wittman reproduz uma crise. Um corpo-quadro que, no espaço plano do desenho, apresenta uma figura respondendo ao que se encontra nos olhos do mestre Charcot. Este, como lembra Freud, era um desenhador, um visual, um artista: como defensor do método anatômico-clínico, fez primar a observação, tendo construído uma teoria que se manteve prisioneira do narcisismo (Major, 1991). Charcot realizou uma cuidadosa semiologia, ordenou o que até então não se expressava como figura, mas não conseguiu alcançar a espessura, a perspectiva tridimensional que seria introduzida pela escuta.

A psicanálise propôs-se a recuperar o poder mágico da palavra. Na escuta freudiana, o relato ocupa o lugar que pertencia ao espetáculo no campo visual. O corpo não é mais um plano, mas tem em si próprio a espessura do espaço psíquico, da constelação fantasmática e das posições identificatórias. A histérica, para fazer-se ouvir, precisou substituir os gestos por palavras. "Já não há histéricas como as de Charcot". E não poderia havê-las, já que a própria psicanálise as transformou.

Vemos, então, de que forma a clínica da histeria conta a história da cultura, da sexualidade e dos discursos do saber que lhe solicitam uma forma de apresentação; como afirma Perrier: "é dentro de um espaço de saber que a histeria se institui" (1979, p. 162).

Mas, se a histeria espelha o que está a seu redor, como pensar as mediações? Que características do psiquismo histérico outorgam-lhe sua capacidade camaleônica? Gostaria de assinalar três vertentes pelas quais pode ser pensada a questão:

- A geografia simbólica do corpo;
- O corpo dessexualizado;
- A fragilidade da imagem corporal.

A geografia erógena do corpo

Que corpo é esse no qual a histérica constrói os seus sintomas? Como se dá o trabalho de sua modelagem?

Em um texto de 1893, Freud (1893/1989a) publica os resultados de uma pesquisa que realizou, a pedido de Charcot, durante sua permanência na Salpêtrière. Dessa investigação decorrem consequências muito interessantes:

1) Na comparação entre as paralisias orgânicas e as histéricas, percebe-se que estas últimas não respeitam as inervações motoras, mas tomam fragmentos dos circuitos de inervação e os combinam ao seu modo. Ou seja, fazem um trabalho de corte e costura. Assim, se quisermos acompanhar a geografia sobre a qual os sintomas histéricos se produzem, não poderíamos usar como guia um livro de anatomia. Pelo contrário, a histérica se comporta "como se a anatomia não existisse, ou como se não tivesse notícias da mesma" (Freud, 1893/1989a, p. 206).

2) Os materiais com os quais constrói esse corpo são re-
tirados, continua Freud, da concepção trivial, popular,
que dele se tem: "a perna é a perna na sua inserção com
o quadril, o braço é a extremidade superior, tal como se
desenha embaixo do vestido" (p. 206). É mais o corpo
do costureiro que o do médico. Mas se é da concepção
popular de corpo que a histérica retira os materiais para
moldar o seu, então o imaginário da época, as referências
estéticas, a moda, tudo isto conta.

3) Essas formas nos chegam, diz Freud, por meio de percepções fundamentalmente visuais e tácteis, e constituem
uma representação de um pedaço do corpo, uma ideia.
Esse corpo que se vai formando não é harmônico nas
suas dimensões. Mais parece um corpo de desenho
animado, em que uma parte cresce, alonga-se, até
separar-se do resto. É o que acontece quando uma
ideia sobre uma parte do corpo, envolvida em uma
associação subconsciente, de um grande valor afetivo,
isola-se, separa-se da circulação das ideias, separa-se
do eu. O afeto excessivo englobou tão maciçamente
a ideia de uma parte do corpo na vivência traumática
que ela não mais poderia circular pelo resto. A paciente
de Freud (1895/1989a), Emmy Von N., em seu sintoma
anoréxico, parece mostrar com clareza essa impossibilidade de circulação: como se a ideia de suas papilas
gustativas tivesse ficado aderida à força de um afeto,
por ter permanecido ligada a determinada imagem, a da

gordura da carne fria que, quando criança, era obrigada a comer depois de algumas horas, porque se negava a comer à mesa. Gordura grudenta que ligou o gosto com a repugnância. Nessa aderência há um afeto, e nenhum outro pode circular, pois "não se pode comer ao mesmo tempo com asco e com prazer" (1895/1989a, p. 102). Ideia de um pedaço de corpo que se separa do eu, do resto da imagem, instalando uma incompatibilidade de circulação entre outras ideias; ideia que adere a um afeto excessivo, de forma que outros afetos não podem circular por ela; mais ainda, ideia que gruda o corpo a um objeto e não o deixa circular por outros objetos.

Quando Freud quer explicar em que consiste essa impossibilidade de circulação, dá o seguinte exemplo: um súdito real não queria lavar a mão porque seu soberano a tinha tocado. "O nexo da mão com a figura do rei é tão importante para a vida psíquica desse indivíduo, que ele se recusa a fazê-la entrar em contato com outros" (1893/1989a, p. 208).

Em outro historial, o de Elisabeth Von R., Freud (1895/1989a) relata como as pernas da paciente, sofrendo dores intensas e dificuldade para caminhar, remetem às do pai doente, de quem ela cuidava com dedicação, na posição de enfermeira tão apreciada pelas histéricas. Sobre que pernas instala-se o sintoma conversivo? Que pernas doem nas dores de Elisabeth? Doem-lhes as pernas erotizadas, marcadas pelo desejo em relação ao pai. Mas também poderíamos dizer que doem as do pai. As dores surgem depois da morte do pai, quando

Elisabeth coloca-se como objetivo garantir a felicidade de sua família, substituindo o lugar paterno, meta na qual fracassa. O que leva Freud a dizer que ela "não avançava um passo na direção de seu propósito", e que era esse o "sentido simbólico de seu sintoma" (1895/1989a, p. 167). Elisabeth, em sua identificação, caminhava nas pernas do pai. Eu diria que suas pernas doem onde se grudam nas do pai. Elas atualizam em seu corpo as marcas que as pernas do pai imprimiram como traço em seu psiquismo.

Retomando a questão que nos ocupa, as vivências traumáticas vão deixando em nós vestígios, impressões que entraram pela superfície de nossa pele e pela sensibilidade de nossos olhos. Vestígios que serão remanejados pela fantasia[6]. Os corpos dos personagens que fazem parte dessas cenas são corpos produzidos no interior do imaginário de uma época.

As mentalidades, os suportes mitológicos e os emblemas de cada momento recortam e disciplinam os corpos em seus tamanhos, suas formas, suas cores e nos jeitos de se tocarem. Sobre essas formas é construído o corpo de ideias no qual se apoiam os sintomas. Cito Nasio (1987):

[...] se se aceita a importância do ambiente de formas imaginárias na determinação de uma conversão, disto se

---

[6] É necessário esclarecer que, depois de 1900, a representação superinvestida não se reduz à imagem de uma parte do corpo, mas é articulada numa fantasia, encenação imaginária em que se expressa o desejo: aqui conjugam-se inconsciente, fantasia, narração dramática do desejo inconsciente que passa a ser a produtora do sintoma histérico.

depreende que as modalidades e a frequência das afeições histéricas dependem estritamente do imaginário que domina uma época. Nossas histéricas de hoje não serão as histéricas de Charcot, entre outras coisas porque o imaginário de Charcot é diferente do nosso. As bonecas e os bonecos desta época desapareceram levando consigo as histéricas de outrora. (p. 16)

Corpo erotizado/corpo organismo

Há alguns anos, uma mulher de meia-idade procurou-me para começar uma análise, tomada por uma imensa sensação de tristeza que, disse ela, ter-se-ia instalado alguns meses antes, quando escutou do marido a seguinte frase: "você não é mais que um pedaço de carne". Frase hostil, dura de se ouvir. No entanto, quando fui escutando os impropérios que ela e o marido trocavam num cotidiano tornado uma verdadeira guerra dos sexos, sem, no entanto, chegar a abalá-la em demasia, pensei não se tratar de violência no vínculo, mas que a violência que tinha produzido o avassalamento do eu encontrava-se no bojo da própria expressão "pedaço de carne". Expressão surgida de um forte efeito de condensação, como foi mostrado no decorrer da análise.

Ela havia passado muitos anos de sua vida cuidando do corpo, que se transformara quase em objeto de culto. O cuidado com cada pedacinho dele completava-se com uma maquiagem perfeita e uma vestimenta impecável, que realçava sua beleza singular e que, ao mesmo tempo, ocultava o "pedaço de carne", que agora voltava como retorno do recalcado na própria frase.

Que corpo é esse que se esconde, que se oculta atrás da maquiagem? O corpo não sexualizado, o corpo da lacuna. É o corpo das falhas. O corpo incompleto, imperfeito; mas também o que ameaça fragmentar-se, cujos pedaços podem desprender-se, fundamentalmente em seus estrangulamentos, em seus estreitamentos. Charles Melman (*apud* Israel, 1994) usou a expressão "para recortar no pontilhado" referindo-se a essas zonas de estreitamento: o pescoço, o pulso, a cintura, o tornozelo: linhas que as diferentes culturas empenharam-se em enfeitar com colares, cintos, pulseiras, correntinhas, visando a impedir, com esses enfeites, que o olhar deslize em direção às atraentes zonas perigosas, mortíferas (Israel, 1995). Mas o corpo que se esconde é também um corpo morto, dessexualizado, o da criatura, mero organismo, mero pedaço de carne, o da lacuna que está permanentemente prestes a cair do mundo do humano.

Esse corpo que ameaça a histérica é o que normalmente ela mantém oculto atrás de um corpo pulsante, intensamente erotizado. Supererotização que lhe outorga sua capacidade de somatizar e que erotiza o corpo do outro: foi exatamente escutando as histéricas que Freud descobriu a transferência.

Num texto de 1896, o "Manuscrito K", Freud (1896/1989b) descreve a experiência primária da histeria, dizendo que essa é uma experiência passiva, que provoca horror e lacuna psíquica. Tal experiência passiva produz um aumento da tensão que é a raiz da vivência desprazerosa e um avassalamento do eu. Nesse momento, o sujeito fica preso à experiência real, por não dispor de nenhuma significação possível para responder a ela. O significado sexual falta, assim como faltam as marcas mnêmicas necessárias para que a excitação se converta em libido.

Essa ideia merece que façamos um parêntese em nossa exposição. Em vários outros textos da época, verifica-se a recorrência de certa temática para Freud, ou seja, a diferenciação entre as psiconeuroses e as neuroses atuais, diferenciação na qual não predominava o intuito classificatório, mas a tentativa de marcar a localização das possibilidades de analisar. Em outros termos, o que o interessava era a questão do método. E Freud situava a possibilidade de analisar justamente onde se fazia presente uma possibilidade de processamento no psíquico. Nas neuroses atuais isso era impedido por uma espécie de curto-circuito, da tensão à descarga. Ao contrário, na psiconeurose, era possível verificar uma possibilidade de processamento que transformava a tensão em libido. É interessante notar que no "Manuscrito K" as duas ordens – lacuna e representação – são colocadas exatamente na psiconeurose, na histeria. Diz Freud: "Não se deve supor que em cada repetição do ataque primário seja sufocada uma representação; trata-se, em primeiro lugar, de uma lacuna dentro do psíquico" (1896/1989b, p. 269).

Como é a representação que é reprimida, então algo fica fora do recalcado. Isso aponta para uma problemática bastante presente na clínica contemporânea, e que alguns autores denominam "núcleos atuais das psiconeuroses". A expressão é usada para explicar certas situações clínicas nas quais pacientes neuróticos, na presença de certas condições de existência que produzem um grande montante de excitação, são impedidos de atuar sobre esse aspecto da realidade, abandonando a possibilidade de elaboração, o que produz somatizações e invasões maciças de angústia.

Mas fechemos nosso parêntese e voltemos ao tema principal. É apenas num segundo momento que o surgimento da representação-fronteira cria uma borda para a lacuna, aparecendo então um excedente sexual. Nesse "só depois", o recalcamento é possível e começa a funcionar um processamento de transformação das marcas mnêmicas por um sistema de tradução. Ou seja, as percepções traduzem-se em índices de percepção, em imagens e em representações-palavras. O processo de elaboração psíquica está em funcionamento, tal como descreve Freud na famosa "Carta 52" (1896/1989a).

Porém, o próprio excedente sexual (na situação que nos ocupa) impedirá a tradução em representações-palavras. Com isso, ao se criar um furo no discurso, aquilo que não é traduzido, e que, portanto, fica recalcado, aparece no lugar do furo, da falha da tradução, na forma dos sintomas conversivos.

A experiência passiva na origem da histeria mantém-se ao longo de toda a teorização freudiana, mesmo quando o personagem ativo da sedução vai-se transformando. No início é o adulto perverso (o pai que abusa ou a babá que masturba); mais tarde é o adulto cuidador (a mãe que, com seus beijos, seus carinhos, seus afagos, erotiza). A extensão dessa experiência primária, inicialmente para a neurose obsessiva, e depois até fazê-la coincidir com os limites de todo o processo de sexualização humana, leva Freud a introduzir a forma na qual essa experiência se rearranja a partir da fantasia, assim como os caminhos de defesa que se montam no retorno do reprimido, para diferenciar a escolha das neuroses.

O processo de sexualização cria um corpo erógeno – atravessado por forças pulsionais e permeado pela alteridade – o que faz com que o comer, o beber e o andar não sejam atividades apenas comandadas pela necessidade de sobrevivência, mas também pela fantasia e pelo desejo. No entanto, permanece um resto de corpo deserotizado, dessexualizado, que, para a histérica, surge como uma grande ameaça, o que a leva a tentar revesti-lo cada vez que possa reaparecer. Na paciente à qual nos referimos as mudanças no corpo, introduzidas pela menopausa precoce, *ameaçam* sua imagem, e as perdas no corpo produzem efeitos depressivos, como estamos acostumados a presenciar na histeria em momentos "pós" (pós-parto, pós-menstruação, pós-menopausa). A máscara corre o risco de cair.

A maquiagem, que nessa analisanda escondia o pedaço de carne, também exaltava a sua beleza: seu olho, detido na busca da perfeição, usava a beleza como meio de consegui-la. Um ponto de mira, no qual a busca da felicidade e da perfeição se confundem.

Gritos e sussurros (1972), o filme de Bergman, apresenta a histérica nos seus diferentes rostos, aproveitando a possibilidade oferecida pela linguagem das imagens no cinema, dos quais fases diferentes aparecem em diferentes personagens (como nos sonhos).

O filme trata da circulação de três mulheres ao redor do leito de morte de uma quarta. São duas irmãs e uma governanta, que, tendo perdido a própria filha, dispensa à enferma toda a sua capacidade cuidadora materna, capacidade atravessada pela impossibilidade de um luto. A mulher doente só consegue afogar seus gritos de sofrimento mergulhando seu rosto no seio da governanta-mãe.

Em uma das cenas, as irmãs perdem a voz, silenciando os sussurros (mistura de sofrimento e prazer) que dizem do mútuo encantamento, do mútuo maravilhamento presente na conversa temida e nos afagos desejados. Durante todo o filme, o olho da câmera circula em busca da beleza dos rostos, dos corpos, das rendas, tentando vestir o corpo doente, o corpo morto. Há, no entanto, um ponto-alvo no seu olhar: a mulher doente, no seu leito de morte, desfruta ainda da lembrança da mãe, que passeia sua beleza pelo jardim, nos tempos de sua infância. Nesse mesmo jardim, ocorre um encontro: junto a suas irmãs, olhando para elas e aninhada no movimento do balanço, diz "esta é a *felicidade*; agora, em poucos momentos posso experimentar a *perfeição*". Ponto-alvo que detém o tempo e nega a morte.

Quando quer fazer um diagnóstico diferencial entre dores orgânicas, hipocondríacas e histéricas, Freud (1895/1989a) leva em conta dois eixos: a relação entre o corpo e a fala e a relação entre a dor e o prazer. Enquanto o paciente orgânico descreve as dores com precisão e clareza, o neurastênico tem que fazer um grande esforço intelectual para descrevê-las, como se lhe faltassem palavras. A histérica, quando se refere a dores, deixa inferir que sua atenção está detida em outro lugar, em pensamentos reprimidos e sensações que se entrelaçam com as dores. Enquanto para os hipocondríacos, a linguagem é demasiadamente pobre para descrever as sensações, para a histérica, sobram pensamentos, que tecem o corpo imaginado – representacional – sobre o qual se produzem os sintomas.

Com relação à dor, quando se estimula um ponto doloroso em um enfermo orgânico ou em um hipocondríaco, sua experiência é de desprazer. Ao contrário, ao se estimular o ponto doloroso nas histéricas, obtém-se uma expressão de prazer, como se o toque do médico fosse uma carícia.

Segundo as palavras de Serge André (1986), a hipocondria expressa uma falta de simbolização (falta a palavra para designar aquilo que, do corpo, escapa à língua), ao passo que a conversão histérica manifesta um excesso de simbolização (o significante, aqui, anexa o corpo a ponto de lhe retirar a função orgânica) e um excesso de sexualização (os órgãos ou partes do corpo anexados pelo sintoma são levados a desempenhar um papel de zona erógena para o qual não são destinados):

> [...] o hipocondríaco se fixa naquilo que, no nível do corpo real, detém o poder simbólico, enquanto a histérica se empenha em negar que tal ponto de parada possa existir;

ela não se fixa, mas se desloca, jogando com uma extrema
plasticidade corporal. (André, 1986, p. 134)

Plasticidade da qual temos um bom exemplo no ataque
histérico descrito por Freud, em que o corpo torna-se palco
da "figuração pantomímica da fantasia" (1908/1989a, p. 207),
equivalente à figuração alucinatória do sonho. A enferma puxa
as roupas com uma das mãos, ao mesmo tempo em que, com a
outra, pressiona-as contra o ventre. Multiplicidade gestual que
provém de uma multiplicidade identificatória, jogo em que se
encontram simultaneamente presentes o lugar do homem que
violenta e da mulher que é violentada. Expressão da intensa
atividade fantasística presente na histérica.

Essa intensa atividade fantasística, assim como a plasticidade identificatória, parece colocá-la no mundo como uma
espécie de radar para captar o que "não pertence a ninguém",
construindo sua máscara tanto com o que é manifesto da
moralidade do momento, quanto com as aspirações sexuais
mais ocultas para o *ethos* da época. Em certos momentos é
quase violentada pela cultura, que lhe imprime no corpo seus
emblemas mais presentes. Mas, em outros, parece violentar o
que está a sua volta, ao se fazer porta-bandeira dos movimentos
de transformação[7].

No citado filme de Bergman, a hipocrisia vai-se escanca-
rando na relação amorosa entre uma das irmãs e o marido, com

---

[7] A título de exemplo, podemos lembrar Anna O., a paciente de Breuer, fundadora
na Alemanha dos primeiros movimentos de assistência social.

O TEMPO, A ESCUTA, O FEMININO: REFLEXÕES

quem partilha as cenas. Seja no que diz respeito ao trabalho, à mesa, à cama, é sempre uma mesma frase que se repete: "é tudo uma mentira". Num certo momento, em que uma relação sexual – que nada tinha de um encontro amoroso – aconteceria, ela se serve de um pedaço de cristal do copo que quebrara sobre a mesa para cortar-se no corpo, exatamente no lugar de seu sexo, lambuzando-se no próprio sangue, que esfrega no rosto, no qual exibe fulgurante o prazer autoerótico.

No movimento de fuga da "criatura", do corpo, mero organismo, surge na histérica ao mesmo tempo uma *voracidade da simbolização*[8], deixando-a particularmente influenciável ao que a *mídia* lhe oferece, com a promessa de que se tornará suficientemente perfeita para cativar o *amor do outro*. Não nos esqueçamos de que, na teorização sobre a neurose, em "Inibição, sintoma e angústia", Freud (1926/1989) vai afirmar que a perda do amor como condição da angústia tem, na histeria, um papel semelhante ao que desempenha a ameaça de castração na fobia e a angústia ante o supereu na neurose obsessiva. A intensidade da ameaça do corpo deserotizado relaciona-se, na experiência da histérica, com a fragilidade de sua imagem corporal vacilante.

---

[8] A expressão foi cunhada por Serge André.

Fragilidade da imagem corporal

O que Dora procura? É o que pergunta Freud em "Fragmento de análise de um caso de histeria" (1905/1989a). E responde: ela está atrás da caixinha, da estação, da feminilidade. A caixinha, segundo afirma o texto sobre os três cofrinhos (1913/1989a), é o símbolo da própria mulher.

Onde é que Dora procura a mulher? Procura-a na imagem da Madona. Numa visita ao museu de Dresden, permanece duas horas diante do quadro *Madona Sistina*, de Rafael Sanzio, olhando a Virgem com calma e admiração.

Freud esclarece que, nesse estado de admiração, Dora encontra-se identificada com seu próprio "adorador", o jovem que lhe enviara os postais guardados na caixinha pela qual tanto procura. O jovem deambula pelo estrangeiro, forçando-se a alcançar uma meta. Se Dora tinha o rapaz na cabeça, podemos pensar que sua meta fosse a posse de uma mulher que, como diz Freud, é Dora. Adorando a Madona, ela procura então a própria Dora. Descobrir a própria imagem e fundir-se fantasmaticamente nela: eis a busca que a guia nesse olhar fascinado ante da imagem da Virgem. Mas ela encontra a imagem de mulher numa cartografia própria do discurso masculino, exatamente o que Freud (1912/1989) estuda no texto sobre a escolha amorosa dos homens. Discurso que divide as mulheres nas categorias da mãe santa, a intocável, e da mulher vulgar, a prostituta. A Madona é a mãe virgem, a mulher completa, capaz de se reproduzir sem a necessidade de um homem. Mulher idealizada,

O TEMPO, A ESCUTA, O FEMININO: REFLEXÕES

à qual se opõe a figuração de outro quadro (visto por Dora numa exposição dos Seccionistas e que aparece na análise na sequência das associações), em que a imagem (*Bild*) passa a ser uma *Weibisbild* (mulher no sentido pejorativo, bosque, ninfas). A palavra usada por Dora para referir-se à caixinha é *Schachtel*, termo pejorativo em sua designação da mulher[9].

Onde Freud encontra a mulher no texto? Por dois caminhos diferentes: a) pela simbologia ligada ao objeto concreto, na similitude da forma da caixinha e do genital feminino; b) pela similitude da palavra na sequência estabelecida durante a análise entre os termos *Bahnhof* (pátio de trilhos), *Friedhof* (pátio de paz) e *Vorhof* (pátio interior), que designa uma parte do genital feminino.

Dora dirige suas perguntas à mãe, mas depara-se com a surdez materna, o que a irrita, fazendo-a protestar: "já perguntei cem vezes!" (1912/1989). A mãe encontra-se demasiadamente tomada pela ordem e pela limpeza. Seu olhar está absorvido pela ideia de um eu impecável, sua surdez mostra-a fechada a si mesma, como quem é incapaz de aceitar a incompletude. Privada pela mãe de um necessário reconhecimento narcísico, Dora aliena imaginariamente em outra mulher sua pergunta pela feminilidade. Ao mesmo tempo, dada sua fragilidade narcísica, é intensa a demanda de reconhecimento que dirige ao pai – visto como impotente, demonstrando que ela não teria renunciado ao pai ideal.

---

[9] Afirmações feitas pelos tradutores das *Obras completas* de Freud publicadas pela Amorrortu (Buenos Aires).

Pai ideal, lugar do ideal ocupado por substitutos, os mestres, aqueles que supostamente detêm o saber sobre ela própria. O que certamente nos remete à estrutura da transferência. Saber que ao mesmo tempo ela desafia, sobretudo se lhe for oferecido como acabado. É o que Freud nos diz ao relembrar, em "A interpretação dos sonhos", como, no dia seguinte à sessão em que lhe explicara sua teoria sobre os sonhos, a paciente chega dizendo: "Você diz que o sonho sempre é um desejo realizado – diz uma esperta paciente. – Agora eu contarei para você um sonho cujo conteúdo é o contrário, pois não me realiza um desejo" (Freud, 1900/1989, p. 164-165).

Um espaço de saber

As histéricas designam seus mestres, outorgando-lhes toda a inventividade, inclusive a capacidade de criar a elas próprias. Fetichizam o saber do médico, oferecendo-lhe no seu corpo o que ele deseja saber. Ainda que para fisgar o desejo do Outro, é preciso que sacrifiquem o próprio corpo, encarnando, dramatizando e mostrando em seus sintomas um saber que lhes advém do olhar do mestre.

Já afirmei que a envoltura do sintoma, as roupagens com as quais se vestem as histéricas modificam-se de acordo com as transformações do ambiente. E como cada cultura define uma forma de relação com o próprio corpo e com o corpo do outro, essas maneiras de amar e de sofrer não podem ser consideradas "naturais" nem "universais".

Piera Aulagnier já se perguntava: "o que significou para a relação com nosso corpo o declínio do discurso religioso em proveito do discurso científico?" (1999, p. 15). Ela apontava, assim, como no primeiro o desejo – na origem e no destino do corpo – tem um lugar que lhe foi negado no segundo. Além disso, antes de se converter em objeto de observação e investigação, o corpo – tanto para o erudito quanto para o profano – era unificado e visual, sendo-lhe preservado um interior com dimensão invisível, ao qual era possível referir-se por meio de "metáforas compatíveis com suas construções fantasmáticas". No momento em que esse interior torna-se visível, a ciência vai fragmentá-lo, e o leigo só pode conhecê-lo fiando-se no saber do especialista.

O "mal-estar" presente em cada cultura, assim como a "moral sexual", encontram-se no cerne das apresentações da histeria, que vai expressar não só o que é considerado "valor", mas também o recalcado de cada momento cultural. Nesse sentido, quando pensamos a contemporaneidade, quando percebemos como nossa sociedade se transformou em sociedade de espetáculo (Debord, 1997), quando nos deparamos com um momento em que o interior do corpo é quase que completamente "escaneável" por aparelhagens cada vez mais sofisticadas, numa época em que os cortes no corpo real acontecem com facilidade crescente nas mãos dos cirurgiões plásticos em obediência ao imperativo "é proibido envelhecer", cabe perguntar: que espaço vai restando para o espetáculo particular das histéricas? Em que recanto poderiam elas encontrar lugar para exercer sua linguagem de corpo, para fazer o corpo falar em seus sintomas cambiantes e enigmáticos, pedindo deciframento? Que lugares restam para os *sintomas recortados* (Israel, 1994)?

Meu interesse maior centra-se no seguinte ponto: sabendo que a apresentação das histéricas muda de acordo com as transformações do ambiente, então ela fundamentalmente se transforma de acordo com a concepção que delas se faz, as histéricas mudam porque os mestres mudam. É aqui que desejo deter-me.

O aparecimento da psicanálise no início do século XX (século que traz sem dúvida muitas de suas marcas) introduziu importantes modificações em vários campos do saber. Conhecemos, por exemplo, a esse respeito, os debates de Freud com pensadores de sua época, sobre temas como as localizações cerebrais e a etiologia das neuroses. Sabemos das importantes mudanças que a psicanálise trouxe para a psicopatologia, que se reduzia até então a um ordenamento dos sintomas das doenças mentais, pouco diferenciado da semiologia médica. A partir da perspectiva introduzida por Freud, a psicopatologia e a metapsicologia tornaram-se inseparáveis, e os sintomas passam a ser vistos como expressão do que ocorre entre as instâncias psíquicas. E nessa perspectiva, a etiologia sexual é fundamental.

Durante várias décadas a própria psiquiatria apoiou-se na psicanálise. No entanto, nesse final de século, o avanço das correntes organicistas leva a psiquiatria a buscar seus fundamentos na biologia, e a psicopatologia passa a procurar a garantia de sua cientificidade nos instrumentos das neurociências (Birman, 1999b), afastando-se cada vez mais da etiologia sexual e da história individual como lugar de constituição da singularidade, e esforçando-se para colocar fora de circuito a própria subjetividade dos que com ela lidam. Foi nesse contexto que o termo *neurose* desapareceu do DSM-III, multiplicando-se em seu lugar, a cada dia, as chamadas síndromes: de pânico, transtornos alimentares, transtornos somatoformes, transtornos obsessivo-compulsivos, depressões, síndromes do mau-humor ou da paixão. Encontramos aqui a sistematização de repertórios sintomáticos, tornados assim informatizáveis, organizados em torno da medicação que supostamente vai tratá-los, embora, analisados do ponto de vista metapsicológico, mostrem que expressões psíquicas muito diversas estariam sendo indevidamente reunidas sob uma única denominação.

O leitor talvez se esteja perguntando o que nós, os psicanalistas, teríamos a ver com tudo isso. A prática psicanalítica e a clínica psiquiátrica são duas coisas diferentes. De acordo com a visão psicanalítica, a psicopatologia não pode ser separada da metapsicologia, nem as neuroses da etiologia sexual; as hipóteses diagnósticas não são construídas com base nos sintomas. Já em "Fragmentos de uma análise de histeria", Freud afirma: "[...] sem vacilar, chamaria de histérica qualquer pessoa, seja ela capaz ou não de produzir sintomas somáticos, em que uma situação de excitação sexual provoque exclusivamente sentimentos de desprazer" (1905/1989a, p. 27).

Além disso, do ponto de vista psicanalítico, as hipóteses diagnósticas só podem ser construídas na singularidade, e tendo como bússola a transferência que nos indica o lugar de conflito.

No entanto, para o tema que nos ocupa neste texto, o das "epidemias histéricas", não é possível negligenciar a questão do saber psiquiátrico. A histeria contemporânea é fundamentalmente midiática. E as concepções psiquiátricas e psicopatológicas ocupam um lugar incessantemente crescente no espaço simbólico e da mídia, oferecendo assim verdadeiras ondas que convidam tentadoramente a ser navegadas, nas quais a avidez identificatória da histérica se dispõe de muito bom grado a embarcar.

Vemos assim que, embora os sintomas conversivos não tenham deixado de existir, como tampouco as amnésias e a bela indiferença – que em nossos dias se apresenta, entre outras formas, como *tedium vitae* – hoje a "máscara" histérica parece, em alguns casos, ter caído, provocando um deslocamento: a ansiedade maciça, os tremores, os pânicos tomando seu lugar, tocando o limite das fobias; em outros momentos, a acentuação da dissociação conduz quase às bordas da perversão, ou, ainda em outros, é a depressão que parece ter tomado conta do corpo. Cabe perguntar em que medida esses deslocamentos são testemunhas do próprio discurso fragmentário com base no qual são olhados, e até que ponto não seriam resultantes das tentativas de dessubjetivação da própria histérica e do médico. Ou ainda, do próprio recalcamento do pensamento psicanalítico, que se realiza com a eliminação do termo *neurose*.

De qualquer maneira, seja sob formas nas quais o recalcamento é mais efetivo, seja nas formas mais loucas (as loucuras histéricas), seja em apresentações sintomáticas que até agora nos eram mais familiares, ou em outras novas, que dia a dia vão ocupando cada vez mais espaço, as histéricas continuam sempre presentes na clínica cotidiana, para nos colocar no lugar do saber e para mostrar como esse saber é limitado.

10.

Novos arranjos para a melodia[1]

A pulsão é um dos conceitos fundamentais na construção metapsicológica freudiana. "Um estímulo para o psíquico que vem do interior do corpo"; "uma força constante que sempre tende à satisfação"; "um conceito fronteiriço entre o psíquico e o somático", "uma exigência de trabalho que o corpo impõe ao anímico": são estas as formas com que Freud (1915/1989e) refere-se ao conceito no texto "As pulsões e suas vicissitudes". Na língua alemã, o termo nomeia "o que empurra a fazer e dizer" (David-Ménard, 2001, p. 14). A pulsão é esse algo incontrolável que nos empurra em determinada direção, que nos leva a produzir pensamentos, a realizar coisas.

Erroneamente confundida com *instinto* – e sabemos que aqui a função dos tradutores foi importante –, não nos faltam exemplos da etologia para diferenciá-los.

---

[1] Publicado originalmente em Fuks, L. B.; Ferraz, F. C. *Desafios para a psicanálise contemporânea*. São Paulo: Escuta, 2003. p. 225-238..

Quando o *picón*[2], na primavera – relata Paul Verhaeghe (2001) –, cava seu ninho no leito do rio, coloca-se à espera dos que passam por perto; se é um macho que se aproxima, declara-lhe guerra; se se trata de uma fêmea, começa uma dança que culmina no acasalamento. Idílio de dar inveja! No entanto, quando percebemos que esse sedutor briga com qualquer objeto vermelho e comprido que se aproxima, e tenta acasalar-se com todos os objetos prata, em forma de bobina, desfaz-se qualquer ideia de um idílio amoroso, e nos damos conta de que tudo não passa de um conjunto de signos, de formas e de cores, que organizam e regulam o cio, e que colocam o sexo no lugar de uma "necessidade como qualquer outra" (p. 42).

A pulsão – *Trieb* para Freud – surge, diferentemente, pela perversão do instinto. Foi necessário fazer um longo caminho de desvio para trasladar-se dos lábios e da boca do bebê – que no exercício da sucção cumprem papel importante na conservação –, até os do obeso – que, preso na compulsão, carrega fatigadamente suas massas corporais imensas, pondo em risco sua própria vida. Também são a perversão do instinto e o caminho de desvio que conduzem desde a ligação que se estabelece entre o olho do bebê e as cores e formas do rosto da mãe que ele olhava durante a mamada – sabemos que a pulsão vai ligando partes do corpo a objetos – até a situação do adolescente que passa suas tardes assistindo a filmes de terror – "quanto mais violentos melhor", segundo a sua expressão –, de preferência

---

[2] Pássaro semelhante ao pica-pau.

um no qual, ao contemplar os corpos esquartejados, sinta um prazer insuperável.

As pulsões são sempre parciais e fragmentárias; procuram a satisfação num pedacinho do corpo do outro. O objeto total tem a ver com o amor. Nessa sua parcialidade, elas constroem montagens que se repetem, caminhos e descaminhos que, em sua repetição, desenham cartografias singulares que se fazem presentes tanto na vida quanto na transferência. Elas seguem destinos que nos singularizam na forma em que nos colocamos em relação ao mundo e aos objetos. Sobre esse algo dentro de nós, irresistível, que nos empurra, não podemos dizer que seja irracional, pois tem suas razões, não conscientes, é claro. Razões "construídas lá onde o erotismo e a agressividade constituem uma estranha, mas necessária, mistura" (David-Ménard, 2001). Por sua vez, perseguem um fim, não conhecido pelo sujeito.

Originadas no corpo, principalmente nos orifícios e em suas bordas – lugares de passagem entre o externo e o interno –, as pulsões têm o prazer e o desprazer como parâmetros regulado- res importantes. Porém, naquilo que se acabou constituindo como seu protótipo, a pulsão de morte, o excesso que derruba os diques construídos pelo prazer ou desprazer é um ponto importante.

O título "Novos arranjos para a melodia" vem de uma ex- pressão que Freud empregou no texto "A história do movimento psicanalítico" (1914/1989b) para referir-se ao pensamento de Jung. Afirma Freud: "Da sinfonia de alcance universal alcançou-se escutar só um par de acordes culturais, e não se escutou a *potente, primordial, melodia das pulsões*" (p. 60).

Poderia ter chamado este trabalho – seguindo Pommier (2002) – de "novas receitas para cozinhar a angústia", numa expressão menos musical e mais gastronômica, talvez mais condizente com o mundo pós-moderno, momento no qual os mecanismos de incorporação e devoração estão muito presentes, como explicarei mais adiante.

A angústia, afirmará Freud em "Inibição, sintoma e angústia", é produto do "desvalimento psíquico do lactente" (1926/1989, p. 130). O desamparo é por ele pensado numa encruzilhada entre a ausência do objeto, que dá lugar a uma investidura nostálgica, e o aumento da tensão da necessidade, quantidade de estímulo que não é dominado pelo psíquico. Ou seja, entre uma falta (a do objeto), e um excesso (o do traumático, das excitações sem nexo de ligação, da pulsão). Em decorrência disso, a angústia surge como sinal para evitar a situação de perigo que nasce na "sementeira do eu".

Nos desenvolvimentos pós-freudianos, a origem traumática da sexualidade explicará o excesso. Nosso corpo cheirado, beijado, tocado e gozado pelo Outro, usufruído pelo Outro para sua satisfação, gerará um excesso em um corpo que ainda teremos de fazer nosso; para isso é que desenhamos, brincamos, sonhamos, criamos, na tentativa de recortá-lo, e construímos "substitutos simbólicos" que nos permitem "perder o objeto".

Para Freud, o prazer e o desprazer como reguladores do funcionamento mental sempre foram importantes. No entanto, muito tempo transcorreu em seu desenvolvimento teórico até que conseguisse explicar as fontes do desprazer. Mais de uma vez, nos manuscritos, declarou-se insatisfeito com o que conseguia teorizar sobre esse aspecto. Somente na segunda teoria das pulsões encontrará uma explicação para ele, ao enunciar dois princípios diferentes de regulação de prazer: o princípio do prazer e o princípio de Nirvana. Nessa diferenciação, Freud mostra que "há um prazer que, em seu excesso, pode abolir-se a si próprio" (David-Ménard, 2000), e aproxima o excesso da pulsão com a pulsão de morte[3].Esse excesso precisa ser processado, e é necessário que construamos suas margens, seus limites, desenhando contornos, fazendo arranjos que dele nos protejam. Na estruturação narcísica e no complexo edípico, vão criando-se as condições necessárias para que o eu seja capaz de encaminhar as forças pulsionais na direção da construção das fantasias, das brincadeiras, das relações amorosas e das fabricações de produtos culturais, para que as pulsões, como solicitações de trabalho psíquico, fiquem a serviço da vida. Quando isso não é mais possível, as pulsões, no seu excesso, no que têm de mais indizível, viram verdadeiras ameaças para o eu, e é nesses casos que a violência da pulsão faz-se notória.

---

[3] Atualmente usamos o termo gozo para designar o prazer no seu caráter de excesso. Gozo é um termo pouco usado por Freud, segundo Roudinesco e Plon (1997), só aparecendo duas vezes em sua obra. Uma nos *Três ensaios...*, numa referência à homossexualidade, e outra no texto *O chiste e suas relação com o inconsciente*, ligado à repetição e sustentado numa identificação. Foi *Lacan* quem desenvolveu a complexidade do conceito. Os desenvolvimentos pós-freudianos, ao centrar a ênfase na constituição subjetiva a partir do Outro, incorporam a ideia do gozo como usufruto, que, no sentido jurídico, é o direito de gozar de um bem pertencente a um terceiro.

Sabemos, no entanto, que as condições de cultura, do mal-estar civilizatório, marcam caminhos para as pulsões. Já o dizia em imagens o filme de Luis Buñuel (1974), *O fantasma da liberdade*, numa cena em que todos estão reunidos à mesa, "sentados em suas privadas", e desfrutam o momento compartilhado e de conversa com os amigos. A analidade à mesa! Isso enquanto, na intimidade de um cubículo, um deles desfruta do prazer solitário, oculto e íntimo da comida. Com um só golpe de humor, o cineasta embaralha as coisas, fazendo cair por terra qualquer ideia de naturalização ou de essencialização possível dos "circuitos de pulsão".

Encontraremos um exemplo claro de tentativa de "naturalização" se pensarmos no que aconteceu com os destinos de pulsão nas mulheres do século XIX. A cultura ocidental, nesse século, com a sua criação, a "maternidade", afunilou como único caminho possível para as mulheres a procriação e o cuidado dos filhos. Construiu, assim, um "instinto maternal", como foi chamado, numa "naturalização" do complexo processo subjetivo de ser mãe. Essa criação veio a substituir o "desejo de ser mãe" e o "não desejo de ser mãe", estabelecendo um arranjo pulsional com predomínio do recalque, excluídas que estavam as mulheres do caminho da sublimação.

Dos arranjos pulsionais que encontramos com frequência na época contemporânea, escolhi dois para pensar suas relações com certos lugares do corpo e com formas de temporalidade presentes na pós-modernidade: as toxicomanias e as bulimias. Trata-se de dois curtos-circuitos da pulsão, nos quais algo *se age* concretamente na incorporação de um objeto, e que nos confrontam com problemáticas do excesso e do "vazio de si", numa estratégia psíquica de sobrevivência que fracassa.

Para apresentá-las, recorrerei à descrição feita por Le Poulichet, em seu livro *O tempo na psicanálise* (1994). Nele, a autora mostra como em ambos – toxicomania e bulimia – produz-se uma desconstrução da ordem sequencial do tempo, que se organiza em passado, presente e futuro, para ser substituído, na toxicomania, pelo tempo do "instante que vira eterno" e, na bulimia, pelo "tempo circular do canibalismo". Na primeira, o tempo do êxtase é a diluição do tempo, como dizia um de meus pacientes: "quero drogar-me e voar, voar, no *flash* de um instante, que dure para sempre, até morrer". Em ambos os casos, para Le Poulichet, "o excesso pulsional não deixa de investir uma figura de corpo, realizando em ato um devir circular" (1994, p. 105).

Não pretendo tratar aqui da complexidade da clínica das toxicomanias, que abrange, além dos aspectos dinâmicos, importantes questões sociológicas, e outras sobre os efeitos químicos e fisiológicos do tóxico; também não tratarei da amplitude do campo da bulimia, ou "das bulimias", que sabemos não ser uma só. Mas vou-me circunscrever à descrição desses caminhos de pulsão, fazendo um recorte sobre os aspectos do lugar do corpo, do tempo e do objeto.

Para Le Poulichet, o toxicômano ingere a substância querendo criar para si um corpo estranho, sob pena de desaparecer. O que ocorreria pelo fato de seu corpo ter ficado demasiadamente preso ao lugar de ser um bem para o Outro, que se oferece para satisfazer sua necessidade. Corpo mergulhado numa formação hipnótica, capturado por essa *multidão a dois*, expressão usada por Freud para descrever a relação entre o hipnotizado e o hipnotizador. Próximo de se perder nessa "massa narcísica", tem a intenção de recuperar para seu corpo suas bordas e o seu tempo. Só que o faz por um movimento autoerótico que elimina a alteridade. Seguindo a lógica do canibalismo, incorpora[4] um corpo estranho; incorpora ao mesmo tempo em que elimina. Realiza, portanto, um retorno à primeira fase oral de organização da libido, incorporando o objeto ao mesmo tempo em que o destrói. "Tentativa fracassada de separar os corpos, já que nesse retorno autoerótico se reinveste permanentemente a

---

[4] Sabemos que Ferenczi foi quem introduziu o termo incorporação e fez interessantes descrições desse mecanismo. Essa noção foi retomada por Freud, Abraham, Klein e Lacan. Mesmo sendo Ferenczi o pai do conceito, ele foi adquirindo mil formas nos outros analistas. Nos *Três ensaios*, Freud (1905/1989c) caracteriza a incorporação como o fim da pulsão oral e a associa a uma modalidade de relação de objeto que supõe a sua destruição, sadismo oral, canibalismo. Em *Luto e melancolia* (1915/1989b), o fantasma incorporativo outorga à oralidade o caráter de protótipo das identificações narcísicas. Esse eixo prolonga-se até *Psicologia das massas e análise do eu* (Freud, 1921/1989), em que dá suporte à identificação primária. Freud fez operar a incorporação no terreno do narcisismo e, portanto, referida à totalização do objeto. Em relação aos traços parciais, Freud reserva o termo introjeção. Nesse sentido, podem-se distinguir em Freud dois caminhos: a incorporação como fim da pulsão e a como procedimento identificatório, caracterizado pelo ingresso fantasmático dentro do corpo de um objeto total (não necessariamente oral, podendo ser visual, auditivo etc.), quando a modalidade incorporativa está acentuada, como na toxicomania, na bulimia etc.; nesse caso, produz-se uma ligação entre a modalidade fantasmática e a concreção real do ato. A incorporação produz-se justamente onde as fronteiras entre o eu e o não eu borram-se, mecanismo que tenta unificar o díspar e manter o objeto, evitando o luto. Recomendo, sobre o tema, o livro *El oficio del analista*, de Victor Korman (1996).

superfície do corpo, produzindo novamente uma coincidência entre o corpo e o que tenta significá-lo" (Le Poulichet, 1994, p. 115). Essa divisão precisaria ser feita por meio de uma separação das memórias, pela construção das teorias sexuais infantis e dos romances familiares, pela invenção fantasiosa de corpos estranhos, o que lhe é praticamente impossível, uma vez que a droga elimina, em sua imediatez, todo desconhecido, todo enigma.

A bulimia nos é apresentada pela autora por meio de sua paciente Alice, que tenta preencher com a comida um vazio impossível de ser preenchido, já que tem no seu fundo uma mãe devoradora, faminta, que não para de demandar ser nutrida. O problema é que "sua imagem corre o risco de desaparecer", engolida pelo movimento aspirador da mãe. No processo de constituição da identidade feminina, a mulher torna-se ao mesmo tempo "semelhante e estranha" (Le Poulichet, 1994, p. 127), o que toca intensamente o narcisismo materno. Sua mãe teria operado como um "espelho oral" (p. 125), que, sem a capacidade de refletir a imagem criada e devolvê-la à filha, cria uma imagem que atrai os objetos e os elimina. O processo teria, então, se detido num impasse em que as identificações narcisistas mobilizam a fase oral de organização da libido, com seu modelo canibalístico no qual o objeto é eliminado para tornar-se ele próprio. Isso sem poder perdê-lo para reencontrá-lo depois como diferente, em consequência da falta de construção de substitutos simbólicos necessários. Cria-se, assim, um puro devir circular, no qual não se gera um resto capaz de constituir um passado: o "tempo canibalesco" (Le Poulichet, 1994, p. 124) da bulimia. Impasse no qual a bulimia dá corpo em suas crises, reproduzindo-o num circuito autoerótico (p. 125).

São situações psíquicas nas quais o confronto com intensas angústias de desamparo desemboca numa unificação incestuosa com o objeto primordial. Em seu caráter de "magia instantânea", recupera-se o objeto na incorporação silenciosa (Korman, 1996, p. 231). Impasses narcísicos, fragilidade egoica, buracos na trama da história, nos quais se tenta fazer um retalho com o tóxico ou o alimento, buraco que não cola. No dizer de Galende (1997), são "patologias nas quais o objeto devora o eu" (p. 301).

Corpos sem corpos, carentes de bordas claras por estarem devorados pelo Outro; tempo sem tempo, porque congelados na libido estancada do narcisismo; e movimentos de devoração, de incorporação, são três presenças marcantes nas descrições da pós-modernidade.

O corpo único ideal

Diferentes autores concordam em caracterizar o tempo da pós-modernidade como um momento de queda dos ideais, pelo menos se os entendermos como as crenças coletivas compartilhadas, que incluem um tempo futuro. A promessa de felicidade a ser alcançada existia no discurso religioso pré-moderno: era a promessa do paraíso, e também no discurso moderno, "tempo do progresso". Este último seria realizado por meio dos movimentos de emancipação (Pommier, 2002).

O TEMPO, A ESCUTA, O FEMININO: REFLEXÕES

Se a modernidade desloca os ideais do céu para a terra, a pós-modernidade os rejeita. *Não é bem visto acreditar.* Na pós-modernidade, a publicidade propõe o prazer aqui e agora, os meios pensam pelos homens e lhes oferecem a felicidade o tempo todo. Os ideais recortam os corpos, retiram-nos do sonho de perfeição, de infinitude, de imortalidade; quando estão ausentes, a situação dos corpos se transforma. Segundo Pommier (2002),

> [...] os ideais, ao ditar a lei desde o alto, ancoram a carne na terra. E se a âncora se corta, os corpos, reduzidos ao conjunto de suas funções, desunem-se, agora desarrumados, cada vez mais numerosos e transparentes, flamejam e flutuam. (p. 12)

Tornam-se corpos desencorpados à procura de si mesmos.

Quando nascemos, nosso corpo se insere num sonho que nossos pais sonharam para nós, sonho criado a partir do narcisismo deles, e que nos solicita a perfeição desejada para eles próprios. Inserirmo-nos nesse sonho é fundamental para a constituição subjetiva; no entanto, é necessário retirarmo-nos dele para que não se torne um pesadelo. Ao identificarmo-nos com o corpo perfeito demandado pelo sonho, constituímos em nós o eu ideal e, embora nunca renunciemos totalmente ao desejo de completude do narcisismo infantil, ao rearranjar os restos do complexo de Édipo, construímos em nós o ideal de eu. Esta instância inclui o tempo de futuro e cria a promessa de realização de plenitude postergada. Nas ausências dos ideais e da regressão ao eu ideal criam-se corpos que se pretendem infinitos, imortais, corpos pulsionais tomados pelo excesso, corpos fundidos no sonho dos outros.

Destituídos os ideais compartilhados e de futuro, fica apenas um ideal: o corpo virou o único ideal! Cohn-Bendit, um dos líderes do Maio de 68 francês, resumia essa situação em uma frase: "cuido do meu corpo, como antes cuidava da revolução" (*apud* Galende, 1997, p. 256).

Referindo-se a uma paciente bulímica, Galende afirma:

> não se trata das velhas preocupações femininas com o corpo. Estritamente, Gabriela, com seus 42 quilos, não se propõe a assegurar que seja desejada por alguém, e sim ser *o modelo mesmo do desejado*: o corpo magro e domado à vontade. (1997, p. 302)

O tempo e a morte

O ideal de eu, produto do recalque e do rearranjo dos restos do complexo de Édipo, introduz o tempo futuro. Entre o eu ideal e o ideal de eu, instaura-se a temporalidade que diferencia passado, presente e futuro. O ideal de eu permite criar laços sociais e amorosos na dimensão de "mais tarde" e abre o lugar para o desejo. Os ideais nos puxam para frente; quando desaparecem, resta-nos apenas o caminho da regressão em relação ao eu ideal, do retorno ao estancamento narcísico da libido.

Quando prima o eu ideal, morre o desejo e ficamos entregues aos excessos da pulsão que ameaça engolir o eu.

Os laços sociais protegem-nos do desamparo; seu enfraquecimento nos relança aos domínios do autoerotismo. Afirma Verhaeghe: "o toxicômano escolhe uma solução econômica, exime-se do rodeio em torno do outro [...] O toxicômano goza, o resto não lhe importa" (2001, p. 73).

A devoração pelas imagens

Diversos autores, apoiados nos desenvolvimentos de Guy Debord em seu livro *A sociedade do espetáculo* (1997), coincidem em caracterizar nossa sociedade como uma "sociedade da imagem", "sociedade escópica", na qual predomina a pulsão de olhar e ser olhado.

Os avanços tecnológicos permitem-nos ir mais além do visual: podemos estar conectados com o que acontece do outro lado do planeta e nossos corpos são escaneados o tempo inteiro. Somos solicitados a mostrarmo-nos o tempo todo: "Sorria, você está sendo filmado". A relação social entre as pessoas está inteiramente mediada por imagens.

O limite entre o real e o virtual parece ir-se esmaecendo. Alguns filmes, como *O show da vida*, de Peter Weir (1998), e *A vida em preto e branco*, de Gary Ross (1998), mostram com clareza esse apagamento entre o real e o virtual. O desejo de cada pessoa vai-se misturando com o oferecido pela mídia.

O predomínio das imagens e o seu uso pela mídia na sua função hipnótica de captura e de fascinação favorecem uma "passivização", ao mesmo tempo em que acentuam a identificação especular com o apagamento das diferenças entre o eu e o outro. A mídia, por meio da publicidade, oferece-nos cotidianamente modelos de identificação que fazem *apelo direto ao corpo*.

Oferecemo-nos permanentemente ao poder devorador das imagens, e o fato de deixarmos o relato cada vez mais de lado enfraquece o eu, que tende a fortalecer-se por uma nova devoração, agora a do objeto. As imagens devoram o eu, nós devoramos os objetos. O caminho da incorporação nos é solicitado pelo próprio *mal-estar civilizatório*.

Ao mesmo tempo, as narrativas dos videoclipes e da televisão caracterizam-se por uma rotação permanente de elementos, tudo é descartado no momento seguinte. Linguagem composta de puros presentes, que gera a impossibilidade de estabelecer uma sequência entre passado, presente e futuro. Featherstone afirma que

> [...] a fragmentação subsequente do tempo em uma série de presentes, mediante uma incapacidade de encadear signos e imagens em sequências narrativas, conduz a uma ênfase esquizofrênica nas experiências ardentes, imediatas, isoladas e sobrecarregadas de afetividade, de presencialidade do mundo, de intensidades. (1995, p. 172)

A possibilidade da construção de uma historicidade soçobra numa situação em que a referência vivida foi substituída pela linguagem fragmentada de uma "cultura da imagem". Corpos pós-modernos exigidos de perfeição, já que identificados com o lugar do eu ideal, devorados pelas imagens que lhes exigem fazer-se outro pela aquisição de um objeto. Corpos destituídos de historização pela eliminação progressiva do relato. Sujeitos pós-modernos que, por acreditarem que tudo é possível, vivem as impossibilidades como insuficiência. Sujeitos que, em lugar de estarem cindidos entre o desejado e o proibido, parecem estar entre o possível e o impossível.

A forma com que se tenta "cozinhar a angústia" (Pommier, 2002) nas bulimias e nas toxicomanias, é totalmente condizente com os ingredientes presentes na pós-modernidade. Nesses casos, a partir da situação de desamparo – na qual alguns fracassos na constituição das bordas do eu deixam-no ameaçado de ser devorado pelo excesso de pulsão – fazem-se arranjos pulsionais nos quais, pela incorporação, tenta-se criar um "corpo próprio", tentativa fracassada que mantém um circuito de repetição num tempo que não passa e que intensifica a destrutividade. "Toda regressão da libido, todo abandono do investimento amoroso do objeto, todo desinvestimento da realidade e suas representações produz uma desfusão pulsional com império da pulsão de morte" (Galende, 1992, p. 181).

No entanto, há outros arranjos pulsionais possíveis, outras formas de construir "corpos estranhos", como estratégias de sobrevivência psíquica nos estados de extremo desamparo.

É isso que Le Poulichet vai tratar em outro livro, *A arte de viver em perigo* (1996a). Nessa obra, baseada na análise do processo criativo de alguns artistas e escritores[5] que viveram experiências de grande desamparo, a autora mostra que eles sofrem uma desintegração da imagem do eu e, a partir das experiências de criação, elaboram processos de "engendramento de corpos estranhos" (p. 7) que recompõem o tempo e o espaço, afastando o perigo de sucumbir à catástrofe psíquica, na qual o eu ficaria totalmente entregue à invasão e à fragmentação. Em consequência de algum fracasso no nível da investidura da imagem do eu, eles precisaram construir cotidianamente uma borda para o mesmo, e o fazem investindo um pedaço da realidade. O objeto criado, seja a trama da escrita, o objeto esculpido ou o traço pintado, age como substituto do eu. Teria assim o poder de encarnar o sucedâneo de uma superfície corporal, quando falhas narcísicas fazem impossível investir a "projeção de uma superfície", que Freud assimila ao eu corporal.

Nesse arranjo pulsional, que a autora entende como uma forma inaugural de sublimação, em lugar da desfusão pulsional que se produzia nos circuitos autoeróticos antes tratados, há, ao contrário, *um intrincamento entre vida e morte*, que permite desloca-se do lugar de uma possível dissolução subjetiva. Nesses casos, os processos de engendramento de corpos estranhos

---

[5] A autora trabalha com base na obra do pintor holandês Bram Val Velde, do escultor italiano Alberto Giacometti, do escritor suíço Robert Walser e do poeta português Fernando Pessoa.

recompõem as relações de tempo e espaço e permitem metamorfoses do eu. Sem recorrer a mecanismos de incorporação, agem como mecanismos psíquicos que não obturam os caminhos do desejo e que permitem elaborar um corpo no tempo do perigo. Processos que criam uma borda que ancora o corpo no mundo, e organizam um fora e um dentro lá onde até então existia somente a experiência de um puro desamparo. "Forma primeira de sublimação que permitirá mitigar o fracasso parcial do recalque originário" (Le Poulichet, 1996a, p. 37).

São muitos os desafios que a clínica do desamparo apresenta a nós, analistas. Os famintos de prazer e de anestesia, que no caminho curto-circuitado da pulsão deixam seu corpo pendular no sentido da autodestruição, solicitam de nós a capacidade para habitar o vazio e a incompletude, uma vez que estão demasiado solicitados a preencher alguém. Isso, além de capacidade de escuta criativa para construir teorias ficcionais que permitam que a catástrofe psíquica não se instale, e muita paciência para que surja um amor de transferência – o que, no império da pulsão e da pobreza do desejo, não é fácil que aconteça. E, fundamentalmente, exigem-nos cuidado para que não os convertamos em quadros, com o risco de perder aquilo que para nós interessa: a singularidade.

11.

REALIDADE PSÍQUICA – REALIDADE SOMÁTICA: O CORPO NA HISTERIA[1]

"Não acredito mais na minha neurótica"

"Devo confiar-te o grande segredo que, no decorrer dos últimos meses, se me revelou lentamente: não acredito mais na minha neurótica", confidenciava Freud (1897/1989) a Fliess na carta de 21 de setembro de 1897.

Momento de desconcerto, de reconhecimento de um "erro" no qual ele caíra durante um tempo e desmoronamento da teoria da sedução sobre a qual, até aquele momento, apoiara a conceitualização que lhe permitia explicar os sintomas neuróticos. Momento de luto de uma teorização e de desilusão.

Os relatos de suas pacientes, povoados de cenas de sedução durante a infância, aos quais Freud dera crédito, tinham-no levado a postular que o motor provocador dos sintomas

---

[1] Publicado originalmente em Volich, R. M.; Ferraz, F. C.; Ranña, W. *Psicossoma III*: Interfaces da psicossomática. São Paulo: Casa do Psicólogo, 2003. p.77-90. Palestra proferida no III Simpósio de Psicossomática Psicanalítica, realizado no Instituto Sedes Sapientiae (São Paulo), em 2001.

neuróticos seriam as cenas traumáticas, *realmente vividas*. Mas isso não foi só uma constatação dos fatos. Sobre elas, Freud elaborara a teoria da sedução, esquema explicativo da causa das neuroses.

Os pais ou tios perversos e as babás masturbadoras que abusaram das crianças são presenças frequentes nos historiais da época. Tratar-se-ia de uma realidade factual, uma realidade violenta, que, penetrando no mundo psíquico e não encontrando nexos de ligação, produziria um efeito traumático, causador do recalque. Essa explicação desmorona em 1897.

No relato de sua "Autobiografia", Freud assim se refere a esse momento: "há que se discernir que essas cenas de sedução nunca tinham acontecido, foram só fantasias criadas pelas pacientes" (1925/1989, p. 23). Uma ordem de realidade caíra por terra, a realidade factual da cena, o realismo do evento datável concretamente acontecido.

Após o desconcerto, Freud relata:

> [...] quando eu sosseguei, extraí de minha experiência as conclusões corretas, a saber, os sintomas neuróticos não se enlaçam de forma direta a vivências efetivamente reais, mas sim a "fantasias de desejos" para as neuroses; vale mais a realidade psíquica do que a realidade material. (Freud, 1925/1989, p. 33)

Diferente da realidade material, no entanto não menos *realidade*. Mantendo esse termo, Freud certamente marca que

O TEMPO, A ESCUTA, O FEMININO: REFLEXÕES

os desejos inconscientes e os fantasmas com eles conectados são tão incontornáveis, pois se impõem a nós com tanta premência quanto a realidade material. A ordem de realidade – a forma de existência dos desejos inconscientes – é muito diferente da dos pensamentos de ligação e de transmissão, tal como afirma em "A interpretação dos sonhos" (1900/1989).

Nesse momento de inflexão da teoria, a cena de sedução deixa de ser um evento real e passa a ser uma fantasia, produto do autoerotismo dos primeiros anos da infância.

Não há mais um fato traumático. A partir desse momento, o desejo inconsciente e a fantasia à qual ele se articula produzem para Freud o sintoma neurótico. Como afirma em "As fantasias histéricas e sua relação com a bissexualidade": "os sintomas histéricos não são mais que fantasias inconscientes figuradas mediante a conversão" (1908/1989, p. 143).

O conceito de realidade psíquica nasce para Freud no bojo da elaboração de um aparelho psíquico no qual primam os processos inconscientes. Em "A interpretação dos sonhos", Freud (1900/1989) desenvolve a conceitualização da primeira tópica, a sobredeterminação inconsciente e o conceito de desejo. Simultaneamente, é um momento de descortinamento que faz aparecer ante seus olhos o mundo da sexualidade infantil, perversa e polimorfa. No texto "Três ensaios para uma teoria sexual" (1905/1989c), o conceito de pulsão como limite entre o psíquico e o somático e o conceito das pulsões parciais e suas fontes – as zonas erógenas – reincluem o corpo na teorização freudiana, mas seu estatuto é aí redefinido.

O *estatuto do corpo*

Partindo do conceito de realidade psíquica, alguns autores restringem-se a tratar da problemática identificatória e da fantasia existente na origem da histeria. Outros, ao contrário, insistem na necessidade de positivar o lugar do corpo na teorização, assim como especificar seu estatuto nessa neurose.

Existe um corpo que é objeto da ciência, explorado pelos anatomistas desde a Grécia antiga, e desde o século XVIII por eles cortado, expondo nesses cortes a fragmentação corporal que se opõe à unidade visível, em parcelas cada vez menores: órgãos, tecidos, células, genes. Os avanços da informática e da cibernética acrescentaram-lhes o corte digital. Desses avanços científicos desprendem-se discursos culturais que mudam com as épocas e que são um dos lugares dos quais surgem as representações que fazemos de nosso corpo.

O afastamento da psicanálise do corpo anatômico, do corpo organismo, não exclui que o corpo conserve um lugar na teorização psicanalítica.

A psicanálise começou sua clínica escutando as histéricas, e, certamente, não há melhor clínica do que esta para nos ensinar sobre relações entre o corpo e o inconsciente. Na histeria, é justamente o corpo o palco dos sintomas em qualquer uma de suas apresentações – na sedução que erotiza o entorno, no histrionismo exagerado que desperta hostilidade nos outros, na espetacularidade das crises "charcotianas", no recorte segundo a geografia imaginária das paralisias, nas afonias, nas anestesias, ou ainda atraindo o olhar para a realidade fragilizada do corpo quase desfalecente das anoréxicas. Essas manifestações são distintas da neurose obsessiva na qual, a partir de uma cisão com a fonte pulsional, produz-se uma migração das zonas erógenas para outros campos da realidade.

Quando na psicanálise referimo-nos ao corpo histérico, não estamos falando do corpo como um organismo. Já em 1893, Freud (1893/1989a) encarregara-se de evidenciar essa diferença baseado na pesquisa que lhe encomendara Charcot na Salpêtrière, mostrando a diferença entre as paralisias orgânicas e as histéricas, afirmando que estas últimas não acompanham os circuitos de inervação descritos nos manuais de anatomia. Tal constatação levou Freud a afirmar que "a histérica comporta-se em suas paralisias e em outras manifestações como se a anatomia não existisse ou como se não tivesse notícia dela" (1893/1989a, p. 206).

Por não se adequarem aos livros de anatomia, os sintomas histéricos mostraram a Freud que havia uma *singularidade* a ser ouvida, conduzindo-o até o singular a ser escutado.

Mas as histéricas também conduziram Freud até a ambiguidade do sentir corporal. Em 1895, Elizabeth Von R. encarregou-se de mostrar-lhe essa ambiguidade:

> [...] quando nela se oprimia a pele e a musculatura hiperálgica das pernas, seu rosto cobrava uma peculiar expressão mais de prazer do que de dor, lançava uns gritinhos frente aos quais não se podia deixar de pensar na raiz de umas

voluptuosas cócegas – seu rosto ficava avermelhado, jogava a cabeça para trás, seu tronco inclinava-se na forma de um arco [...] o seu gesto não harmonizava com a dor. (1895/1989a, p. 153)

A presença do prazer introduz um descolamento em relação ao corpo fisiológico. Na ambiguidade do corpo histérico, o prazer mantém-se entrelaçado com o sofrimento.

Finalmente, as histéricas ainda conduziram Freud até o inconsciente. Sua atenção – diz ele ao referir-se à sua paciente – está em outro lugar, nos pensamentos que se entrelaçam com as dores. A histérica remete-nos a "outra cena", à cena inconsciente, fazendo aparecer algo que é da ordem das representações inconscientes, sexuais e recalcadas, cisão interna do aparelho psíquico, que permitiu a Freud entender o sintoma como produto do recalque.

O corpo dos histéricos é o território no qual se exilam as marcas do passado afastado da consciência e o instrumento pelo qual se veicula uma mensagem; seu corpo pensa e fala.

A histérica modela seu corpo na cena, a qual mantém repetindo-se na sua própria forma e, ao mesmo tempo, expressa na linguagem dos gestos (pantomima) algo que está carregado de sentido. Afirma Freud: "os ataques histéricos não são mais que fantasias inconscientes projetadas na motricidade, figuradas de uma maneira pantomímica" (1908/1989a, p. 207).

O sintoma conversivo surge onde algo não pode ser traduzido em palavras. Os textos nos quais Freud pensa o recalque como impossibilidade de tradução localizam a conversão onde

O TEMPO, A ESCUTA, O FEMININO: REFLEXÕES

falta aos restos mnêmicos uma tradução a *representações de palavras* (1896/1989a, p. 270).

Um corpo que fala por efeito do recalque é muito diferente da *linguagem de órgão* da psicose. Freud fez esta distinção no texto "O inconsciente", retomando o relato de Tausk sobre uma paciente esquizofrênica que, depois da briga com um namorado, queixava-se: "os olhos não estão direitos, estão tortos" (1915/1989d, p. 153). Esclarecendo a queixa, a paciente afirmava que o namorado era um hipócrita, um torcedor de olhos. Nessa situação, Freud esclarece que, na linguagem de órgão, prevalece um fio de pensamento, do elemento que tem a ver com a inervação corporal, ou, melhor dizendo, com a sensação. Em contrapartida, se a paciente tratada fosse uma histérica, ela teria entortado os olhos e não conservaria nenhum pensamento consciente sobre isso. Se na psicose a palavra vira coisa, na histeria o corpo fala aquilo que perdeu a possibilidade de ser dito em palavras pelo efeito do recalque, mantendo-se, porém a mediação simbólica perdida na psicose. Na histeria, há um corpo que busca uma palavra; na esquizofrenia, há uma palavra-coisa que busca um corpo ou a integração de um corpo fragmentado.

Se o corpo do qual trata a psicanálise não é o fisiológico, isso não implica que ele tenha de ser totalmente reduzido à *dominação simbólica*, nem quando se trata do *corpo erógeno* nem quando se trata do *corpo histerógeno*. Em "Três ensaios para uma teoria sexual", Freud (1905/1989c) encarregou-se de mostrar como a erogeneidade do corpo constrói-se apoiada e articulada no *corpo vivo*. Leclaire, em sua conceitualização do *corpo erógeno* – categoria que para o autor substitui com vantagem a ideia de "alma" ou de "psique" –, retoma o pensamento freudiano dos "Três ensaios", pensando o corpo erógeno como um "duplo" do corpo biológico, valendo-se da imagem do ectoplasma para defini-lo como "[...] duplo do corpo biológico [...], esta outra vertente que a ele inteiramente se conjuga e liga" (1992, p. 33).

Em alguns exemplos de sintomas histéricos, Freud parece, em um primeiro momento, tê-los explicado pela primazia do significante. Assim, no caso Cäcilie, Freud vê a nevralgia facial da paciente dissolver-se quase magicamente quando ela, referindo-se a uma conversa com seu marido, na qual se sentiu dolorosamente tocada por um comentário dele, levara a mão até a bochecha, dizendo: "é como um golpe recebido em pleno rosto". Freud acrescenta: "a dor e a crise encontraram lá o seu ponto final" (1895/1989a, p. 189), o que o leva a afirmar tratar-se de uma *simbolização*. Esta é uma situação exemplar de como *o corpo histérico fala* e como ele se cala no momento em que pode ser dito com palavras o que até então o corpo encarregava-se de transcrever. No entanto, Monique Schneider, em seu texto *Afeto e linguagem nos primeiros escritos de Freud*, retoma essa sequência do texto freudiano para mostrar que não é essa a última palavra dele. Afirma a autora que, se Freud reconhece que o sintoma depende da linguagem, ao mesmo tempo ele tenta encontrar uma "fonte" da linguagem que não a reduza ao arbitrário aparente do significante e que encontre a emoção como fundamento (1993, p. 82). Freud afirma que quando a histérica se vale da expressão "golpe no rosto" (1895/1989a, p. 189) para definir a situação de uma ofensa, sentindo-o como um fato real, não fez mais que reavivar as sensações às quais a locução verbal deve sua justificativa:

> [...] todas essas sensações e inervações pertencem à expressão das emoções. [...] Consistem em operações em sua origem providas de sentido e de acordo com uma finalidade, por mais que hoje se encontrem na maioria dos casos tão enfraquecidas que sua expressão verbal pareça-nos uma tradução figurada, é muito provável que tudo isso teve, anteriormente, um sentido literal. A histeria está certa quando restitui para as suas inervações mais intensas o sentido original da palavra. Talvez estejamos errados em dizer que ela cria tais sensações por simbolização; talvez não tenha, de forma alguma, tomado a linguagem usual como modelo, mas que se alimenta junto com ela de uma fonte comum. (p. 193)

Que o corpo presente nos sintomas histéricos não se reduz ao corpo simbólico é também o que afirma Monique David-Ménard (2000) quando, na tentativa de construir uma *metapsicologia do movimento*, mostra como a incoerência dos movimentos do recém-nascido indica uma espacialidade corporal na qual acontecem prazeres e desprazeres; tal espacialidade não é o espaço perceptivo, nem tampouco o fisiológico, e sim um espaço promovido pelo *autoerotismo motor* que irá articular-se com a ordem simbólica. Afirma a autora: "na sua incoerência os movimentos indicam um espaço, uma tópica pulsional que não é biológica nem significante" (p. 132).

O corpo erógeno e o corpo histerógeno constituem-se na articulação entre as zonas corporais, nas quais se apoiam, e o desejo do outro, que os determinam.

Zonas erógenas, zonas histerógenas

A passagem da sexualidade adulta à sexualidade infantil na etiologia das neuroses não significa apenas que se anexam à vivência atual lembranças de situações acontecidas em tempos mais remotos; o descortinamento da sexualidade infantil introduz uma conceitualização diferente da sexualidade humana e do corpo. É o que nos mostra Freud (1905/1989c) nos "Três ensaios". O conceito de pulsão como conceito-limite entre o psíquico e o somático, diferenciando-se do "instinto", quebra a ideia de um "natural" no que se refere à sexualidade humana. Ao mesmo tempo, a pulsão parcial mostra que a libido é diversificada em relação a suas "fontes". As zonas erógenas são zonas do corpo que se tornam sede da excitação sexual. São "zonas da pele ou da mucosa sobre as quais certas excitações são capazes de provocar uma sensação prazerosa de determinada qualidade" (p. 165).

Embora existam zonas predestinadas à erogeneidade (como a oral, pois a atividade da sucção está fadada a adquirir valor erógeno), qualquer outro setor da pele ou da mucosa pode converter-se em zona erógena. Pulsões orais, anais, escópicas e outras surgem apoiadas nas necessidades vitais; no entanto, é por se diferenciarem das necessidades que se constituem como pulsões. O caos orgânico vai-se organizando pelo ritmo, no mamar, por exemplo. A incoerência da diversidade das excitações vai-se recortando à medida que se constituem as zonas erógenas e os alvos da pulsão, e que se constroem os objetos da pulsão. É somente *a posteriori* que a diversidade das forças pulsionais converge em relação a um objeto.

O prazer introduz no corpo a possibilidade de erogenização, o "cálido leite materno" introduz na mucosa da boca um "a mais de prazer", convertendo-a em uma zona erógena. Com o prazer, introduzem-se os traços mnêmicos que recortam o corpo em "zonas erógenas" e criam-se os circuitos de pulsão que imprimem desde o início a repetição com as marcas da alteridade.

Nesse prazer marginal vai-se produzindo um desvio da pulsão em relação à necessidade, em que a função serve de apoio. Por exemplo, a ingestão de alimentos serve de modelo à incorporação fantasística. Foi no mamar que a boca obteve as primeiras experiências de satisfação, prazer que se deseja repetir por meio do "chupetear" – "os lábios da criança comportam-se como uma zona erógena e a estimulação pelo cálido afluxo do leite foi a causa da sensação prazerosa" (1905/1989c, p. 165).

Só depois o prazer sexual, apoiado na satisfação das necessidades vitais, independentiza-se. Na ausência do objeto real, da experiência da satisfação original, instala-se a satisfação alucinatória do desejo, na qual o bebê reproduz o objeto ausente de forma alucinada. As zonas das bordas, dos buracos, são privilegiadas como zonas erógenas, já que marcadas pela sexualidade desejante dos adultos.

Nos últimos textos de Freud sobre a sexualidade feminina, a mãe aparece no lugar da "sedutora", erotizando o corpo da criança à medida que exercita os cuidados maternos, substituindo o pai sedutor da primeira teoria das neuroses; mas nesse momento da conceitualização não se trata de um *fato traumático* nem de um *adulto perverso*, e sim da sedução que produz erotização no corpo da criança no exercício da função materna, dos cuidados ao *infans*. Nos primeiros tratos do bebê, a boca, o ânus e os genitais despertam o interesse da mãe justamente por serem lugares privilegiados das trocas; as zonas erógenas são a porta de entrada, a abertura ao externo, os lugares pelos quais a sexualidade se implanta a partir do exterior, ao mesmo tempo em que são as portas de comunicação com o inconsciente. Algumas partes do corpo do bebê são pontos de apoio para o prazer de órgão, mas também pontos de encontro com a *fantasia* e o *desejo materno*.

Retomando o desenvolvimento freudiano dos "Três ensaios", Leclaire (1992) caracteriza o corpo erógeno como um duplo constituído a partir da superfície do corpo. Cada elemento dessa superfície faz parte do conjunto orgânico e, portanto, está inserido na ordem biológica; mas também cada ponto do corpo pode originar uma excitação sexual, ou seja, pode cumprir uma função e ser um lugar de excitação. Cada ponto se insere então – segundo Leclaire – em uma dupla ordem: a

O corpo erógeno é um corpo *não unificado*, *não globalizado*, que responde à *perversidade polimorfa*, no entanto *singular*, pois fixado em uma rede na qual predominam determinadas zonas do corpo, que desenham os circuitos de pulsão e que sediam os sintomas.

biológica e a erógena, sendo esta última uma ordem particular, nada ordenada. O corpo erógeno é um corpo *não unificado*, *não globalizado*, que responde à *perversidade polimorfa*, no entanto *singular*, pois fixado em uma rede na qual predominam determinadas zonas do corpo, que desenham os circuitos de pulsão e que sediam os sintomas.

O corpo erógeno é gerado pelos pais a partir de seus próprios corpos erógenos, suas organizações libidinais, suas neuroses, suas defesas e seus recalcamentos, e sustentado por eles no exercício de sua função materna e paterna.

Às zonas erógenas vêm somar-se as histerógenas, libidinalmente investidas, que os histéricos designam frequentemente como dolorosas, mas que quando são excitadas produzem reações que se aproximam das originadas no prazer sexual. As zonas erógenas e histerógenas têm para Freud características semelhantes, entre elas a possibilidade de deslocamento. Na histeria, a propensão ao deslocamento prevalece e a zona sobre a qual recai o recalcamento é fundamentalmente a genital.

Com relação à histeria, diferentes autores concordam tanto com os efeitos do recalque sobre o genital quanto com a inclinação fortemente marcada do deslocamento, mesmo que não concordem necessariamente com a conceitualização que fazem do recalque e do deslocamento.

Para Christopher Bollas (2000), a mãe do histérico experimenta uma intensa ambivalência com relação ao filho como ser sexual, fundamentalmente em relação aos seus genitais, não podendo, por isso, comemorar o corpo do filho. Ela lhe transmite essa ambivalência, enfraquecendo os genitais como objeto de amor e exaltando outras partes do corpo: pés, ombros, estômago, que se tornam zonas erógenas alternativas para posteriores deslocamentos. O corpo histérico torna-se hipersexualizado e carregado de uma libido deslocada, ao mesmo tempo em que se produz um enlutamento do *self*.

Para David Nasio (1991), o corpo do histérico divide-se em duas partes: a genital, anestesiada, com fortes inibições expressas na impotência, frigidez, ejaculação precoce, e todo o resto do corpo, muito erotizado – corpo sensação pura, libidinalmente intenso. No entanto, esse simulacro de sexualidade tem a ver mais com as brincadeiras sexuais infantis que com a genitalidade, e é acompanhado de um "eu tristeza".

A ideia de deslocamento estava já presente nas fantasias teóricas dos antigos, como nas teorias hipocráticas, nas quais o útero migrante, quando insatisfeito, deslocava-se pelo corpo todo e, apoiando-se em diferentes órgãos, provocava as doenças da sufocação.

Realidade psíquica – realidade somática

É importante pensar no estatuto do corpo e também em suas mudanças nos diferentes momentos da teorização freudiana. Monique David-Ménard, no seu livro A *histérica entre Freud e Lacan* (2000), acompanha, com base no texto freudiano, as transformações da conceitualização do corpo na passagem da primeira teoria da conversão ao conceito de corpo erógeno. Acompanhemos, a seguir, o desenvolvimento da autora.

Na primeira teoria da conversão, o sintoma histérico surge para Freud como consequência de um processo de defesa. A existência de um conflito entre representações faz com que as representações contrastantes sejam desalojadas da consciência ou sejam recalcadas, enquanto o afeto que as acompanha produziria uma inervação motora que origina o sintoma conversivo. Há, então, algo da ordem da "alma" que se converte em uma perturbação no "corpo".

No historial de "Estudos sobre a histeria" (1895/1989a), afirma-se que Elisabeth sofre de dores nas pernas e apresenta dificuldades para andar. Quando Freud propõe-se a entender como se produzem essas dificuldades, depara-se com as perturbações motoras dolorosas (atasia-abasia), de um lado, e, de outro, com a história das infelicidades na vida da jovem. São duas "séries heterogêneas", dirá Monique David-Ménard, que, em princípio, não parecem ter nenhuma relação e que, de início, Freud conecta pela coincidência no momento dos acontecimentos – ou seja, o *acaso temporal* – a qual teria possibilitado que as dores no corpo de Elisabeth se convertessem em um "símbolo das dores de sua alma". Para compreender melhor essa transformação, para entender como as dificuldades de Elisabeth para viver podem ter-se convertido em dificuldades para andar, Freud dirige-se à busca de acontecimentos e impressões ligadas ao aparecimento das dores pela primeira vez; a dor possibilitará tornar "homogêneas" duas séries "heterogêneas". No início do processo da doença, o confronto vivido por Elisabeth entre a tendência erótica (a relação com o namorado) e o dever filial (a relação de cuidados ao pai) é um conflito psíquico intolerável, da mesma maneira que o será o choque entre o desejo pelo cunhado e o desejo de morte em relação à irmã no fim do processo. São conflitos "dolorosos". Será então a palavra "dor" que terá para Freud esse poder mágico que permitirá a passagem de uma série para outra: uma dor da alma se transformará em uma dor física, ou irá fixar-se sobre as dores reumáticas previamente existentes (facilitação somática).

À medida que o intolerável do conflito psíquico é entendido como o que faz associação com a dor e permite a passagem do psíquico ao somático, todas as dores anteriores a ele são consideradas puramente fisiológicas – "dores reumáticas". Por outro lado, o que se considera psíquico está restrito a um conflito de ordem psicológica. Como afirma a autora, nesse momento a oposição entre o psíquico e o fisiológico impede a Freud reconhecer *o corpo desejante* que está em jogo. Monique David-Ménard tenta descobrir onde ele aparece: na transferência, pois é nela que o inconsciente "age". No processo de cura, as pernas de Elisabeth põem-se a "falar", segundo Freud:

> [...] as doloridas pernas começaram a falar durante a sessão de sua análise. Expliquemo-nos este estranho estado de coisas. Em geral, no momento de dar início a nosso trabalho, a paciente não sofria; no entanto, quando, com as minhas perguntas, ou ao pôr minha mão sobre a sua fronte,

> acordava alguma lembrança, produzia-se uma sensação de dor, geralmente tão intensa que a paciente se contraía e segurava a zona dolorosa. Esse sofrimento assim acordado mantinha-se o tempo durante o qual a paciente persistia presa à lembrança, alcançava o seu ponto culminante no momento no qual a paciente iria revelar fatos decisivos e desaparecia com as últimas palavras de seu relato. Pouco a pouco aprendi a valer-me do despertar de sua dor como uma bússola para o trabalho. (1895/1989a, p. 163)

Vemos aqui um corpo que, na própria vivência da transferência, vai tecendo suas narrativas, e uma dor que adquire outro sentido – o reviver de uma cena que não fora totalmente elaborada.

As dores de Elisabeth partiam sempre de um ponto na coxa direita. "Tratava-se justamente da zona sobre a qual todas as manhãs o pai deixava descansar sua perna inflamada enquanto ela trocava os curativos" (1895/1989a, p. 167). Além disso, Elisabeth queixava-se de frio nos pés durante o tratamento, lembrando que durante a doença do pai ela pulava da cama, pisando no chão frio, nos momentos em que acudia ao chamado dele. Lembra também que, estando imobilizada na cama pelas dores reumáticas, recebera a visita de um homem ao qual não pôde atender por estar doente. Em certo momento de seu processo de cura, em uma sessão, Elisabeth escutou os passos e a voz de um homem; pensando tratar-se de seu cunhado, levantou-se e pediu que Freud interrompesse a sessão, já que o cunhado tinha vindo buscá-la. Sucedeu-se a esta situação a "dor nas pernas". O movimento que a fez ir ao chamado do pai, a imobilidade que a impede de receber o homem, a dor que aparece depois do movimento de ir à direção do cunhado, tudo isso mostra na própria cena a presença da realidade psíquica, a realidade desejante, levando David-Ménard a se perguntar: "o que é seu corpo senão o ator que deseja escutar a palavra de um homem e se imobiliza porque ela interdita esse desejo a si própria?" (2000, p. 34).

Na releitura de David-Ménard do historial freudiano, encontramos, então, um "corpo histérico" no qual o desejo e a proibição se entrecruzam encenados juntos em um corpo que é, ao mesmo tempo, ator e palco na apresentação da pantomima. Corpo que fala na linguagem dos gestos, especificidade que não seria necessário supor se nos restringíssemos à ideia da conversão como transformação de energia psíquica em inervação somática.

Como já afirmamos, concomitantemente ao reconhecimento da sexualidade psíquica vai-se desvendando para Freud a sexualidade infantil, assim como sua importância na etiologia das neuroses.

No historial do caso Dora há, então, um corpo de prazer que se constrói na história singular e que vai escrevendo uma "geografia imaginária no corpo", sobre a qual surgem os sintomas conversivos.

Com a história da erogenização, vai-se fazendo uma história de recalcamento. Algumas zonas vão sendo privilegiadas e outras excluídas; essa situação serve de base à possibilidade dos *deslocamentos*. No historial de Dora, Freud afirma que, em seu entender, a histeria localiza-se no *transtorno do afeto*: no lugar onde alguém deveria sentir prazer, sente desprazer; a esse transtorno soma-se o deslocamento da sensação. Assim, quando Dora, na adolescência, fora beijada pelo Sr. K. na escada da loja, o contato com os genitais do Sr. K. e a sensação produzida em seus próprios genitais ficou recalcada. Da parte inferior do corpo, a sensação deslocou-se para o peito, onde, na forma de alucinação negativa, apareceu uma sensação de pressão de um abraço sobre seu corpo, deslocando-se também para a zona da boca e da garganta, provocando repugnância, que testemunha a erogeneidade dos lábios. O deslocamento da sensação mostra a forma como a história de seu desejo se inscreveu no corpo. A zona do corpo que se põe em jogo na facilitação somática está totalmente marcada desde a infância. À geografia imaginária sobre a qual se constroem os sintomas presentifica no corpo a história do prazer e do recalque.

O acesso à sexualidade infantil permite reconhecer a história da erogenização do corpo para um sujeito, bem como incluir a historização dos movimentos desejantes. Como o sintoma prolonga com a sua existência a sexualidade infantil, este não surge pelo efeito direto do trauma, e sim pelo impacto que produz sobre o corpo erógeno.

Se na primeira teoria da conversão Freud pensa nas dores reumáticas de Elisabeth como dores fisiológicas que se vão anexando às produzidas pela transformação de algo psíquico em somático, em Dora, pelo contrário, a zona erógena bucal está lá, na própria constituição da sexualidade infantil, presente na lembrança de infância na qual Dora suga o polegar de uma de suas mãos enquanto, com a outra, puxa a orelha do irmão – "é a intensa atuação desta zona desde sua infância que outorga à garganta a sua condição para solicitação somática" (David-Ménard, 2000, p. 70). Essa intensidade oral ocupa um lugar central na transferência pelo cheiro de fumaça que ela sente após o sonho, e que a conduz até Freud, até o Sr. K. e até a seu próprio pai, e também a ela própria, na intensidade do autoerotismo presente na lembrança. Zona erógena oral que vai contando a história libidinal, a complexa história da erogenização de seu corpo, a história de seu desejo, mas também do recalcamento.

Para Monique David-Ménard, a criação de outro corpo, o *corpo erógeno*, transforma a perspectiva para pensar a relação entre o psíquico e o somático. Na primeira teoria da conversão, há um dualismo cartesiano: psique/soma, alma/corpo, pensados como duas séries heterogêneas totalmente diferentes e, por isso, passíveis de se fazerem uma. É somente porque nada há de espiritual na ordem do corpo e nada de corporal na alma que o que se produz em cada substância tem efeitos sobre a outra (2000, p. 28). É pela extrema diferença que se faz possível esse salto no orgânico, espécie de *transubstanciação* presente na primeira teoria da conversão.

Para a autora, o corpo erógeno destitui a ideia de extrema heterogeneidade, mas também a de total homogeneidade lograda supostamente no momento da conversão. Contrariamente, na concepção do corpo erógeno não há alma que se converta em corpo, há uma realidade desejante que se apresenta no corpo, "atualizando a pulsão lá onde não se pode representar o desejo" (David-Ménard, 2000, p. 28).

Para David-Ménard, o fato de o corpo histérico falar e pensar e, ao mesmo tempo, o fato de, para Freud, o pensamento ser também uma forma de descarga de excitação – embora postergada – inviabiliza a possibilidade de manter uma epistemologia dualista entre alma e corpo. Segundo a autora, a oposição para Freud está colocada entre o desejo que se atualiza nas experiências de gozo e o desejo inibido na sua realização, capaz de satisfazer-se com atividades representativas. Por isso entende que o conceito de corpo erógeno, que é o que nos interessa na psicanálise, mantém presentes diversos planos de realidade, conserva a realidade fisiológica, mas entrecruzada pela realidade desejante, formando um tecido outro, um *corpo outro*.

12.

DO SINTOMA SIMBÓLICO AO MAIS ALÉM: A PROBLEMÁTICA DO ALUCINATÓRIO[1]

Na clínica cotidiana com analisandos neuróticos deparamo-nos o tempo todo com os chamados sintomas neuróticos ou sintomas simbólicos que, como sabemos, seriam expressões de um conflito psíquico ou ainda, conforme afirma Freud, formações de compromisso. Tais sintomas podem expressar-se seja como transformações no corpo (conversões), seja sob a forma de atos (rituais obsessivos) na relação com o espaço (sintomas fóbicos), ou ainda no mundo do pensamento, e sempre nos informam sobre um conflito entre representações recalcadas e instâncias recalcantes. Portanto, a própria existência do conflito só é possível caso exista uma diferenciação clara entre as instâncias psíquicas resultante da instauração do recalque.

Esses sintomas compartilham com o sonho o fato de serem análogos a textos cujo sentido estaria mascarado, que tramitam mensagens enigmáticas passíveis de serem decifradas pela

---

[1] Publicado originalmente em Fuks, L. B.; Ferraz, F. C. *O sintoma e suas faces*. São Paulo: Escuta, 2006. p.157-178.

desconstrução. E na medida em que são formações de compromisso, tal sentido sempre contemplaria algo tanto da ordem do desejo quanto da defesa: o sintoma é figuração da fantasia sexual inconsciente e surge como consequência do recalque e do seu fracasso.

A natureza metafórica de tais sintomas aproxima-os de outras *formações do inconsciente* – expressão de Lacan – como os atos falhos e os sonhos, todos herdeiros do mecanismo do recalque. A pulsão, ao se recortar, deixando de ser pura força para inscrever-se no espaço psíquico, passa a tecer uma trama fantasmática, regulada pelo princípio do prazer, obedecendo aos mecanismos de condensação, deslocamento e simbolização.

Desde muito cedo o desenvolvimento teórico freudiano reconheceu tal "determinismo simbólico": o sintoma dá figura a uma metáfora que, quando transformada em palavras, permitiria ressignificar a situação traumática ou dar voz à conjuntura subjetiva na qual teria surgido. Assim, já em "Estudos sobre a histeria" (1895/1989a), Freud demonstra como algumas expressões linguísticas de uso comum servem para traduzir significações afetivas em expressões corporais, ainda que, inicialmente, essa demonstração tenha-se restringido à participação da expressão linguística na formação do sintoma. A expressão "não poder cumprir um objetivo", por exemplo, transforma-se, no caso de Elizabeth V. R., em "não poder dar um passo", e isto se transforma em sua dificuldade de andar. Ou seja, certas expressões linguísticas contêm termos alusivos ao corpo podendo ser utilizadas metaforicamente para figurar uma experiência de natureza afetiva. Dessa forma, Freud introduz uma concepção da simbolização que mais tarde irá ampliar-se com a incorporação de todas as ulteriores contribuições psicanalíticas relativas à intersecção entre corpo, história e linguagem.

Com efeito, para a psicanálise, a simbolização implica necessariamente a passagem do corpo real ao símbolo, com a construção das fantasias e do pensamento, processo correlato à divisão das instâncias psíquicas. Isto é, os processos da simbolização seriam garantidos em primeiro lugar pelo logro do recalque primário. Simbolização que atravessa o próprio corpo e o do outro, e que se coloca em jogo numa dialética entre a presença e a ausência, ressignificada pela castração.

Mas embora a presença dos sintomas simbólicos seja a marca cotidiana da clínica com pacientes neuróticos, muitas vezes, nessas análises, somos surpreendidos pelo surgimento de outro tipo de fenômeno, ou seja, de atos, somatizações, alucinações ou compulsões impossíveis de serem pensados nesses mesmos termos.

Surpresa foi exatamente como me senti em certo momento do trabalho com L., mulher que buscara uma análise visando a abrir em sua vida um espaço que lhe permitisse ter um filho. Além de numerosos sintomas conversivos, em que frequentemente o corpo falava forte nas afonias, nas diarreias, nos vômitos etc., seu espaço vital encontrava-se significativamente reduzido pela presença de uma intensa inibição fóbica, que a impedia de sair sozinha à rua.

No decorrer da análise, a desconstrução desses sintomas nos foi permitindo gradativamente o acesso às suas determinações inconscientes. Mas a surpresa foi quando, em meio a certa sessão, num momento em que dela desviei meu olhar, a paciente, com expressão de grande espanto, subitamente gritou "O bicho passou!", indicando ao mesmo tempo o chão com um gesto da mão. Pois L. não aceitara deitar-se no divã, e se sentava à minha frente, olhando-me como se quisesse penetrar-me com sua mirada, solicitando incessantemente meu próprio olhar. "Como?", interroguei-a com estranhamento. "Acho que o bicho passou correndo pelo chão", respondeu, já sem tanta certeza. Só tempos depois vim a saber que o bicho, até então inominado, era uma aranha preta. Ao não nomeá-lo, L. tentava defender-se do estranho assustador que aparecia na alucinação. Nos primeiros tempos da análise, esse fenômeno repetiu-se algumas outras vezes, quase como um reflexo, e sempre em momentos nos quais eu a privava de meu olhar.

Essa alucinação, acontecida no transcurso de uma análise na qual todo o resto levava a pensar numa neurose, foi o desencadeante das reflexões que exporei a seguir. Como pensar o fenômeno alucinatório fora do campo da psicose? Como pensar o funcionamento psíquico de L. no momento do surgimento da alucinação?

O sonho, o pesadelo e o sonho traumático

É com base na distinção entre sonho, pesadelo e sonho traumático que irei inicialmente abordar a questão do funcionamento psíquico presente na alucinação.

Antes me referi à proximidade entre sintomas neuróticos e sonhos, evidentemente pensando nos sonhos como realizações de desejos, aqueles dos quais Freud tratou em "Interpretação dos sonhos" (1900/1989), e que ele considerava a via régia de acesso ao inconsciente.

Nessa mesma obra Freud descreve o trabalho de elaboração onírica, mostrando como a excitação, no sonho, em vez de ir em direção ao polo motor, dirige-se à extremidade sensorial, chegando assim à percepção, isto é, tomando um caminho regressivo. O caminho da regressão formal no sonho leva ao alucinatório, o que permite a Freud afirmar que o sonho é o cumprimento alucinatório do desejo. O tema da regressão no sonho é retomado em um texto de 1917, "Adição metapsicológica à teoria dos sonhos" (1917/1989a). Nesse texto, o sonho aparece como guardião do sono. O desejo de dormir equivale ao de retirada de todos os investimentos e ao da instauração de um narcisismo absoluto, missão sabidamente impossível, pois certos restos diurnos mantêm-se ativos no pré-consciente e ameaçam o dormir. Esses restos diurnos juntam-se então a moções pulsionais inconscientes, o que faz surgir o desejo onírico que a partir daí segue o caminho retrocedente (regressão tópica); ou seja, a excitação dirige-se desde o pré-consciente, através do inconsciente chegando até a percepção. Paralelamente à regressão tópica, dá-se a regressão ao estádio anterior de funcionamento psíquico: o da realização alucinatória do desejo. Os pensamentos transformam-se em imagens predominantemente visuais. As representações-palavras são conduzidas às representações-coisas: "O desejo onírico é alucinado e, assim, recebe a crença na realidade de seu cumprimento" (1917/1989a, p. 228).

Mas se a regressão é condição necessária para o surgimento da alucinação, ela não é suficiente. De fato, para que a alucinação se produza, é preciso que se anule a "prova da realidade", que, segundo Freud, seria uma das "grandes instituições do eu" (1917/1989a, p. 232). Dito de outro modo, no sonho apaga-se a diferença entre representação e percepção, reproduzindo-se assim uma condição do início da vida psíquica em que tal distinção não existia, e em que o objeto é alucinado quando sua necessidade se faz sentir. Só mais tarde é que ocorre a renúncia à satisfação alucinatória, concomitante à instalação da "prova da realidade"[2], que funciona à maneira de um freio, inibindo o caminho alucinatório.

---

[2] Lembremos que a "prova da realidade" é o processo que permite ao indivíduo distinguir os estímulos internos dos externos, evitando a confusão da representação com a percepção. Para que os sinais de realidade se constituam em num critério seguro, é necessária uma inibição do investimento da recordação e da imagem, processo que, por sua vez, exige a presença de um eu. Em *Projeto de uma psicologia para neurólogos*, Freud afirma: "[...] poderíamos recorrer à natureza do processo primário e afirmar que a lembrança primária de uma percepção é sempre uma alucinação, e só a inibição pelo ego ensinou a não investir nunca uma imagem/percepção de forma a transferir sobre Φ em sentido regrediente" (1895/1989b, p. 385).

Nos sonhos a que nos referimos até aqui, existe um trabalho de ligação das excitações, o que lhes permite desempenhar uma importante função elaborativa no psiquismo. Nos pesadelos, ao contrário, essa função irá fracassar, pois neles falha a censura que normalmente produz a deformação onírica protetora, provocando uma invasão pela angústia, que culmina no despertar. Segundo Freud, o pesadelo ocorre na neurose como consequência da libido recalcada, expressando a excessiva violência com que desejos inconscientes ressoam no pré-consciente. O sexual do pesadelo apavora, por não encontrar pontos de ancoragem devido ao malogro da elaboração onírica, e o afeto não metabolizado acaba transmutando-se em angústia. No entanto, embora fracasse como guardião do sono, o pesadelo ainda é considerado por Freud um protetor do psiquismo. O sonho protege pela supressão das perturbações; quando elas são muito sérias, a proteção consiste no despertar do sonhador.

Mais tarde, Freud acrescenta a seu esquema outro tipo de experiência onírica, o sonho traumático, que, em "Mais além do princípio do prazer" (1920/1989a), será considerado mera tentativa de descarga de uma quantidade de excitação não ligada, sem participação dos desejos inconscientes e dos traços mnêmicos. Assim, esse tipo de sonho pertenceria ao campo da pulsão pura, sem ligação, onde vigora o fracasso da simbolização. Neles, uma imagem que teria "sobrado" da realidade fixa-se e repete-se, sempre a mesma. A descrição que Pontalis (1991a) nos fornece dessa experiência é tão emblemática que justifica uma longa citação:

> [...] durante noites seguidas as pessoas repetem o mesmo sonho penoso. Acordam aterrorizadas e, na noite seguinte, tudo recomeça. Decididamente, isso não combina com uma teoria dos sonhos como realização de desejos. Não há nada que seja redutível ao caso dos sonhos acompanhados de angústia, pois nestes pode-se supor um conflito de desejos. O sonhador vai direto ao ponto, sem desvio: precipita-se no espanto, no horror. (p. 34)

E continua:

> O sonho traumático é *flash back*, é a parada da câmara sobre a imagem, não representa mais do que o acontecimento. Ele o torna novamente presente, repete-o, ou melhor, ele o reproduz, conferindo-lhe assim mais intensidade até do que ele tinha no real. É apenas nisso que está perto do pesadelo, figura do informe, e deixa o sujeito só e desanimado diante dessa ameaça perpetuada. A fixação do trauma – ruptura, violação súbita e sofrida – impede o desenrolar do *Traum* – esse tecido de imagens – para dar todo o lugar a alguma cabeça de medusa... Ou em outros termos, quando o invólucro protetor foi rasgado e o suporte projetivo destruído, a letra imagística do sonho não pode mais se escrever. (p. 36)

Sem qualquer dúvida, penetramos aqui no campo de "identidade de percepção" na qual se "alucina o espanto".

Segundo a concepção de Cesar e Sara Botella (2002, p. 127), a neurose traumática exigiu de Freud a revisão do esquema apresentado no capítulo VII da "Interpretação dos sonhos", no qual P. (Percepção) e C. (Consciência) encontram-se em extremos opostos. Essa revisão irá levá-lo a afirmar, em 1919, que o sistema que sucede ao pré-consciente é aquele ao qual devemos atribuir a consciência, e, desta forma, P=C (Freud, 1919/1989). Mudanças no esquema fundamental, dirão os autores, para pensar que na via regrediente do psiquismo há dois possíveis percursos:

> um no qual das representações-palavras se regride, passando pelos traços mnêmicos e marcas inconscientes, sofrendo as influências dos desejos recalcados, sob o duplo constrangimento da censura e da figurabilidade, transformando-se, por deslocamento, condensação e simbolismo, para alcançar, no fim do percurso, o polo perceptivo alucinatório – é o sonho realização de desejo –; o outro percurso seria uma via curta, um atalho, em que o que está figurado emergiria diretamente da percepção – é o sonho da neurose traumática –, no qual somente uma repetição idêntica àquilo que estava na origem poderá ser figurado. (Botella, Botella, 2002, p. 127)

Se me permiti esse desvio é porque tais elementos são indispensáveis para se entender o que se coloca em jogo na produção da alucinação. Voltaremos a esse ponto mais tarde.

Ora, se a prova da realidade se apaga durante o sono, Freud (1895/1989b) afirma que ela pode, da mesma maneira, apagar-se durante o estado de vigília, em função da intensidade do afeto ou frente à perda, abrindo-se assim o caminho para a alucinação, em que também se confundem a representação e a percepção.

Alucinações

Quando buscamos evocar uma descrição da alucinação no texto freudiano, o que nos ocorre em primeiro lugar é sua definição no caso Schreber: "Uma percepção interna é sufocada e, como substituto dela, chega à consciência sem conteúdo, após experimentar uma desfiguração surge como uma percepção de fora" (1911/1989b, p. 61). Ou, como costumamos dizer, o que não está inscrito retorna no real.

No entanto, esse não é o único tipo de alucinação ao qual Freud se refere. Para ele, além das alucinações psicóticas, existem as alucinações histéricas e as acidentais, em pessoas sem maiores comprometimentos psíquicos.

Em "Estudos sobre a histeria" (1895/1989a), por exemplo, não faltam exemplos de alucinações. Enquanto cuidava de seu pai, Anna O. alucina uma cobra na parede, e, quando a quer espantar, seus próprios dedos transformam-se em cobras. Emmy, por sua vez, normalmente dá mostras de um discurso coerente, que indica uma inteligência pouco comum; por isso, é estranho

O TEMPO, A ESCUTA, O FEMININO: REFLEXÕES

que, de vez em quando, seu rosto seja tomado por uma expressão de horror e repugnância, e que, esticando o braço, grite: "fique quieto", "não fale", "não me toque" (1895/1989a, p. 72). Nesse momento, diz Freud, ela se encontraria sob o efeito de uma alucinação recorrente, e emite uma fórmula protetora "tentando defender-se da invasão do estranho" (1895/1989a, p. 72). Catarina, em cada crise de angústia, via um rosto horrível que a olhava, provocando-lhe intensa sensação de medo. Lucy sentia cheiro de farinha queimada.

Freud, em seu texto, associa esses fenômenos com os sonhos: as alucinações seriam resultantes de um estado análogo ao sonhar acordado.

Ainda em "Estudos sobre histeria", no caso Cäcelie M., o determinismo simbólico do sintoma faz-se presente com tanta força que este teria sido o motivo – diz Freud (1893/1989b) – para que ele e Breuer decidissem publicar a "Comunicação preliminar", em 1893; mas, por motivos éticos, o caso acabou não sendo publicado na totalidade, e a análise de alguns de seus sintomas foi incluída na epícrise do caso Emmy. Nesse caso, destaca-se o forte poder simbólico presente em seus sintomas conversivos, como, por exemplo, uma dor no rosto surgida na briga com o marido, em que uma frase dele que "soara como uma bofetada" teria encontrado uma expressão somática. Nesse mesmo caso surgirá uma alucinação que Freud caracteriza como uma "alucinação histérica":

> [...] em estados de alteração psíquica profunda é produzida também uma expressão simbólica com imagens sensoriais e sensações do mais artificial giro linguístico [...] A paciente se queixou que era assediada por uma alucinação de que seus dois médicos – Breuer e eu – estavam pendurados no jardim em duas árvores, próximos de si. (1895/1989a, p. 193)

Após ser analisada, acaba desaparecendo a alucinação, que surgiu no seguinte contexto: na tarde anterior, Breuer tinha rejeitado a demanda da paciente de lhe dar certo medicamento, e ela recorrera a Freud pensando que ele responderia ao pedido. Frente à negativa, Emmy teria ficado brava com os dois e concluído que "um não vale mais do que o outro". Ou, usando uma expressão da língua francesa: um seria o *pendant*[3] do outro.

Nesse texto, Freud aproxima conversão e alucinação, ao reconhecer nesta última, quando se trata de histeria, a tradução de uma expressão simbólica em imagens e sensações; ao mesmo tempo, insiste na ideia de que não se deve desconhecer a importância do sensorial na determinação das conversões. Ressalta ainda que estas não podem ser compreendidas como meras expressões linguísticas, e sim como uma transferência figural, afirmando que a histérica restabelece para suas inervações mais intensas o sentido originário da palavra. No entanto, apesar da aproximação realizada por Freud entre os fenômenos da conversão e da alucinação, acreditamos ser preciso marcar

---

[3] *être le pendant*, em francês: formar par com, estar em simetria.

as diferenças de funcionamento psíquico em jogo em cada um deles. Foi exatamente nesse sentido que retomei anteriormente a diferença entre sonho, pesadelo e sonho traumático.

César e Sara Botella (2002), trabalhando o exemplo de Freud da alucinação histérica, afirmarão que nos sintomas conversivos – assim como no "sonho-realização-de-desejo" – o simbolismo, com o deslocamento e a conversão, isto é, os mecanismos do processo primário, seriam a mola fundamental do sintoma. Segundo os autores, a alucinação, ao contrário, produz-se num momento de "encolhimento da simbolização" (Botella; Botella, 2002, p. 130), num movimento de retorno ao sentido primário da palavra. Portanto, estaríamos aqui frente a uma situação na qual há pensamento, ou seja, a representação não está abolida, mas em que, pela falta de nexos de ligação, como acontece no pesadelo, não se trama todo o delicado tecido da figurabilidade por meio das marcas mnésicas. Seguindo os caminhos do processo primário, ela se encaminharia diretamente para o polo da percepção. Como dirão os autores, "a representação *pendant* torna-se o que ela era no início: a percepção *pendu*"[4] (Botella; Botella, 2002, p. 131). Em outros termos, haveria um "retorno à imagem direta da coisa, sem o mínimo trabalho de figurabilidade ligado às raízes inconscientes, pessoais ou históricas do sujeito" (Botella; Botella, 2002, p. 131). A via tomada pelo psiquismo nesse caso seria a via curta, a via traumática:

---

[4] *Pendu*, em francês: enforcado. Os autores fazem aqui um jogo de palavras, visto que *pendant* também significa "suspenso", "pendurado".

> O elemento traumático – o violento investimento odioso ao invés do investimento libidinal habitual dos dois médicos – surpreende ao ego; na ausência de ligações, apodera-se desse mínimo de inteligibilidade que é a percepção da equação *pendant-pendu*, equivalente ao superinvestimento de uma percepção nos sonhos de neuroses traumáticas. (p. 131)

Verificamos assim a presença de uma problemática mais de ordem econômica, em que ocorre uma descarga repetitiva alucinatória, como uma "descarga reflexa frente a uma dor".

De acordo com Botella e Botella, no caso Cäcelie, no entanto, há ainda um pensamento que se mantém e que é a expressão da vivência afetiva: "esses dois se merecem", que expressa o ódio pelos médicos. Há portanto um desejo e uma tentativa de sua realização como no sonho. Só que a essa tentativa não se segue um "esforço" de figurabilidade, em que o que é da ordem do recalcado, ligado às histórias de sexualidade infantil, teceria o sonho manifesto num intenso trabalho de deslocamento e condensação. Pelo contrário, nesse caso, por um estreitamento da capacidade de simbolização, toma-se diretamente o caminho para a percepção/alucinação, mantendo-se um resto de simbolização no elemento *pendant-pendre*. A imagem se comporta como uma representação-coisa, como o elemento da realidade preservado no sonho traumático. Trata-se de uma falha no processo de ligação e, em consequência dela, o caminho seguido é o da regressão direta para o resto perceptivo. Mas, enfatizemos ainda uma vez, na alucinação histérica não falta a representação, que está abolida na alucinação psicótica. A alucinação na neurose teria, então, no entendimento dos autores, um lugar intermediário entre o sonho realização de desejos e o sonho traumático. Ela está mais perto da alucinação acidental das pessoas normais do que da alucinação psicótica.

Serge André (1986), ao referir-se às alucinações de Anna O., que ao sentir seu braço adormecido alucina serpentes nos seus dedos, afirma que quando aparece o "corpo organismo", o corpo mera "carne bruta", isto é, o corpo dessexualizado, que se figurabiliza com a imagem do cadáver, criam-se símbolos fálicos que tendem a recobri-lo; como as serpentes nos dedos que encobrem o braço amortecido. Tanto em Anna O. quanto em Emmy aparece um furo na fala: a segunda tem uma fala frequentemente interrompida, enquanto a primeira, após alucinar, é incapaz de falar. O furo, presença do inominável, faz assim aparecer na fala o traumático. Lembremos nesse sentido que, para Freud, conforme expresso no "Manuscrito K" (1896/1989b), o traumático provoca a lacuna, o irrepresentável.

As alucinações, segundo André (1986), tendem a tramar um tecido que vai encobrindo o inanimado do corpo. Elas "não são significantes que surgem no real, mas sonhos ou significantes passeando pelo imaginário, acompanhados de um forte sentimento de realidade" (1986, p. 97). Sua função é justamente colocar o animado (vida animal) ali onde somente quer aparecer o corpo morto, cadáver, como mero corpo orgânico, dessexualizado.

A afirmação de que a alucinação histérica é um fenômeno que acontece no nível do imaginário[5] será compartilhada por diferentes autores. Para Maleval, por exemplo, "a perda dos limites do eu pode dar lugar à alucinação" (1987, p. 204); "e ninguém duvidaria da possibilidade de que um neurótico tenha importantes transtornos na representação do corpo e da percepção do mundo" (p. 172). Pelo contrário, afirma Maleval, há psicóticos que não sofrem distúrbios da imagem do corpo. Crianças selvagens e alguns psicóticos que não entraram no registro da simbolização construíram, no entanto, uma unidade do corpo, ao passo que, como Janet já mostrou, a representação do corpo dos histéricos que ele estudava provinha de sentimentos de fragmentação que, às vezes, lhes dificultavam até a motricidade (*apud* Maleval, 1987). Essas considerações de Janet são corroboradas por vários outros estudos sobre despersonalização, cujos autores se defrontaram com a desconstrução da imagem do corpo em neuróticos[6].

A alucinação da paciente de Freud, Cäcelie M., deixou clara a existência de um conflito entre afetos e pensamentos, e isso a aproximava do que Freud chamou de alucinações acidentais em pessoas normais. Freud (1936/1989) refere-se a esse tipo de alucinações em vários textos, entre os quais sua carta a Romain Rolland, em que analisa, na sua própria experiência na viagem a Atenas, um fenômeno des-realizante. Freud entende

---

[5] Um dos três registros na conceitualização de Lacan.

[6] Maleval discute a posição de muitos analistas que afirmam que no psicótico há sempre uma fragmentação da imagem corporal.

O TEMPO, A ESCUTA, O FEMININO: REFLEXÕES

que há uma série de fenômenos que se aproximam entre si por produzirem uma vivência de estranheza. Na situação vivida por ele em Atenas, tratar-se-ia de uma estranheza frente ao mundo; em outros, estranheza do próprio eu, caso que dará surgimento aos chamados fenômenos de despersonalização. Em todas elas, é frente à presença de penosas vivências recalcadas, e num momento de conflito, que o eu se deforma, fragmenta-se para defender-se da angústia. Vejamos sua experiência, no momento em que contempla a Acrópole. Surge-lhe o seguinte pensamento: "então tudo isso existe como o aprendemos na escola?" (Freud, 1936/1989, p. 214). Esse pensamento é uma tentativa, diz Freud, de desautorizar um fragmento da realidade objetiva; mas como explicá-lo? Por que desautorizar[7] uma realidade que seria prazerosa? Na realidade, o ego estaria defendendo-se de experiências penosas do passado que se encontram sob efeito do recalque. Nesse caso particular, teríamos a culpa em relação ao pai, pois desfrutar da visão de Atenas implicaria usufruir o prazer de ter ido mais longe que ele. É a problemática edipiana que se encontra assim colocada; e o eu quer desmenti-la, valendo-se para isso de um forte sentimento de incredulidade recaindo sobre o que está sendo percebido e, portanto, sobre a própria percepção. As miragens que excluem, como neste caso, são aparentadas com as miragens que incluem no eu algo que não lhe pertence, como nos casos do *déjà vu* e

---

[7] É interessante o trabalho de L. C. Figueiredo (2000) sobre a impossibilidade da ligação no processo de desautorização.

do *déjà raconté*, e com as miragens alucinatórias, que tendem a retificar percepções indesejadas.

Mas todas elas são formas de defesa para manter algo distante do eu. No exemplo dado por Freud em um texto de 1914, "Sobre a 'fausse reconnaissance'" (1914/1989a), a crença do analisando de que já teria contado em análise algo que não contara, tende a mantê-lo afastado da lembrança que o conecta com a ameaça de castração. Afasta a lembrança, transformando-a na sensação: "já vi, já vivi, já contei". O que nos interessa destacar desse desenvolvimento freudiano é a circulação que Freud vai fazendo entre a ordem da desmentida e a do recalque. Os fenômenos analisados usam a desmentida como defesa (miragens nas quais se inclui algo que não existe, onde se exclui algo que existe ou se deforma a percepção), mas eles constituem uma defesa contra o recalcado, contra vivências penosas recalcadas. Esse ponto pode ser considerado bastante interessante, já que normalmente o recalque e a desmentida aparecem como divisores de água, como marcas típicas de diferentes estruturações psíquicas: o recalque da neurose e a desmentida da perversão. Nessas séries de fenômenos aos quais nos estamos referindo, pelo contrário, parece haver uma circulação entre o recalcado e o alienado.

Todas elas são, no entendimento de Freud, operações falidas que também podemos encontrar em certos momentos da vida de pessoas sadias. Os pontos comuns entre elas são o fato de se querer manter algo longe do eu, de desmenti-lo e a função protetora que desempenham. Podem ser todas classificadas como transtornos da percepção a partir da defesa do recalcado.

A *alucinação e sua função protetora*

Como já lembramos, o pesadelo surge do fracasso do sonho como guardião do sono; no entanto, não se pode negar que ele continua preservando sua função de proteção do sonhador, pois, ao nos despertar, ele nos estaria protegendo da invasão da excitação que, nesse momento, não encontrou qualquer possibilidade de ligação. Ou seja, ele nos protege da irrupção do traumático. Nesse sentido, podemos aproximar o pesadelo da alucinação, que também tem uma função protetora.

Freud afirma, no "Projeto de uma psicologia científica", que a alucinação "busca anular o sentimento de desamparo, tende a suprimir o abismo aberto pela ausência do outro amado e necessário" (1895/1989b, p. 351). Mas não podemos esquecer que o desenvolvimento freudiano de "Inibição, sintoma e angústia" (1926/1989) nos ensinou que desamparo é excesso, quantidade de excitação sem possibilidades de ligação, que ameaça nos invadir quando o outro que cumpre a função de paraexcitação desaparece.

Às vezes, pensar em certas situações-limite nos serve como lente de aumento para entender o que acontece no funcionamento cotidiano. Assim, parece-nos bastante oportuno recorrer às colocações de Marcelo Viñar (1992), analista uruguaio, que, no livro *Exílio e tortura*, apresenta finas reflexões sobre o que aconteceria no psiquismo de algumas pessoas submetidas a situações de tortura. Viñar descreve certo estado psíquico vivido no momento da tortura – estado de *morto-vivo demolido* – que consiste numa experiência de desorganização da relação do sujeito consigo mesmo e de sua relação com o mundo. Nesse estado, há uma alteração da vivência espaço-temporal: o tempo é vivido como eterno e o espaço como incomensurável. Trata-se de uma vivência regressiva em que se perde a diferenciação entre objetos internos e externos. O autor compara tal situação psíquica com a experiência originária – protótipo da situação traumática geradora de angústia – consequência da prematuração com a qual o ser humano vem ao mundo. O sofrimento no corpo, a supressão sensorial, a eliminação das referências de tempo e espaço e os ataques aos ideais produzem esse estado de desamparo básico. Nessa situação, o torturado poderá valer-se de diferentes *estratégias de sobrevivência psíquica*. Uma delas seria colocar o único outro presente, o torturador, como fonte de reparação, fazendo com ele uma aliança perversa; frente ao perigo do mundo exterior o objeto vê o seu valor aumentado. Mas outra estratégia, e é esta que nos interessa aqui, consistiria em alucinar personagens da história, em que o surgimento da alucinação visaria a *criar o espaço lúdico e onírico protetor que torna o horror mais suportável*. Por meio dela, haveria a tentativa de se reconectar com algo da articulação primária entre corpo e linguagem, articulação que se teria quebrado. Assim, a alucinação permitiria recriar uma temporalidade não redutível ao imediato. Tal como Freud afirma no "Projeto" (1895/1989b), tenta-se aqui suprimir o abismo produzido pela ausência do outro necessário. Nesse sentido, podemos enunciar uma aproximação entre a alucinação e o pesadelo, pela função de defesa que ambos cumprem em momentos nos quais o excesso não encontra possibilidades de ligação. No caso do pesadelo, ele protege porque acorda; no caso da alucinação, sua função de proteção consistiria na criação de um espaço onírico, permitindo a reconexão com um elemento da história.

Mas voltemos à clínica, para pensar como a alucinação pode funcionar também com função protetora num processo transferencial favorecendo o seu andamento. Vou-me utilizar de um artigo de Sami-Ali sobre uma "neurose de despersonalização" (1989, p. 15). A paciente, Inês, considera impossível responder à questão sobre quem ela própria é na sua relação com os outros. Várias fobias precoces a acompanham: a escuridão, as tormentas, as alturas etc. Mas o momento mais agudo de sua angústia teria sido quando, estando com o seu pai, viu correr o "animal dos terrores" (Sami-Ali, 1989, p. 16), objeto indefinível, que poderia ser de um rato a um cachorro. Ela padece de grande fragilidade da função de síntese no plano da experiência perceptiva, sendo extremamente sensível aos barulhos e às entonações da voz do analista. O movimento em direção ao cinzeiro feito pelo analista é, por exemplo, vivido por ela como um ir e vir da voz, como se esta se movimentasse sozinha. Para ela, o objeto está demasiado perto, é demasiado invasor, marca constante nos seus relacionamentos, traindo certa confusão entre o real e o imaginário. Em sua vivência corporal, os órgãos se confundem e se fazem intercambiáveis.

Sabemos que na experiência de despersonalização o sujeito vive "o corpo no mundo" e o "mundo no corpo" (Sami-Ali,

1989, p. 30). Ou seja, ela poderia ser descrita como um processo des-realizante, que remete a uma falha nos momentos de formação da imagem do corpo e do começo da separação entre o fora e o dentro. O autor encarrega-se de mostrar a função da alucinação tanto no caso do "animal dos terrores" quanto na alucinação que surge na cena transferencial. Em certo momento da análise, Inês escuta um barulho atrás dela, e diz que pode ser um animal que se esfrega contra as pernas do analista. O barulho começa a dar volta ao redor do corpo do analista, como se o animal estivesse dando voltas, ou como se as próprias pernas do analista se esfregassem uma na outra. O movimento da parte baixa do corpo está tão em contradição com o resto do corpo que ela o isola, objetivando-o, como se partes do corpo imaginário se engajassem na imagem projetada. Na experiência da paciente, a dissociação entre partes de cima e partes de baixo expressam a disparidade dos papéis parentais na cena primária. Mas é exatamente a partir do surgimento da alucinação que começam a coincidir na cena transferencial os diferentes planos da cena primitiva. O poder reconhecer-se nas projeções aterrorizadoras vai-lhe permitindo pressentir a possibilidade de ter um corpo, de integrar os pedaços até então dispersos e impossíveis de serem juntados. Aos poucos Inês vai construindo uma imagem de corpo e as angústias vão esvaziando-se junto com a ambiguidade sexual. Mais uma vez, encontramos aqui a função protetora da alucinação.

A *pulsão visual e o complexo de castração*

Como foi relatado no início deste texto, L. manteve-se um tempo significativo sem aceitar deitar-se no divã. A esse respeito lembremo-nos das palavras de Freud no texto "O início do tratamento": "Regularmente o paciente concebe a situação que lhe é imposta como uma privação e se opõe a ela, principalmente se a pulsão visual desempenha na sua neurose um papel significativo" (1913/1989b, p. 135).

O dispositivo montado por Charcot na Salpêtrière fazia dos histéricos verdadeiros quadros vivos que exibiam ao público um espetáculo coreográfico. De fato, as lições das terças-feiras já foram várias vezes comparadas a apresentações de teatro, nas quais o público e os espectadores tinham um lugar fundamental. Freud dispensou os espectadores, mas também privou o analisando no divã da possibilidade de ver o analista. Ele teria assim renunciado ao palco, no qual a histérica exibia seu corpo, para adentrar no "teatro privado", para aproximar-se da outra cena, localizada mais além do espetáculo do corpo.

Sabemos da diferença existente entre o *ver do olho* e o *olhar da pulsão*. Foi isso que Freud se encarregou de mostrar no seu texto "As perturbações psicogênicas da visão" (1910/1989a): na cegueira histérica, é justamente porque o olhar erotizado da pulsão se apoderou do olho que a função de ver apagou-se. Deixa-se de ver porque há um excesso de olhar, mas passa-se a ver "com o inconsciente".

No desenvolvimento freudiano, a pulsão visual e o complexo de castração aparecem fortemente entrelaçados. Essa relação será trabalhada por Freud em dois campos: o do mito e o da psicose. No campo do mito, temos um curtíssimo texto, "A cabeça da medusa" (1922/1989), e no campo da psicose, é por meio de um conto de Hoffman, *O homem da areia*, que Freud estuda o tema, em seu texto sobre "O estranho familiar" (1919/1989).

No mito grego, a Górgona transforma em pedra qualquer um que a olhe. A medusa é, no dizer de Jean-Pierre Vernant, o horror aterrorizante daquilo que é absolutamente outro, o indizível, o impensável (1986, *apud* Mezan, 2002, p. 61). A cabeça de olhos arregalados, cabeleira de serpentes e dentes de fora, que provoca uma "inquietante estranheza", é, para Freud, a representação do sexo da mulher. A cabeça foi cortada, e lembremos a equivalência freudiana entre decapitar e castrar. Ela evoca a castração, produzindo horror, e o terror da castração é produzido pela visão de alguma coisa. A equivalência simbólica apontada por Freud entre o medo de perder os olhos e o medo da castração estabelece-se pela sua presença. A cabeleira de serpentes tende a mitigar o horror, mas pela regra da multiplicação dos símbolos do pênis, também significa a castração.

A castração aqui em jogo é a castração materna, a vagina coberta de pelos.

O outro texto no qual a angústia de castração aparece como angústia ocular é *O estranho familiar*. Nele, Freud (1919/1989) recupera o conto de Hoffmann, *O homem da areia*, personagem substituto do pai castrador, que ameaça tirar os olhos como punição pela curiosidade infantil.

Nos três tempos do relato, a figura castradora, que agora é masculina, vai sendo substituída: primeiro, o homem da areia, depois, o advogado Coppelius, e, depois ainda, o vendedor de instrumentos de ótica, Coppola. Mas em meio a todas essas substituições, encontra-se sempre presente a representação de ser privado dos olhos, simbolicamente castrado. Nos três momentos, temos as três mulheres: primeiro a mãe, depois a boneca Olímpia e depois a namorada Clara. Agora são os olhos do próprio sujeito que estão ameaçados. Trata-se da relação com a mulher, que atrai a punição.

Mas se no texto da medusa a multiplicação do pênis nas serpentes da cabeleira segue, segundo Freud, as regras da linguagem onírica da multiplicação significando a falta – a castração –, no segundo texto o tema é retomado pela análise do fenômeno do duplo. A imagem do duplo teria surgido como proteção contra o temor de aniquilamento do eu, ou seja, como forma de se imortalizar, mas Freud liga o duplo ao narcisismo primitivo, mostrando como este encara o ideal do eu, concebendo em si todas as perfeições almejadas. Porém, para que o duplo tome caráter de sinistro, é necessário que tenha sido reprimido. O familiar recalcado retorna na forma de algo angustiante. São os "complexos infantis reativados" e "as convicções primitivas reativadas" que adquirem caráter de sinistro, entre eles fundamentalmente o do separado ou separável. Assim, um membro separado é sinistro porque remete à castração, como a cabeça decepada da medusa. O complexo de castração divide o espaço do *unheimlich* com o retorno ao ventre materno. Para muitos neuróticos, diz Freud, os genitais femininos são algo nefasto, eles são "a porta de acesso ao antigo solar da criatura, ao lugar que foi morada no começo" (1919/1989, p. 244).

A aranha e sua teia

Um dia L. resolveu aceitar a minha proposta de deitar-se no divã. Foi um momento difícil, e sua intenção não vingou na primeira tentativa, tendo voltado a sentar-se após uma sessão e retornado ao divã na seguinte. Até então, em cada sessão, recriava o mundo pré-freudiano, o campo da mirada. Mas quando ela se deita no divã, apaga-se a reciprocidade de olhares, privada que ela foi da possibilidade de me enxergar. O que passa a valer é o nível escópico da pulsão, no qual a fantasia desenrola os seus roteiros. Privada do olhar, a angústia cresce e a fala da sessão é invadida de lembranças de cadáveres, que remetem ao momento mais melancólico, pela ausência do objeto, mas também à figuração do corpo dessexualizado, à mera carne, ao traumático. Na sessão seguinte, sentada novamente, conta-me: "deitada, eu via a aranha no canto do teto". A alucinação aparecera novamente, dessa vez não tão fugaz como quando ela estava sentada e eu desviava o meu olhar. A aranha nos visitou nas sessões seguintes, e após umas três sessões desapareceu – não sem antes a paciente passar por dois momentos de abertura do inconsciente, um lapso que abrira caminho para a reconstrução de uma lembrança infantil com a mãe e um sonho de castração – para não retornar mais até o final da análise.

No início, quando sentava na minha frente, não posso dizer que ela realmente me "visse", pois seu olho olhava fixamente o meu. "Olho no olho", o que permitia que uma continuidade do corpo se instaurasse, fazendo que algo não pudesse ser visto: o próprio limite dos corpos, do dela e do meu. O seu era um olhar *medusante*, que tentava paralisar qualquer movimento meu. Era um olhar que escamoteava a castração, a dela, e me convertia numa espécie de duplo, marcando a continuação do narcisismo primordial. A mirada que tentava aprisionar meu pensamento repetia, na transferência, o aprisionamento do outro que ela exercia fora, a partir de sua fobia. Na bifurcação dos olhares, quando a privo de meu olhar, abre-se um vazio, no qual L. vive certa desorganização da imagem do corpo, momento de pesadelo, no qual algo não encontra nexos de ancoragem. Momento de estreitamento da simbolização, que gera desamparo. Nele, aparece a alucinação, o bicho inominado, a aranha preta, a cabeça de medusa, o genital feminino, a castração materna, o limite do corpo, que desperta o espanto refletido no rosto; ao mesmo tempo, pode-se dizer que assim era construída uma borda, que já constituía uma tentativa de ligação, de elaboração. Paralelamente, ela duplicava ativamente o movimento, indicando com seu dedo o movimento do bicho, já que sofria passivamente o movimento do meu olho. Tudo acontecia como um reflexo, sempre imediato, sempre igual, como o traço perceptivo desprendido da realidade que se repete no sonho traumático, como mera descarga motora reflexa frente à dor. Tentativa de preencher o hiato criado pela ausência do outro.

Normalmente, a construção da teia das fantasias age com relação ao que é visto e horroriza, amenizando o horror; dessa forma, ela ocuparia o lugar do escudo que Perseu levara como um dos seus instrumentos quando fora eliminar a medusa, cujo olhar apagou-se ao se refletir no escudo. A teia representacional criada pelas teorias sexuais infantis funciona como essa espécie de acolchoado que amolece o impacto da percepção, com a qual se vai negociando, desde o desmentido presente na teoria sexual e a castração mostrada pela realidade.

Penso que um furo na teia das fantasias fazia com que L. tecesse a teia de aranha com os fios virtuais na perspectiva da mirada, entre ela e eu, entre ela e a aranha. Deitada no divã, a aranha alucinada estava no canto do teto. Dessa vez quieta, imóvel, ela podia olhá-la, mas a aranha podia olhar-me sentada atrás do divã, como uma extensão do seu olho. Porém também como um terceiro olho que olhava a nós duas, tratava-se de outro momento na transferência.

Como afirma Pontalis (1991), é quando o *Traum*, o tecido das imagens, é impedido que se abre o lugar para alguma cabeça de medusa, pedaço separado do corpo, ao mesmo tempo símbolo fálico, que tenta tecer a teia faltante. Desfeita a teia de aranha, na bifurcação dos olhares, abre-se um vazio de onde surge o bicho inominado. Embora não devamos confundir o inominável com o não nomeado, a não nomeação da aranha era já uma defesa fóbica que tentava distanciar ritualistica-mente o temido.

Na análise de um neurótico, uma alucinação pode então aparecer num momento de estreitamento da simbolização, com uma função de proteção, criando uma borda para o vazio e o desamparo, como resto de realidade que estabelece alguma ligação.

13.

A FILHA "NÃO SUFICIENTEMENTE BOA"[1]

Ao som de Chopin, Bach e Schumann, o diretor Ingmar Bergman, no filme *Sonata de Outono* (1978), tece uma reflexão sobre a relação entre uma mãe e uma filha. A partir do reencontro de Charlotte, pianista renomada, com sua filha Eva em um lugar no interior da Noruega, uma relação complexa se desfralda em cena. Por meio de gestos, sonhos, palavras, silêncios e lembranças, as demandas, violências e conflitos de ambivalência vão aparecendo, fazendo-nos testemunhas da grande força de atração que uma relação mãe-filha possui.

Eva, que mora com seu marido, um pastor, convida a mãe, que acabou de perder o companheiro, vencido por um câncer, para passar um tempo em sua casa, não sem esclarecer que eles têm um piano muito bom no qual ela poderá ensaiar suas músicas. A filha sabe que não tem o apelo suficiente para sua mãe querer estar perto e que a música é sua única paixão.

---

[1] Publicado em Alonso, S. L.; Breyton, D. M.; Albuquerque, H. M. F. M. *Interlocuções sobre o feminino na clínica, na teoria, na cultura*. São Paulo: Escuta/Instituto Sedes Sapientiae, 2008, p. 233-249.

No momento do encontro, as duas parecem ter a expectativa de um agradável tempo compartilhado, mas imediatamente a mãe ocupa todo o espaço de conversa com o relato dos seus tormentos por ter cuidado do namorado doente, com suas vaidades – o cabelo, as roupas –, enquanto o espaço da filha vai ficando reduzido ao de espelho do narcisismo materno, que tem que reconhecer, testemunhar, admirar. Quando se abre um pequeno espaço, a filha tenta ocupá-lo contando dos recitais que dera para algumas crianças. No entanto, a mãe, não aguentando que o valor esteja do lado da filha, interrompe-a para dizer ter tocado com grande êxito para cinco escolas de três mil crianças. Acrescenta ainda que o namorado a admirava por seu sucesso e pouco falava de sua doença, indicando à filha o lugar que espera que ela ocupe.

Nessa distribuição de lugares, em que a filha vai-se encolhendo na inferioridade e, pela admiração, confirma a mãe no lugar de superioridade, uma tensão vai-se instalando na conversa, tensão que se intensifica quando Eva anuncia que a irmã, Helena, também está lá. Essa filha doente, com um processo de esclerose, é uma presença insuportável para a mãe, já que ativa nela as culpas mais profundas. A tensão vai crescendo até a produção de um pesadelo, no qual uma mão acaricia o corpo materno, carícia que se vai transformando num estrangulamento. A ambivalência na relação da mãe com as filhas faz figura na imagem onírica.

As intensidades afetivas parecem desequilibrar Charlotte, que tenta afastar-se delas. Sua tristeza fica encoberta pela

O TEMPO, A ESCUTA, O FEMININO: REFLEXÕES

sensualidade. O dissabor da noite mal dormida oculta-se sob o imponente vestido vermelho que usa para o jantar. O anestesiamento da mãe é denunciado pela filha, que afirma: "Minha mãe não fica furiosa, decepcionada, nem triste, ela sofre", num sofrimento um pouco congelado na própria palavra, sem muita intensidade.

Eva enche a boca ao falar da mãe, que admira por seus talentos, seu poder, sua eficiência. Fala para seu marido, que a ouve com um olhar paciente e amoroso, mas como quem não tem lugar para dizer nada perante tanta paixão.

Após o jantar, Eva quer mostrar seus talentos como oferenda à mãe, e toca Chopin, interpretação que fica muito aquém do esperado. Sem demora os lugares voltam ao equilíbrio normal, Charlotte ocupando o espaço da superioridade, com sua interpretação maravilhosa. A filha observa a paixão da mãe pela música, admirando-a pelo talento e odiando-a porque ela lhe retira seu espaço. O diretor enfoca os rostos que encarnam a diferença: o de Eva, rosto de criança envelhecida, estampa a depressão, a tristeza; o de Charlotte, o brilho narcisista.

Posição triste do luto não feito, mas encarnado no próprio corpo. Luto do filho que se afogara antes de fazer quatro anos, morte que não separou. O quarto é mantido tal como quando era vivo, e ali Eva se refugia de sua dor, com ele se comunica, continua-se no corpo alucinado do filho, o faz vivo. Declara-se incapaz de amar um homem, mas amou o filho, cuja gravidez a tornara alegre, extrovertida. Mas também luto não feito da mãe admirada, pois não há substituição possível por um lugar vivo, já que não há um lugar vivo de existência dela na mãe – que não estava presente no nascimento do neto, nem na sua morte: gravava Mozart. Não se dispõe a dividir o lugar nem o valor. Apesar de tudo, diz que a ama, que uma mãe se preocupa com a filha.

Durante a noite, numa conversa inflamada, elas conseguem se dizer as mágoas: "você me odeia, você nunca se importou com ninguém além de você", diz Eva; "eu era uma boneca com a qual brincava quando tinha tempo". O ódio pela mãe na infância transformou-se em unhas roídas, em cabelos arrancados, em medo de enlouquecer. Mas a intensidade do ódio era acompanhada da escravidão em relação ao amor materno, não existia sem ele. Na ausência da mãe sentia que morria, sua existência só se garantia pela presença materna, mas quando Charlotte estava presente, ela perdia a fala: "você tinha tomado para você todas as palavras da casa".

A mãe, por sua vez, declara suas dificuldades: as demandas da filha soavam como exigências insuportáveis, por isso as fugas, por isso o ódio. Ela própria não tivera ternura na infância. Falhas identitárias em jogo: não consegue lembrar-se do próprio rosto nem do rosto de sua mãe. Carências básicas converteram-se em demandas intensas dirigidas à filha: queria que Eva a acalentasse, a abraçasse, fosse sua mãe.

Bergman introduz várias reflexões. Mãe e filha: "mistura terrível de sentimentos e de confusão"; "as cicatrizes da mãe são passadas para a filha"; "as falhas da mãe são pagas pela filha"; "a infelicidade da mãe é a da filha"; "será que a infelicidade da filha é o triunfo da mãe?"; "parece que o cordão umbilical nunca foi cortado!"

O TEMPO, A ESCUTA, O FEMININO: REFLEXÕES

Eva é uma filha "insuficiente" para responder às demandas e exigências maternas. Filha colocada no espelho do narcisismo materno, que, com sua admiração, mantém a mãe no lugar superior. Numa verdadeira prisão, não pode satisfazer a mãe, também não pode decepcioná-la. A menina e a mãe presas numa separação sempre adiada que criará obstáculos ao "tornar-se mulher".

Afirma Pontalis (1991b)

> Não se pode mudar de mãe, donde a vontade de mudar a mãe. Vontade, até mesmo obstinação, de modificá-la em sua realidade, tão manifesta no que chamamos reação terapêutica negativa, na qual o ódio esconde o amor desvairado: tenho que mudá-la, curá-la, eu sozinho, para que ela exista só para mim. (p. 126)

O que a filha precisa mudar é a onipotência incondicional que lhe atribui.

A "insuficiência da filha", e a depressão que a acompanha, esse lugar do avesso especular, a ambivalência que impregna o relacionamento, a violência desnarcisante, encontramo-la repetidamente em nossa clínica cotidiana. Não são poucas as mulheres que fazem girar sua fala ao redor de sua "insuficiência para a mãe". M., numa sessão, diz: "eu nunca serei uma filha suficientemente boa para minha mãe", frase que coroa uma longa fala relatando um encontro com a mãe, uma artista muito destacada, no qual esta, de uma posição crítica, desqualificou tudo, do cabelo à magreza, da roupa ao trabalho. Encontros de repetição de uma cena na qual a "insuficiência" da filha ficava permanentemente marcada e que se alternava com momentos de extrema desvalorização de si mesma. A essa fala poderíamos somar outras muitas sobre as invasões, as violências, as reprovações, as complacências, as queixas, que ocupam grande parte do discurso das mulheres na análise e que dão testemunho da "força de atração" existente na relação mãe-filha.

Como pensar tal situação? Quais os impasses na constituição do narcisismo e no desenvolvimento dos movimentos pulsionais que colocam uma filha no lugar de "insuficiente" para a mãe?

Os impasses do narcisismo

Eva, no filme, é uma filha desnarcisada. Não ama a si mesma porque não corresponde ao ideal, ao contrário de Narciso que, apaixonado por sua beleza, ama a si mesmo a ponto de se fundir à própria imagem. Eva vive uma "tensão narcisista", termo cunhado por Hugo Bleichmar[2] para se referir à vivência dolorosa de insatisfação narcísica e que antecipa a possibilidade

---

[2] Hugo Bleichmar constrói o conceito de "tensão narcisista" a partir do conceito de angústia sinal de Freud. Assim como a angústia sinal antecipa a situação traumática, a tensão narcisista alerta sobre a possibilidade de se cair em um colapso narcisista (Bleichmar, 1983, p. 52-53).

de se cair em um colapso narcisista, fazendo surgir o desejo de identificação com o eu ideal (1983, p. 52-53).

Como alguém constrói uma imagem valorizada de si mesmo? Sabemos que é na intersubjetividade, na relação com os pais que o sujeito constrói a representação valorativa de si. No olhar do outro e na representação valorativa que os outros fazem dele é que o corpo do bebê passa a ser algo valorizado. A criança que, pelo estado de desamparo em que se encontra, mantém na relação com os adultos uma dependência absoluta, passa a se autovalorizar ao identificar-se com a imagem valorizada que eles têm dela.

No início, a mãe cumpre várias funções: vitaliza a criança, em cada cuidado, em cada satisfação de uma necessidade permite-lhe que viva, mas também que a vida pulse, implanta pulsão. Mas a mãe é igualmente um agente narcisante: amando seus filhos e suas manifestações vitais, produz uma confirmação narcísica, e é um agente sedutor porque inclui a sexualidade. Como o mostra Aulagnier (1999), durante a gravidez, a mãe constrói um corpo imaginado, um corpo completo, unificado e sobre essa imagem inclina-se a libido materna – a menos que se trate da mãe de um psicótico: nesse caso, ela fica com o real do embrião, e reduz o filho a um "enchimento interior", equivalente a um órgão do corpo. A presença do corpo imaginado será o que permitirá, desde o início, que ele seja investido pela mãe como um "corpo separado".

O investimento da mãe na criança passa por seu próprio narcisismo. No dizer de Serge André (1986):

> [...] para ser investido, o objeto tem que estar em confor-
> midade com o eu, em outras palavras, envolvido por uma
> imagem narcísica. Essa imagem já comporta por si mesma
> uma abertura para um mais-além do estatuto de objeto da
> mãe. (p. 193)

É na continuidade do narcisismo dos pais que se constitui o da criança, como afirma Freud: "a atitude terna dos pais em relação aos filhos, devemos reconhecê-la como renascimento e reprodução do narcisismo próprio há muito abandonado" (1914/1989c, p. 87). Isso é fundante para a constituição subjetiva, mas ao mesmo tempo uma separação é necessária. A mãe precisa fazer do filho um semelhante, mas ao mesmo tempo um diferente, um humano como ela, um outro, uma alteridade como filho, processo certamente difícil para crianças de ambos os sexos, porém com um acréscimo de dificuldade no caso da menina. Aqui, a própria particularidade da semelhança do corpo no seu sexo favorece situações nas quais as mães colocam as filhas em total continuidade a elas próprias, convertendo-as em bengalas narcísicas ou identitárias, favorecendo as relações de espelho com as consequências de fusionalidade e projeção narcisista. Os desequilíbrios no sistema narcisista instalado na relação mãe-filha foram estudados por Eliacheff e Heinrich (2004). As autoras descrevem algumas figuras de desequilíbrio narcísico na relação de mães com filhas, consequência do excesso de "amor materno". Esse *a mais* de amor aparece acobertado pela norma social que vê o lugar de cuidadora como central na identidade da mulher. Tais mães tornam-se verdadeiras abusadoras das filhas, com suas fantasias, favorecendo uma relação fusional e devoradora. Aa autoras afirmam que:

> Embora também exista a "dominação da mãe sobre o menino", é antes de tudo sobre a menina que ela a exerce, nas formas mais obscuras e mais arcaicas, chegando às vezes à violência. Obrigação de conformidade a modelos, depreciação do sexo feminino, imposições de segredos, relatos aterrorizantes e intrusões de toda ordem são algumas das formas mais visíveis entre as quais a confusão das identidades constitui provavelmente uma forma mais sutil, mas ainda mais terrível. (p. 15)

Quando o menino é encarregado de realizar as aspirações familiares, estas são mais da ordem familiar que pessoal. É toda uma linhagem que se encarna no jovem herdeiro. No caso da menina ocorre um investimento mais interpessoal, menos passível de mediação do terceiro.

As autoras falam de duas figuras de dominação materna. Na primeira, a exclusão do pai leva a mãe a fazer uma dupla inseparável com a filha, sobre a qual se efetua uma projeção do narcisismo da mãe; convertida em objeto destinado a preencher a falta do "ser" do narcisismo materno, insatisfeito em seus desejos de grandeza, a menina é levada a realizar as mais especiais coreografias, tendo que ser a cantora, a pianista, a melhor alguma coisa. Ou então estabelecendo uma fusionalidade extremamente erotizada, na qual a filha fica no lugar do pai faltante ou falho, tendo que preencher a falta de "ter" do vínculo insatisfatório. Nesses casos de abuso narcisista, a mãe ama na filha somente a imagem idealizada de si mesma, deixando, portanto, uma falta de amor em relação à criança que produzirá uma falta de autoestima, e uma demanda permanente de reconhecimento e de amor materno. A segunda figura é a das mulheres que vivem uma relação passional com uma profissão, excluindo o homem, que ocupa um lugar secundário, e principalmente excluindo a própria filha. Essa não é uma exclusão total de desamor, abandono ou ausência. São mães que amam as filhas, mas não lhes deixam nenhum lugar para se projetar, nenhum lugar de narcisação delas próprias, restando-lhes apenas testemunhar o êxito materno.

Em ambos os casos, seja no abuso narcisista, seja no abuso desnarcisante, o que está em jogo é uma triangulação impossível entre as mães e as filhas, e será a ignorância ou a denegação do terceiro o agente provocador dos fracassos e das devastações (Eliacheff; Heinrich, 2004).

Falar de um terceiro não quer dizer falar de um pai concreto e ainda menos de um pai autoritário na figura do patriarca. Sabemos quantas mudanças na estrutura dos relacionamentos se têm produzido nas últimas décadas por causa das novas tecnologias e da autonomia econômica das mulheres. Não vamos nós, psicanalistas, prescrever um retrocesso dos costumes. Quando nos referimos a terceiros estamos pensando em algo capaz de pôr em jogo a questão do outro, do estranho e do semelhante, algo que possa operar a lógica da alteridade.

Voltemos ao filme. Charlotte tem uma única paixão, o piano. Os homens para ela têm um lugar secundário, muito semelhante ao da filha, o de testemunhas do narcisismo, de sua paixão. A atividade profissional da mãe eventualmente poderia funcionar como terceiro. Mas não é o caso, já que a relação de Charlotte com o piano é passional: o instrumento está colocado como objeto dual de paixão, na continuidade absoluta de seu narcisismo, e não como objeto terceiro que pudesse fazer uma mediação na relação com a filha. Esta, por sua vez, também em continuidade com o narcisismo materno, ocupa o lugar de testemunha que o sustenta.

Bem, tem sido consenso entre os autores que a semelhança entre a menina e a mãe favorece a fusionalidade e dificulta a separação; no entanto há formas diferentes de pensar a questão. Alguns autores a pensam só a partir do corpo e sua imagem, o que tem conduzido, às vezes, à naturalização de conceitos, podendo resultar em afirmações que beiram o preconceito. Penso que introduzir também a categoria de gênero permite ampliar o entendimento. Os pais, inseridos na cultura, na qual há uma bipartição de gêneros – homens e mulheres –, fazem, desde o momento em que recebem a notícia do sexo da criança, uma atribuição de gênero. Na interação com o filho, por meio de palavras e de gestos, implantam uma identidade de gênero: "as meninas não brigam"; "os meninos não choram"; "a menina casará com um príncipe"; "o menino será um príncipe". Estas atribuições dirigidas a cada um dos gêneros vão sendo incluídas na elaboração do ideal de eu, marcando os lugares de valoração para o homem ou a mulher. A menina, identificada com a mãe, vai reconhecendo que é uma menina mulher igual a ela e vai-se identificando com as atribuições que correspondem às mulheres. Tudo isso antes de reconhecer a diferença dos sexos. Faz-se uma menina em identificação à mãe no lugar do modelo.

Desde muito pequenas as crianças sabem que a mãe é uma mulher e o pai um homem, ainda quando essa diferença não é feita pela diferença dos sexos, e sim pelo lugar social.

Ora, a mãe e a menina fazem parte do mesmo gênero e são, portanto, solicitadas pela cultura em um lugar comum de atribuições, o que favorece o perigo de fusão, projeção e extensão narcísica entre as duas. Para a mãe, a filha mulher é mais semelhante, já que compartilha o mesmo gênero e mantém com ela fundamentalmente uma relação narcísica, o que dificulta a separação. Para a menina, a mãe não é somente objeto de amor, mas também o ideal narcisista e o semelhante de gênero. Por sua vez, para a mãe, criar uma filha menina põe em jogo todas as suas prescrições de gênero, ativando conflitos em relação à sua própria mãe.

O menino, ao contrário, se tem a mãe também como primeiro objeto de amor, no que se refere à identidade de gênero, precisa identificar-se com o pai para poder identificar-se com os homens, o que favorece uma distância maior. Do lado da mãe, prevalece em relação ao menino o investimento libidinal sobre o narcisista.

A identificação com a mãe, que passa pela identidade de gênero, é central para a menina, e o processo de se tornar independente e percorrer caminhos próprios a faz temer a perda da identidade. Ao mesmo tempo, sendo a mãe quem proporciona os cuidados de vida, há, da parte da criança, uma grande valorização do gênero "mulher" nos primeiros tempos, criando-se assim um importante núcleo de positivação da feminilidade.

Os impasses nos movimentos pulsionais e identificatórios

No desenvolvimento freudiano, a importância da relação com a mãe na constituição da sexualidade feminina aparece tardiamente. Baseado na clínica, o trabalho sobre a paranoia feminina (1915/1989a) e o caso da jovem homossexual (1920/1989b) irão mostrar como Freud se dá conta da intensidade da relação e da fixação entre a filha e a mãe. Mas será nas duas conferências (proferidas em 1931 e 1932) sobre sexualidade feminina e a feminilidade que ele reconhecerá a força da relação pré-edípica com a mãe como uma "especificidade" do desenvolvimento das meninas, acentuando assim a dissimetria entre os sexos. Afirma Freud: "não se pode compreender a mulher sem ponderar a fase da ligação pré-edípica com a mãe" (1931/1989, p. 111), sendo muito diversos os fortes vínculos libidinais com grande conteúdo erótico-amoroso existentes entre elas, correspondendo a desejos orais, sádicos, anais e fálicos, encontrando-se nesses vínculos o cerne da paranoia e da histeria. Nesse texto Freud irá formular a "sedução materna". A figura da mãe sedutora estava presente em textos anteriores, como em "Uma lembrança infantil de Leonardo da Vinci" (1910/1989c), no qual a reminiscência do mamar e o prazer de ser amamentado estão no centro da constituição da lembrança/fantasia; ou no trabalho "O motivo da escolha do cofre" (1913/1989a) no qual, na base do motivo secreto da escolha amorosa, está a figura da mãe, que nesse texto aparece desdobrada em três: a mãe, a mulher e a mãe-terra. No entanto, é na conferência "A feminilidade" (1933/1989), que essa mãe que erotiza o corpo da criança por meio dos cuidados corporais e na satisfação das necessidades – substituindo a figura do pai sedutor da primeira teoria traumática – converte-se num operador fundamental da nova teoria do caráter traumático da constituição do sexual, e se universaliza, recuperando o caráter exógeno da sexualidade e dando origem a um novo conceito: o da feminilidade.

Os primeiros tempos da vida de um filho têm a marca da passividade. O adulto, na maioria das vezes uma mulher, faz do filho um objeto, satisfazendo-lhe as necessidades básicas. As primeiras vivências dos cuidados maternos são passivas: a mãe amamenta, veste e limpa, introduzindo um gozo apassivador na ligação materna do qual a criança precisa se livrar. No caso da menina, a passividade é mais temida, gerando, portanto, uma reação contrária mais forte. Freud referira-se à pulsionalidade ativa da menina nas fantasias que acompanham a relação com a mãe e destacava a importância da brincadeira com as bonecas, com as quais repete tudo o que sua mãe faz com ela. Esse agir contra a passividade expressa um desejo de separação. Como separar-se dessa iniciadora que proporcionou os prazeres mais primitivos e as primeiras sensações genitais com os cuidados mais básicos? Para Freud, desde o momento em que reconhece a importância da relação pré-edípica da menina com a mãe, outro problema se coloca: o da saída. A questão de como a menina irá separar-se da mãe ocupará um lugar importante nos últimos desenvolvimentos freudianos sobre a sexualidade feminina.

Os desenvolvimentos dos autores que o seguiram dão força à tardia descoberta de Freud. Assim, para Klein, a ansiedade, na menina, de esvaziamento de seu próprio corpo, surgida por inversão do desejo de destruir o corpo materno, será o motor para a realização pessoal e, também, a origem de importantes inibições. Para Lacan (1992), o "desejo da mãe" estará colocado nesse mesmo sentido, da força e do perigo em relação à mãe. Assim, no *Seminário 17: O avesso da psicanálise*, afirma:

> Cada vez mais os psicanalistas embarcam em algo que é de fato extremamente importante, a saber, o papel da mãe [...] O papel da mãe é o desejo da mãe. É capital [...] Um grande crocodilo em cuja boca vocês estão – a mãe é isso [...] O que impede que a boca se feche é um rolo de pedra, o que se chama falo. É o rolo que os põe a salvo se, de repente, aquilo se fecha. (p. 105)

Dessa forma, a criança se identifica com o falo-pedra e mantém aberta a boca do crocodilo, o que lhe permite manter-se no desejo da mãe sem ser devorado no lugar de puro objeto. Desse lugar, em algum momento, terá que ser deslocada pela intervenção paterna.

É claro que a fase pré-edípica da relação com a mãe existe também para o menino. Para ambos os sexos, a mãe é o primeiro objeto de amor; contudo, as vicissitudes do percurso levam o menino a continuar pelo caminho edípico, enquanto para a menina essa fase tem uma maior força de atração que ameaça prendê-la num beco sem saída ou se converter num lugar de regressão. A ambivalência na relação com a mãe está presente desde o início para ambos os sexos; no entanto, o menino encontra outro caminho para ela, já que no percurso edípico pode voltar o ódio contra o pai, ficando apenas com os sentimentos ternos na relação com a mãe. A força de ambivalência entre a menina e a mãe é apontada por Freud no texto "Sexualidade feminina" (1931/1989) como sendo muito intensa e girando no jogo pulsional entre o devorar e ser devorada. Quanto mais intensa a ambivalência, mais difícil a separação.

Na menina, a luta entre atividade e passividade é forte: ela precisa da atividade para separar-se da mãe e da passividade para ligar-se ao pai. Após a descoberta da castração materna, a menina volta-se para o pai e, mediante o desejo de um filho, liga-se a ele, e posteriormente ao homem, caminho indicado por Freud como o da feminilidade. No entanto, é necessário destacar que na saída do Édipo o menino se reafirma no seu lugar masculino pela identificação fálica que recebe do pai. A menina, ao contrário, tem que fazer uma nova volta para a mãe na busca de um caminho identificatório que lhe permita suportar sua condição feminina. A mãe para a qual se volta não é a mãe poderosa e onipotente da fase pré-edípica, e sim a mãe mulher. Para isso é necessário que, na mãe, exista uma mulher, além de uma mãe. Uma mulher que, tendo nela própria uma valoração da feminilidade, possa acolher o corpo da filha e ajudá-la a incluir-se num processo de criação da feminilidade, projeto singular de construção e que irá perdurar o resto de sua existência.

Para a menina, a dependência do reconhecimento da mãe e da imagem que ela lhe oferece é fundamental. Se o manto imaginário, como já dissemos, é fundamental para proteger a ambos os sexos do mero lugar de objeto, na menina ele a protege também do lugar do vazio. Em seu livro *A psicanálise e o feminino: um horizonte da modernidade*, Regina Néri (2005) recupera o interessante pensamento de Anne Juranville (1993) nos seguintes termos:

> Existir, para a menina, é entrar no imaginário positivo da aparência pela identificação simbólica ao belo olhar da mãe, seu primeiro espelho. Investida por esse olhar estetizante, que não envia a uma alucinação do duplo alucinante, mas a uma beleza do olhar que se transmite sobre as gerações de mulheres, a menina pode deslocar-se da mãe e se endereçar ao outro paterno, dando-se a ver e ser vista, encontrando

> assim o caminho da feminilidade. A mulher só poderia encontrar caminho da feminilidade por um mito narcisizante de estetização de sua mãe e de estetização da menina pelo olhar de sua mãe. (Neri, 2005, p. 251)

Desde criança, a menina procura no corpo da mãe e nos seus gestos o que lhe possa revelar a resposta à pergunta sobre o que é ser mulher, assim como à interrogação sobre o que atrai o desejo do homem. É necessário que a mãe se apresente como mulher sexuada para que a filha possa identificar-se com ela pela apropriação do erotismo e não apenas como mãe.

Voltando ao filme: Eva procurava o olhar materno. Na lembrança infantil, enquanto a mãe ensaiava suas músicas, ela ficava atrás da porta, esperando o momento do descanso; então entrava na sala para servir-lhe um café, entrava buscando um abraço, um reconhecimento, um olhar, mas se deparava com uma mãe distante olhando para o jornal e lhe pedindo que saísse para brincar. Deparava-se com a rigidez das defesas que a mantinham à distância para que a mãe pudesse manter-se afastada de suas culpas e de seus medos. A filha mulher confronta a mãe mais diretamente com sua condição de mulher, o que muitas vezes não é fácil de suportar. Neste caso, as demandas da filha eram exigências insuportáveis para a mãe.

Perante a falta de reconhecimento, do vazio de olhar amoroso e investido na filha, a mãe vira um espelho persecutório. Eva via-se horrível na frente do espelho, na imagem por ele devolvida via olhos grandes demais, sobrancelhas de menos, pés muito grandes, ombros ossudos, braços muito finos, lábios demasiado grossos, e lembrava-se de a mãe lhe ter dito que ela deveria ter nascido menino. Invejava a beleza da mãe e temia que ela a desprezasse por sua feiúra.

O corpo da mãe encarna o corpo sexuado, e dele a filha precisa depreender uma imagem, apropriar-se dela para recobrir o seu próprio corpo do erotismo que exercitará perante o homem. Para Eva, a mulher estava na mãe, na imagem erotizada fascinante, vestida de vermelho, para a qual olhava como se estivesse perante "A mulher". Só a separação poderia fazer cair essa imagem fascinante e persecutória. Como afirma Pontalis (1991b), paga-se um preço caro pela tentativa de sustentar a idealização materna.

A mãe precisa criar uma imagem de reconhecimento sobre o corpo da filha, mas precisa também aguentar o luto de deixá-la crescer e virar mulher. Na época da adolescência da filha, Charlotte parara de tocar – as insuportáveis dores nas costas a impediam – e por um tempo dedicou-se à família. Eva fala da adolescência como o momento máximo do terror. A energia toda da mãe colocada sobre ela – não bem sobre ela, mas sobre os seus defeitos –: queria corrigir a curvatura de suas costas com a ginástica, colocar-lhe aparelho nos dentes; decidiu que não usaria mais calças e comprou-lhe vestidos; não gostava do cabelo comprido e a fez cortá-los. Sabemos que a adolescência é um momento central no qual a mãe se depara com a mulher na filha. Muitas vezes é difícil para a mãe soltar a filha, vê-la crescer e vê-la mulher. Freud já falava das tentativas de controle da sexualidade da filha na adolescência como um dos motivos do ódio em relação à mãe.

O investimento narcísico e libidinal que a mãe pode dar ao corpo e ao sexo da filha por meio de suas comunicações, sensuais no início e verbais mais tarde, estará na base do destino erótico e do caminho da feminilidade. A flexibilidade psíquica da mãe é fundamental, pois precisa ir fazendo os lutos necessários ao crescimento da filha para aceitar renunciar à própria onipotência, deixando-a separar-se e crescer. Deve renunciar ao lugar narcísico para poder envelhecer e suportar a decadência sem que a imagem da filha jovem converta-se em uma insuportável rival. Cabe aqui interrogar os efeitos que da insistência em igualar mãe e filha num momento em que se tenta negar a passagem do tempo e em que a mídia oferece, o tempo todo, provas de como elas podem parecer irmãs.

Para poder ajudar a filha a tecer a rede de feminilidade, a mãe precisa ter-se reconciliado com a sua falta no corpo e com o valor narcisado da mulher como gênero. Caso contrário, negará à menina um lugar investido, reconhecedor e valorizador da própria feminilidade, ou levará à ilusão de que algum atributo fálico – como o de ser pianista, por exemplo – a fará mulher, negando-se a partilhar com sua filha um lugar de feminilidade que não é do único, e sim do múltiplo, e que não é só fala e presença, mas também inominável. Que a mãe esteja incluída no circuito desejante, reconhecendo a falta e aberta aos outros, é certamente condição fundamental para não deixar a filha numa rua sem saída, numa permanente tentativa impossível de preencher a demanda materna, de fazê-la satisfeita.

Quando as mães são capazes de estabelecer com suas filhas uma relação de cumplicidade confortável, a superioridade materna age de forma estruturante e não excludente (Eliacheff; Heinich, 2004). Quando a sexualidade da mãe e o mistério que a encobre podem despertar a curiosidade da filha, abrem-se brechas para os caminhos identificatórios. Se a situação se inverte e a mãe coloca a filha no lugar de quem lhe dará a resposta sobre a própria feminilidade – tarefa impossível –, então apenas poderá fazer surgir a vivência de "filha não suficientemente boa", traduzindo como insuficiência dela própria uma demanda impossível de ser respondida. Quando só se tem mãe e filha, e dessa relação não pode nascer uma mulher, a vivência de "insuficiência" instala-se.

O inominável

Uma interrogação tem-se imposto para vários autores: qual o destino da relação com a mãe? Uma resposta encontra concordância: as ternas delícias e as aterradoras ameaças inseridas na teia identificatória fazem parte do desejo da criança e modelam os vínculos posteriores (McDougall, 1997). No entanto, do vínculo com a mãe nasce também algo que não se converte em lembrança. Um homoerotismo inominável que está mais além dos contornos da significância do desejo. Esse pulsional, que Freud (1933/1989) assinala na conferência sobre a feminilidade, e que na conferência sobre a sexualidade feminina leva-o a afirmar: "[...] nesse vínculo da primeira ligação/mãe, tudo me parece difícil de atingir analiticamente, muito antigo, vagaroso, apenas reanimado como se tivesse sucumbido a uma repressão particularmente impiedosa" (1931/1989, p. 228).

Esse inominável na relação com a mãe, que, segundo David-Ménard (1994), impor-se-á como sustentação de uma violência transferencial em algumas análises, não se liga a nada preciso, não chega a elaborar-se como ódio e, do ponto de vista da autora pode aparecer, por exemplo, quando uma histérica se analisa com uma analista mulher, não podendo, nesse caso, as identificações mais arcaicas com a mãe seguir o caminho do desafio ou da sedução dirigidas ao homem. Agora será também desse inominável, na afirmação da autora, que a sublimação poderá surgir.

Em 1929, Klein publica o texto *Situações de ansiedade infantil refletidas em uma obra de arte e no impulso criativo* (1994). Tratando das angústias mais iniciais no desenvolvimento da menina, vale-se de um exemplo literário, um relato que Karin Michaelis faz em um artigo intitulado "O espaço vazio", sobre um acontecimento da vida da pintora Ruth Kjär, mulher rica, bonita e de grande sensibilidade artística, que alternava a alegria habitual com momentos nos quais mergulhava em uma melancolia profunda, que ela explicava dizendo: "existe um espaço vazio dentro de mim". Um casamento em que parecia totalmente feliz não a retirou da melancolia que tanto a atormentava. Sua casa parecia uma galeria de arte, pois tinha um cunhado pintor, e muitos de seus quadros ali estavam. A retirada de um quadro de uma das paredes deixou ali um vazio que parecia coincidir com o seu vazio interior, e ela caiu numa profunda tristeza. Um dia, à mesa do café, olhando a parede vazia, ela disse: "já sei o que vou fazer: darei umas pinceladas na parede". Apressou-se a conseguir os elementos necessários e se pôs a pintar. O que pintou? A figura de uma mulher negra, nua; e custou a convencer os entendidos de que pudesse ser obra dela, tal a beleza do quadro. Com o preenchimento da parede deu-se o preenchimento do espaço vazio interior, e se instalou uma grande felicidade. A partir de então, pintou outros quadros, quase todos com figuras femininas. Para Klein, esse novo destino da angústia só teria sido possível como reparação do corpo materno. Mas David-Ménard retoma esse texto para insistir na importância do vazio, interrogando: "não se poderia dizer que a atividade pictórica permite que esse vazio apareça sob a forma de um objeto intercambiável, que, com efeito, a separa de sua mãe?" (1994, p. 79). A autora afirma que a pintora somente podia pintar defrontando-se com o vazio, no qual toda identificação falta, e ali pode surgir uma figura. A figura que surgiu foi a de um corpo feminino. Para que o feminino apareça é necessário que um vazio se faça na relação com a mãe, e isso é possível quando a filha consegue mudar a *onipotência incondicional que lhe atribui*[3].

---

[3] Sobre o tema do vazio na relação mãe-filha e o surgimento do feminino, remeto o leitor a outro texto de minha autoria: "A construção do feminino e do materno. Considerações sobre a questão no mal-estar contemporâneo". In: Milnitzky, F. (Org.) *Desafios da clínica psicanalítica na atualidade*. Goiânia: Dimensão, 2006.

14.

Interrogando o feminino[1]

Quando fizemos o convite para a apresentação de trabalhos no evento "Figuras clínicas do feminino no mal-estar contemporâneo"[2], fomos interrogados por vários colegas: a que vocês estão referindo-se quando falam do feminino? Estão pensando nas mulheres ou no "continente negro", na pulsionalidade mais pura ou no processo de sexuação, no sexo ou no gênero?

Falar do feminino na psicanálise é falar desse amplo leque de questões: é falar da mulher, mas também do inominável; é falar do gênero, mas também do processo de sexuação. No entanto, essa abrangência de questões foi o que nos fez pensar que, nesse momento de abertura, fazia-se necessário mapear um

---

[1] Publicado originalmente em Alonso, S. L.; Gurfinkel, A. C.; Breyton, D. M. *Figuras clínicas do feminino no mal-estar contemporâneo*. São Paulo: Escuta, 2002. p. 13-29. Conferência de abertura da jornada temática interna do Departamento de Psicanálise do Instituto Sedes Sapientiae, "Figuras clínicas do feminino no mal-estar contemporâneo", realizada em agosto de 2001.

[2] Agradeço aos colegas que participam do grupo de trabalho e pesquisa "O feminino e o imaginário cultural contemporâneo" que coordeno desde 1997, pelas discussões fecundas e pelo prazer de trabalharmos em conjunto questões que nos são tão fundamentais.

campo, ampliar as fronteiras para deixar caber a variedade de posições e a diversidade de enfoques que se farão presentes nas colocações dos diferentes autores que participaram das mesas.

Começando pelas mulheres: o que elas querem? Qual é sua demanda? Qual é o mistério das mulheres? O que seu enigma esconde? Qual o lugar de sua existência? Essas são perguntas presentes em muitas das publicações dos analistas, mas que "pipocam" também nas diferentes produções culturais.

Mais de cem anos de existência da psicanálise outorgaram-lhe uma presença marcante na cultura. Os produtos culturais recebem a influência da psicanálise, dialogam com ela, ao mesmo tempo em que a interrogam. Uma mostra de fotografia, realizada no Museu da Imagem e do Som (São Paulo), no primeiro semestre de 2001, brincava em seu título com a tão conhecida, mas nem sempre bem entendida, afirmação de Lacan: "a mulher não existe. Ou existe?".

Filmes em cartaz, como *Coisas que você pode dizer só de olhar para ela* (García, 2001), parecem dialogar com o feminino em seu "mistério", trazendo no título com o "só de olhar" uma ideia de transparência, daquilo que se expõe aos olhos, que sem véus se apresenta; ao mesmo tempo, em três dos episódios desse filme o enigma e a revelação se fazem presentes. Revelação dos movimentos de Eros que, desde Diotime – na obra de Platão – até nossos dias, está colocada pelos homens na boca das mulheres. A mendiga, a cartomante e a cega, nos três episódios, encarregam-se de dizer o que as mulheres querem e demandam dos homens. No entanto, quando em um dos episódios trata-se de duas mulheres, elas não precisam de ninguém que revele o enigma: numa fala transparente, relatam seus pedidos e seus prazeres. No discurso masculino, a mulher aparece como mistério; o desejo do homem a exige coberta pelos véus, mágica, misteriosa, desvalorizada ou idealizada, cultuada no lugar de enigma e, ao mesmo tempo, odiada como mistificação (Aulagnier-Spairani, 1990).

Freud afirmava que sobre elas pouco conhecia, apelando algumas vezes aos poetas ou às analistas como os que poderiam aportar mais saber sobre as mulheres. No entanto, se ele dizia não saber sobre elas, sabia perfeitamente o que importava à psicanálise: o que a mulher é, a psicanálise não poderá responder; afirmava ser mais importante o *tornar-se mulher*, ou seja, o processo pelo qual, desde a perversidade polimorfa, a mulher se constitui como tal. Com isso, Freud inaugura uma perspectiva diferente para perguntar e responder sobre a diferença dos sexos, que não coincide com as determinações biológicas nem com as determinações culturais, e sim com um "entre elas", espaço dos movimentos libidinais e dos caminhos identificatórios: sexo além da materialidade da carne, mas nela apoiado; corpo marcado, cortado e recortado pela cultura; processo de tornar-se mulher que só pode ser pensado na singularidade, pois são caminhos guiados pela dialética do desejo, que contarão no corpo sua história num momento particular da história e da cultura. Sabemos que o desejo, o amor e a lei articulam-se de diferentes maneiras nos diversos momentos da cultura, dando lugar a configurações distintas dos modos de sofrimentos predominantes e fazendo aparecer as "figuras clínicas".

O texto de Freud, do qual destaquei as duas afirmações anteriores – "o feminino como enigma" e o "tornar-se mulher" –, é uma conferência de 1933, intitulada "A feminilidade" (1933/1989). É com base nesse texto que gostaria de centrar as reflexões que quero fazer, por dois motivos: sendo um escrito bastante tardio sobre o tema, permite recuperar as formulações anteriores, mas, fundamentalmente, porque encontro nesse artigo os impasses que abrem as brechas a partir das quais surgem os diferentes caminhos percorridos pelos analistas pós-freudianos e pelos analistas contemporâneos. Não me proponho a sintetizar o pensamento dos diferentes autores, o que seria impossível neste espaço, mas gostaria de apontar para os impasses marcados nos caminhos abertos e seguidos posteriormente.

Nesse artigo, Freud, insistindo no enigma da feminilidade, pergunta-se quem poderá decifrá-lo, descartando que seja a anatomia, pela diferenciação dos órgãos: a realidade dos sexos, para a psicanálise, não é a realidade do órgão anatômico. Freud reconhece que é longo o caminho por meio do qual a menina poderá fazer coincidir o seu sentir com sua anatomia, trajeto esse que se percorre em toda a sexualidade infantil. Descarta de vez a ideia de uma complementaridade dos sexos em que, como duas metades da maçã, a mulher estaria feita para o homem e vice-versa, bastando-lhes juntarem-se. Se ele aceitasse essa ideia, não teria escrito os "Três ensaios sobre uma teoria da sexualidade" (1905/1989c), texto que, caracterizando a pulsão como desvinculada de um objeto já dado, e afirmando que a pulsão não tem em si um objeto, mas o encontra, abre um espaço para pensar o polimorfismo da pulsão, assim como para pensar a identidade sexual como constituída num processo longo e singular. No mesmo escrito, o estudo das perversões permite a Freud pensar a constituição da sexualidade humana pelo caminho do desvio, desgrudando a pulsão do instinto e a sexualidade da mera biologia. Esses caminhos lhe permitem afastar-se das concepções de hereditariedade e de degeneração em relação à causalidade das neuroses, comuns à sua época. Nesse texto se pode reconhecer a genialidade de Freud no que se refere à concepção da sexualidade humana. No entanto, se determinados desenvolvimentos conceituais permitem-lhe fazer rupturas fundamentais em relação ao pensamento de sua época, em outros, as ideias e os preconceitos da época passam a ser fios que tecem sua própria teorização, o que faz de suas formulações sobre a sexualidade feminina um pensamento não homogêneo, apresentando impasses e contradições. Faz-se necessário reconhecer esses impasses sem, no entanto, desqualificar sua conceitualização da sexualidade feminina em sua totalidade tal como o fazem alguns autores.

As teorias produzem-se em momentos culturais determinados, em que um conjunto de crenças coletivas sobre o feminino e o masculino, organizadas em mitos, exerce seus efeitos na sua própria produção. Às vezes, as teorias desvelam ou desconstroem os mitos do momento, permitindo, assim, avanços, mas existem nelas pontos cegos, nos quais os mitos e os preconceitos se repetem automaticamente. Faz-se necessário, então, um trabalho para distinguir em que lugares algo que aparece como uma verdade afirmada não passa de um sintoma que precisa ser desconstruído (Fernández, 1997). Entendo também que existem afirmações feitas por Freud, em determinados momentos de sua obra, como leituras da realidade, sob a perspectiva da menina, num momento específico do processo de sexuação, em um leque de crenças e de teorias sexuais infantis, mas que, em outros textos, as mesmas afirmações são colocadas como realidades concretas, universalizadas, eternizadas. Por exemplo: o temor de castração, derivado de processos ocorridos durante a fase fálica, é entendido como sendo da ordem da "invenção" da mente infantil, referido em termos como "interpretação", "suposição", "aparência", ou seja, teoria infantil. No entanto, a partir de 1925, Freud faz afirmações como: a menina recusa-se a aceitar o "fato da castração", ou "descobre a castração", ou "descobre a sua inferioridade orgânica". Tais mudanças de expressão, que podem parecer sutilezas, na verdade têm consequências teóricas e clínicas importantes. Da mesma forma, a "inveja do pênis", consequência de um complexo que acontece em determinado momento da constituição subjetiva, e que pode ser pensada como uma tentativa de outorgar a falicidade ao pai, ou como consequência da falha paterna na sua função, passa, em certos textos, a ser uma espécie de "essência feminina" que acompanharia a mulher a vida toda. Isso é o que descreve a conferência de 1933, na qual a inveja do pênis aparece como o pivô ao redor do qual se organizam os atributos da sexualidade adulta (Freud, 1933/1989).

O trabalho de garimpagem no interior das teorias psicanalíticas para reconhecer os lugares nos quais há sintomas a desconstruir, e não verdades a afirmar, mas que nos permite também recuperar o que há de mais valioso nelas, é necessário, e deve ser feito não somente com a conceitualização freudiana, como também com a lacaniana, a winnicottiana e outras.

Até o momento de sua conceitualização, em 1933, algumas voltas de espiral foram realizadas desde os primeiros desenvolvimentos de sua teoria: do pai sedutor dos primeiros tempos, será agora a mãe sedutora, o que não configura uma mera mudança de personagem. Se a sedução dos "Estudos sobre a histeria" (Freud, 1895/1989a) era considerada uma cena factual e pontual, agora será o processo de erotização que se fará no interior dos cuidados ao *infans*: ao mesmo tempo em que a mãe alimenta e higieniza o bebê, erotiza-o, dá-lhe um banho de libido, permitindo que zonas do corpo acordem para o movimento pulsional enquanto se recortam como zonas erógenas. Esse movimento teórico abre caminho para o conceito de *intersubjetividade*, desenvolvido posteriormente pelos analistas.

Por outro lado, se nos textos anteriores Freud havia afirmado que as diferenças anatômicas se faziam presentes nas vicissitudes dos processos de constituição da menina e do menino, agora a reação da mãe frente ao nascimento de um bebê variará em função de ele ser homem ou mulher. O tema será desenvolvido por autores contemporâneos, como Claude Le Guen (1997), que trabalhou os efeitos que o nascimento e a criação de uma filha mulher têm para o "narcisismo" da mãe, situação na qual o reconhecimento da alteridade – fazer de um filho um outro –, necessário no processo de constituição subjetiva da criança, tem de se fazer no âmago de uma relação na qual participam dois corpos semelhantes.

Freud, no texto de 1933, remarca a força do pré-edípico na constituição da sexualidade da menina, afirmando que pulsões orais, sádicas e fálicas e suas correspondentes fantasias, povoam a relação com a mãe, relação sempre ambivalente e carregada de atividade e passividade – forte ligação que acabará em ódio, como consequência da insaciabilidade da libido, dos ciúmes, da proibição da masturbação e do complexo de castração (1933/1989). A violência edípica provocada pela acusação de insuficiência feita à mãe, que não deu a ela esse pedacinho a mais, dado para o irmão, só virá a canalizar a hostilidade sempre presente nessa força de ambivalência instalada desde o começo, na semelhança, e que às vezes poderá manter-se, fazer-se presente, na relação amorosa com um homem. No entanto, se de um lado encontramos uma ampliação do campo com a inclusão do pré-edípico na constituição da sexualidade da menina, de outro, alguns desenvolvimentos afuniladores anteriores mantiveram-se reafirmados nessa conferência.

Para Freud, a sexualidade da menina é fundamentalmente masculina e localizada durante um tempo de sua vida no clitóris; será somente pelo processo de recalque da sexualidade masculina que a mulher poderá aparecer na menina. No entanto, os resíduos dessa sexualidade estarão sempre à espreita, podendo vir a perturbar sua vida sexual. Essa concepção estará presente ao longo de sua obra, ainda que com algumas mudanças. Acompanhemos seu desenvolvimento. Em, 1908, no texto "Sobre as teorias sexuais infantis", Freud (1908/1989d) afirma que só há um sexo, "o pênis", cuja falta o menino não perceberia na menina. Sua crença na premissa universal do pênis não seria destituída pela percepção: quando vê o genital da menina, ele afirma: "ela tem um pênis pequenininho e vai crescer" (p. 192).

Em 1923, ele modificará a tese do sexo único, com a inclusão do conceito de *falo* (1923/1989a). Agora o menino vê a falta, mas a interpreta como efeito da castração. Não haveria uma falha da percepção, mas o menino faria da falta o modo de existência do falo: o conceito de desmentida ocupará a partir daqui um lugar importante na conceitualização. Para a menina, também o sexo feminino não seria descoberto: ela veria em si um falo *diminuído* ou *castrado*. No entanto, apesar de ter introduzido aqui o conceito de falo, Freud não se preocupou em fazer uma clara diferenciação com o pênis, deixando no texto certa ambiguidade. Isso fez com que alguns de seus discípulos tomassem o falo como pênis, biologizando totalmente o pensamento freudiano sobre o feminino (como faz, por exemplo, Jones). Por outro lado, o pensamento também presente em Freud que define a castração como um conceito estruturante da subjetividade, que permite a passagem da relação imaginária com a mãe à relação ternária do Édipo, será retomado por Lacan, que fará uma caracterização clara do falo como significante, e de suas dimensões imaginárias e simbólicas. A posição freudiana de 1923 será mantida nas conferências de 1932 e 1933.

O feminino que nasce do masculino repete, na teoria freudiana, o próprio mito bíblico. Segundo esse mito, Eva teria surgido de uma costela de Adão retirada por Jeová Deus. Está escrito no Gênesis: "É da costela que Jeová Deus tomou do homem, que ele fez a mulher e a trouxe para o homem". E diz Adão: "Esta é agora osso dos meus ossos e carne de minha carne; esta será chamada varoa, porque do varão foi tomada".

Para Freud, existe só uma libido: a masculina. É nas polaridades criadas pelos movimentos opostos da libido que ele encontra a possibilidade de diferenciar o masculino do feminino: uma dessas polaridades é a passividade-atividade, que durante muito tempo assumiria o lugar da diferença dos sexos; mas na conferência de 1933 afirma que há motivos suficientes para perceber que essa divisão não leva a lugar nenhum, sendo contradita pelo "masoquismo" dos homens (supostamente ativos) e pelos "cuidados maternos" das mulheres (supostamente passivas) (1933/1989). Freud também afirmará a necessidade de levar em consideração serem as normas sociais que forçam as mulheres a situações passivas.

A outra polaridade será a diferenciação entre libido narcísica e libido objetal. Com essa bifurcação, Freud encontra uma diferença entre masculino e feminino, atribuindo à mulher o amor narcísico. Já no texto "Introdução ao narcisismo" (1914/1989c), afirma que o pleno amor de objeto, que segue o modelo do apoio, seria próprio dos homens. As mulheres, ao contrário, fundamentalmente aquelas que a natureza fez belas, pareceriam fazer um acréscimo do narcisismo originário e amariam-se a si mesmas com a intensidade com que o homem as ama e se satisfariam mais sendo amadas que amando. Na conferência de 1933, voltará a afirmar que prima nas mulheres um alto grau de narcisismo, e que, para elas, é mais importante serem amadas que amar. No entanto, em ambos os textos, hesita entre pensar o narcisismo como essencialmente próprio das mulheres ou como consequência do social, "compensação da atrofia que a sociedade lhe impõe" (Freud, 1933/1989). Na conferência de 1933, afirma não ser possível saber o quanto das características atribuídas à mulher corresponde à influência cultural.

Ainda que nessa conferência Freud faça cair por terra as duas polaridades das quais se valia até o momento para diferenciar o feminino e o masculino, mantém em pé, no entanto, a ideia de que só haveria libido masculina. Essa posição criará dificuldades à tentativa de compreender o processo de sexuação feminina.

Segundo Serge André (1986), é ao redor do impasse criado pela afirmação freudiana da libido única que o desenvolvimento teórico de Lacan trabalha. Esse desenvolvimento mantém, sobre a sexualidade feminina, o ponto de vista falocêntrico, mas faz um deslocamento do campo do sexo para o campo do gozo. Em *Diretrizes para um Congresso de sexualidade feminina*, Lacan levanta uma pergunta: "A mediação fálica drena tudo o que se pode manifestar de pulsional na mulher?" (1971, p.

295). Com essa questão abre caminho para trabalhar em textos posteriores, como no *Seminário Mais, ainda* (1985), no qual se perguntará se há um gozo próprio da mulher. A consideração da existência de dois gozos, presente nessa teorização, deixa a mulher dividida em uma "toda fálica" e uma "não toda fálica", tentando com isso responder ao impasse criado pela formulação de uma libido única.

Ainda de acordo com André, algumas das afirmações de Freud na conferência de 1933 serão retomadas e reformuladas no desenvolvimento de Lacan. Assim, a afirmação de que a menina não conhece a vagina será retomada na ideia de que "não há significante do sexo feminino"; já a ideia do "tornar-se mulher" será retomada na proposição de que "a mulher não existe", mas existem as mulheres: "há que tomá-las uma a uma", afirma Lacan (1985, p. 19).

O estruturalismo, partindo da ideia de que a mulher subordina sua feminilidade natural às leis do significante, tentará compreender a sexualidade feminina em termos de desejo. Granoff e Perrier (1980) afirmam:

> O caráter natural do fenômeno é inapreensível para o humano, preso das cadeias significantes. É assim para o homem, fiel à sua falicidade, e também, paradoxalmente, para a mulher, que só pode dar testemunha do real de seu corpo passando ela também por uma linguagem que funda inseparavelmente a falta a partir do ter, o feminino a partir do masculino, o falo a partir da falta de significante. (p. 27)

O pensamento de Freud sobre a fase fálica fora desenvolvido por várias analistas, como Jeanne Lampl-de Groot, Ruth Mack Brünswick, Marie Bonaparte e Helene Deutsch. No trabalho desta última autora citada, os direcionamentos freudianos foram levados a verdadeiros exageros. Para ela, a vagina tem uma mera função maternal, encontra sua função feminina como órgão da reprodução, e não do prazer, e o clitóris exerce seu papel masculino por identificação com o pênis paterno; a vagina toma o lugar do clitóris por identificação com o pênis do *partenaire*, adquirindo papel erógeno só depois da primeira relação sexual. "O parto é, para a mulher, uma orgia de prazer masoquista"; "a mulher chega a ser uma mulher ao instalar a função maternal da vagina"; "o coito adquire seu caráter de prazer pela analogia com o parto" (1966) – eis algumas das afirmações de Deutsch em um artigo de 1927, ou seja, cinco anos antes da conferência de Freud de que nos estamos ocupando.

No entanto, não transcorreu muito tempo até que alguns autores criticassem o que consideraram um excessivo falocentrismo que desconheceria a importância dos órgãos sexuais femininos. Entre eles está Jones (1966), que, em 1927, postula a existência de uma libido especificamente feminina. Para o autor, a vagina e os órgãos internos são reconhecidos desde cedo e dão lugar ao nascimento de experiências arcaicas da feminilidade. Existiria, para ele, uma menina *essencialmente feminina* desde o início, que teria que adotar uma atitude fálica secundariamente por medo da retaliação materna. A menina conhece a vagina desde o começo, já que a "natureza" a criou mulher. Jones naturaliza os processos, esquece os jogos identificatórios e entende a sexualidade humana como da ordem do "natural".

Esse autor inaugura o pensamento sobre o feminino chamado de "linha da concentricidade", oposta ao pensamento falocêntrico. Essa linha tem certamente intenção de positivar o pensamento sobre o feminino; no entanto, essa positivação leva muito facilmente à biologização da sexualidade. Isso acontece ainda no pensamento de autores atuais que, na tentativa de recuperar as experiências próprias da mulher e encontrar na "interioridade invisível e fecunda" "a potência geradora feminina", fazem um retorno ao naturalismo que essencializa o feminino, pensando o corpo regido pelas leis da natureza, esquecendo não existir, desde o início, um corpo que não o marcado pela cultura; inclusive, o que se poderia ou não sentir já estaria marcado ou censurado pelos discursos instituídos. Localizo aqui mais um impasse que o tema nos propõe. Como pensar o sentir e o gozar feminino, incluindo a realidade anatômica e as experiências que dela se desprendem, assim como as intensidades pulsionais correspondentes (a interioridade dos órgãos, a menstruação, a gravidez, o parto etc.) que, sem dúvida, têm sua presença na constituição da subjetividade, sem que isso implique uma derrocada do reconhecimento da mediação fálica na constituição do sujeito sexuado, ou sem deixar de lado os determinantes culturais?

As diferenças de experiências corporais marcam perspectivas distintas, com base nas quais se constroem as representações do tempo e do espaço; a sensorialidade recupera-se na construção da imagem de corpo que, como sabemos, é o fundamento da identidade sexual. No entanto, como recuperar isso tudo sem cair em um naturalismo, ou sem construir um "eterno feminino" supostamente à margem da cultura? Aqui está mais um desafio que o tema nos propõe.

Voltemos à conferência de 1933. Nas hesitações do texto, em suas idas e voltas que tentam situar a diferença entre o masculino e o feminino, Freud vai fazendo algumas diferenciações e algumas aproximações: há comportamentos femininos no homem, há um vínculo particularmente constante entre feminilidade e vida pulsional, há na mulher um além do sexual etc (Freud, 1989a). Os analistas contemporâneos partiram desses pontos para levantar algumas afirmações. Duas delas insistem: não se pode confundir o feminino com a mulher; é preciso distinguir a sexualidade feminina da feminilidade.

Michele Montrelay (1979) tenta aproximar o falocentrismo da concentricidade, mostrando como certas oposições só podem ser mantidas na teoria, já que na complexidade da clínica elas se tornam insustentáveis. A autora afirma: "A palavra mulher designa o sujeito efeito da representação inconsciente" (1979, p. 206), enquanto "a feminilidade é o conjunto de pulsões femininas (orais, anais, vaginais) na medida em que opõem resistência ao processo de recalque" (1979, p. 206). Ainda segundo ela, existiriam no inconsciente feminino dois territórios: o da representação e o do continente negro, que seria o *feminino* presente na *sexualidade feminina*. Sendo o *feminino* o *pulsional* que se mantém fora do recalque, não sendo restrito às mulheres;

para a autora, no entanto, determinadas condições do desenvolvimento da sexualidade das meninas e certas características do corpo feminino são motivos pelos quais elas escapam mais ao recalque, deixando a sexualidade feminina mais ligada às pulsões primárias, em oposição à castração e à lei.

Uma segunda diferenciação que os analistas contemporâneos fazem é entre a "sexualidade feminina" e a "feminilidade". No entanto, a partir desta diferenciação caminhos distintos foram construídos. Há alguns anos, Pierre Fédida pronunciou um seminário sobre o feminino em São Paulo, no qual, partindo da análise de esculturas africanas e terminando com a análise de filmes de Hollywood, mostrou que encontramos o feminino no mais primitivo, no informe, no inumano, no humano, no "pulsional mais puro"; ao contrário, a mulher encarnaria, às vezes, figuras e formas as mais estereotipadas e repetitivas, como nos filmes comerciais.

Nessa mesma linha, incluiria o desenvolvimento feito por Joel Birman (1999a), que parte das elaborações do texto freudiano "Análise terminável e interminável" (1937/1989). Nesse texto, Freud, partindo dos obstáculos para a cura, chega até a rocha da castração, o intransponível, a fronteira entre o psíquico e o somático, associando castração à feminilidade e afirmando que a castração é motivo de temor para ambos os sexos. Birman articula essa afirmação com várias temáticas desenvolvidas por Freud após 1920 – como a pulsionalidade, o masoquismo e o desamparo –, e afirma que, junto à "negatividade" que Freud outorga à feminilidade, colocando-a na fronteira com a ordem biológica, é possível encontrar no próprio texto freudiano outro fio interpretativo que reformula o estatuto do feminino na psicanálise. Entende que Freud parte da "sexualidade feminina" na histeria e chega ao registro da "feminilidade" como enigma, e que tal registro da feminilidade surge como uma tentativa de ultrapassar a lógica fálica, tão presente como eixo central da conceitualização freudiana, pivô do processo de sexuação. A feminilidade, pelo contrário, seria, para o autor, um registro psíquico que se opõe ao do falo. Cito Birman: "a feminilidade é revelação do que existe de erógeno no desamparo, a sua face positiva, criativa; a face negativa do desamparo é o masoquismo, a inexistência erógena e a dor mortífera" (1999, p. 52). Este registro psíquico do feminino estaria presente tanto em homens quanto em mulheres. É um registro que ameaça ambos os sexos, já que o feminino coloca em questão o registro fálico da identificação; ao mesmo tempo, será a quebra dessa identificação fálica que abrirá as possibilidades do erotismo e da sublimação.

Outro grupo de analistas contemporâneos, baseados na mesma proposta – distinguir a feminilidade da sexualidade feminina –, segue um caminho diferente. Trata-se de um grupo de analistas cujas elaborações surgiram na década de 1960, a partir dos trabalhos de Stoller e da introdução da categoria de *gênero*. Para esses autores, a diferença entre o feminino e o masculino não é uma diferença de sexos, e sim de gêneros. O conceito de gênero, que antes só pertencia à gramática, foi importado por John Money para a medicina e a psiquiatria, e, posteriormente, para as ciências sociais. Nos estudos sobre hermafroditismo,

Stoller chegou à conclusão de que a identidade sexual de uma pessoa está fundamentalmente determinada pela crença que os pais têm sobre o sexo que corresponde a esse corpo. Ou seja, o autor remarca a força que o poder modelador da identidade precoce tem sobre as montagens biológicas. Tamanha é essa força que os pais, por meio de suas crenças, são capazes de gerar uma identidade contrária ao sexo anatômico.

Stoller, na década de 1960, importou o conceito de gênero para o campo da psicanálise e criou o conceito de "núcleo de identidade de gênero" para designar o sentimento íntimo de se saber menina ou menino, originado pela identificação com o igual ou a complementação com o diferente. Os pais implantam na criança o fantasma de gênero, outorgando significados, desde o início de sua vida, sobre o masculino e o feminino. O gênero é o conjunto de características e funções que uma cultura atribui aos indivíduos em virtude do sexo ao qual pertencem. A diferença de gênero traz consigo todo o peso dos sistemas de dominação. A categoria de gênero permite trabalhar conceitos como o de identificação primária. Para Freud, na pré-história do complexo de Édipo, o objeto de catexia e o objeto de identificação convivem sem conflito: o menino ama o pai e se identifica com ele, toma o pai como "modelo"; nesse momento pré-edípico, porém, não há reconhecimento da diferença dos sexos. Qual seria, então, a masculinidade em jogo quando o menino se faz como o pai, levantando a cesta de brinquedos, repetindo o gesto que o pai faz para carregar a mala? Ou quando, brincando de papai, coloca o chapéu e diz que vai trabalhar? A força e o lugar público são características de gêneros, pelas quais a cultura significa o masculino.

Ao mesmo tempo em que a sexualidade perversa polimorfa vai operando em toda sua diversidade de pulsionalidade parcial, algo vai-se diferenciando como categoria de gênero masculino ou feminino por intermédio do processo de identificação com os pais. Na etapa pré-edípica, a identidade de gênero se instala por um implante exógeno proveniente da cultura: um protótipo, tomado pelo eu como modelo. Na sexualidade pós-castratória, os modelos de exercícios da sexualidade estão também totalmente determinados pelas concepções de gênero, constituindo-se um tecido complexo do que seria o sistema sexo-gênero. A categoria de gênero é um dos elementos centrais do sistema eu ideal/ideal do eu/supereu. A noção de gênero não prescinde da diferença anatômica do sexo, mas o que lhe interessa marcar é como ela se significa e quais são os estereótipos ao redor dos quais os indivíduos de um determinado sexo se organizam numa cultura específica.

A inclusão da categoria de gênero na psicanálise parece-me enriquecedora por dois motivos: por um lado, retoma, com toda força, o peso do simbólico (aqui não entendido como ordenamento de significantes, mas sim como normatividade que os produtos culturais introduzem por meio dos discursos específicos e recortados de cada domínio da cultura, como, por exemplo, as instituições educativas, os discursos médicos, jurídicos etc.); por outro lado, pela força desviante do peso cultural em relação à própria biologia. É uma categoria importante para se pensar as diferenças, sem se reduzir a pensar as mulheres como sendo diferentes dos homens.

No entanto, entendo ser importante não esquecer que não é essa a única diferença em jogo: estão também presentes as diferenças entre culturas, gerações, etnias e classes. Entendo também que esta seja uma categoria importante para trabalhar alguns conceitos psicanalíticos, tais como identificação primária, ideal de eu, narcisismo. No entanto, isso não deve fazer com que deixemos de lado a sexualidade ou a pulsão, arriscando converter a psicanálise numa sociologia ou num culturalismo. Cito Emilce Bleichmar, numa afirmação que me parece esclarecedora:

> [...] os psicanalistas investigaremos o gênero como componente das trocas iniciais, ou seja, da dimensão da identidade precoce, do desejo estruturado na história do complexo de Édipo, das relações intersubjetivas que determinam a organização da sexualidade e da escolha do objeto. (1997, p. 79)

O que a categoria de gênero faz lembrar aos analistas é: o que é ser mulher e como sê-lo estão instituídos no imaginário social e implantados de fora, estando construídos, portanto, por enquanto, dentro das relações de dominação. A partir dessa lembrança, nós, analistas, podemos recuperar com maior força de sentido a afirmação freudiana: "A psicanálise, pela sua particular natureza, não pretende descrever o que é a mulher [...] mas indagar como ela se torna mulher" (Freud,

1933/1989, p. 108). Trata-se então de um processo, não de algo absoluto: são vicissitudes, e não essências. E será trabalho para nós, analistas, repensar em que lugares as próprias teorias psicanalíticas em alguns momentos essencializam os mitos, absolutizam as crenças, universalizam o que é próprio de um momento histórico.

Freud clinicou com base nas histéricas construídas na moralidade vitoriana do final do século XIX e as entendia como produto desse "mal-estar". Dizia: "[...] a sociedade pretende a domesticação das pulsões, mas consegue a inibição, com o que age contra si própria; produz neuróticos no lugar de sujeitos responsáveis, indivíduos educados" (1908/1989c, p. 176).

O final do século XIX, na Europa, foi um momento de mudanças sociais importantes, quando parte significativa do campesinato deslocou-se para conquistar as cidades, permitindo a seus filhos uma rápida ascensão cultural. Mas essa mudança foi acompanhada também de um nervosismo crescente. A defasagem com as origens e as exigências do ideal serão, para Freud, causadoras desse nervosismo. O ritmo acelerado das descobertas e invenções, redes telegráficas e telefônicas, o comércio e o desenvolvimento dos transportes, permitindo que uma parte significativa da população tivesse acesso a certas comodidades, foi acompanhado de um ritmo acelerado e de uma apetência desmedida. A tudo isso se somaa a perda da religiosidade.

No entanto, Freud localiza na sufocação da vida sexual, consequência da moral sexual presente na modernidade, a principal causa do surgimento da neurose. Moral repressora que, para ele, atingirá mais as mulheres, já que a sociedade exige delas inocência e ignorância para mantê-las longe da "tentação", na medida em que a sexualidade só será permitida dentro do casamento. Com isso, a cultura as faz mais dependentes dos pais, frígidas no casamento, inibidas no pensamento e superprotetoras com os filhos.

Freud critica a modernidade pelo sufocamento da vida sexual que cria indivíduos mais medrosos para a vida e mais angustiados com a morte. No entanto, esclarece que se é válido lutar para transformar a cultura, a oposição criada entre a exigência da pulsão e a solicitação da cultura, o antagonismo entre a moral sexual e a vida pulsional é inevitável. São essas as teses que ele desenvolve em "O mal-estar na cultura" (1930/1989), no qual o mal-estar é consequência de um conflito insanável fundamentado em dois argumentos: 1) a cultura precisa mobilizar uma quantidade de libido de meta inibida a fim de fortalecer os laços comunitários e, para isso, precisa limitar a vida sexual; 2) os trabalhos que escrevera sobre a guerra levaram-no a postular a existência de uma crueldade primordial nos seres humanos, que a cultura precisa limitar.

Qual é o mal-estar contemporâneo? Mais de cem anos depois, alguns dos fatores que Freud apontava como causas do nervosismo moderno certamente se acentuaram. O que dizer do ritmo acelerado das descobertas, ou da apetência desmedida, ou da quebra dos projetos coletivos em geral, agora não só da religiosidade? E com relação às mulheres? A partir de 1950, introduziram-se mudanças significativas em sua vida cotidiana: entrada no mercado de trabalho, acesso à formação universitária, novas formas de erotismo, mudanças nos contratos matrimoniais, não restrição de suas vidas aos âmbitos domésticos e aos cuidados com os filhos. Na busca da defesa dos direitos e nas lutas contra as discriminações, as mulheres juntaram-se em movimentos políticos, grupos de autoajuda etc.

O uso dos anticoncepcionais, nos quais Freud depositava esperança quanto ao problema da frigidez feminina, veio separar as práticas eróticas da função procriativa; a isso vieram somar-se as múltiplas mudanças nos métodos de inseminação artificial, reprodução *in vitro*, criando novas problemáticas que se fazem presentes no discurso das mulheres na clínica.

Esse desenvolvimento vem acompanhado de narrativas que desenham os lugares possíveis para ambos os gêneros – narrativas construídas com base nos mitos presentes na cultura. Que mitos serão esses que estão começando a substituir os mitos da mulher mãe, da passividade erótica e do amor romântico imperantes no imaginário social da modernidade? Quais são os lugares do permitido e do proibido, do belo e do feio, do valorizado e do desvalorizado, para os homens e para as mulheres, que as narrativas pós-modernas desenham?

O excesso de narcisismo, a exigência de perfeição – que levam a um polimento permanente do eu para mostrar-se diante dos outros numa sociedade onde o espetáculo predomina –, a violência do cotidiano e a crueldade no exercício do poder fazem parte do mal-estar contemporâneo.

O que a clínica com meninas terá a nos dizer sobre a forma pela qual o desenvolvimento de sua sexualidade estará recebendo os efeitos da exibição permanente do corpo feminino?

O que a clínica com adolescentes nos estará contando de como essa passagem se faz numa sociedade que passou pela revolução sexual, mas que mantém uma primazia das pautas fálicas?

O que a clínica das neuroses, nas mudanças de suas apresentações, conta-nos da subjetividade contemporânea, das histerias nas suas formas anoréxicas ou deprimidas, das obsessões que parecem estar cada vez mais presentes nas mulheres?

O que as epidemias de anorexias e bulimias nos falam sobre o lugar do corpo feminino e das exigências estéticas em jogo, mas também sobre as dificuldades das mães em cumprir a função materna, solicitadas que estão pelos ideais para o cumprimento de muitas outras funções?

Pensamos que na diversidade das reflexões, no repensar das teorias nas quais apoiamos o exercício de nossa clínica, no diálogo entre as diferentes teorias e no diálogo da psicanálise com a cultura, só podemos enriquecer nossas reflexões. Esperamos que esse encontro seja para todos um momento de trocas fecundas e conversas enriquecedoras.

15.

A CONSTRUÇÃO DO FEMININO E DO MATERNO: CONSIDERAÇÕES SOBRE A QUESTÃO NO MAL-ESTAR CONTEMPORÂNEO[1]

Mulheres histéricas da burguesia vienense do fim do século XIX foram as pacientes de Freud nos primeiros tempos. Algumas muito excêntricas – mas respeitadas no meio científico e artístico pela retidão moral e por seu amor pela verdade –, como Emmy; outras com grandes dotes intelectuais, como Cäcilie M.; outras em notório conflito com os ideais de feminilidade de sua época, como Elizabeth, que afirmava que nunca se casaria e que, para seu pai, mais parecia um menino, por sua esperteza, vivacidade e por seus projetos de vida. Ida Bauer, a Dora, por sua vez, ao mesmo tempo em que mantinha um

---

[1] Publicado originalmente em Milnitzky, F. (org.). *Desafios da clínica psicanalítica na atualidade*. Goiânia: Dimensão, 2006 p. 117-136. Conferência de abertura ministrada no evento "Clínica psicanalítica na atualidade", promovido pela Clínica Dimensão e pelo Grupo de Transmissão e Estudos da Psicanálise do Departamento de Psicanálise do Instituto Sedes Sapientiae, em Goiânia, em novembro de 2004. Algumas das questões trabalhadas neste texto foram tratadas em dois textos anteriores: no artigo "Interrogando o feminino" (Alonso, 2002) e no livro *Histeria* (Alonso; Fuks, 2004).

olhar fixo no ideal maternal da época, pulsava em seu corpo o erotismo que produzia sintomas conversivos. Não podemos esquecer o relato de Freud, no historial de Dora, de que quando ela visitara o museu de Dresden ficara quase duas horas com seu olhar hipnotizado frente ao quadro da Madona, buscando a feminilidade no lugar da mãe, enquanto a afonia, a tosse, as enxaquecas apossavam-se de seu corpo. Enfim, todas elas fazendo ressoar, na escuta de Freud, conflitos da sexualidade, interrogações sobre a feminilidade, ambivalências em relação aos ideais daquele tempo. Elas eram testemunhas vivas da época em que viviam, na qual imperava a dupla moral vitoriana, que separava as mulheres em dois grupos: o da mulher mãe e o da mulher vulgar, a prostituta, deixando as primeiras restritas aos cuidados dos filhos, mas despossuídas do erotismo. Essas mulheres tratadas por Freud defendiam o erotismo que lhes fora usurpado e o punham a funcionar na produção de sintomas conversivos. Eram mulheres inteligentes e corajosas, portadoras de qualidades que tornariam inválida qualquer tentativa de enquadrá-las nas hipóteses de hereditariedade e degeneração usadas na época para explicar as doenças mentais.

Assim como as problemáticas da sexualidade feminina, os ideais e as concepções da feminilidade e os efeitos sociais sobre a sexualidade das mulheres estiveram presentes desde o início na obra freudiana. Sabemos que, já em 1908, Freud publicara no texto "A moral sexual e a nervosidade moderna" (1908/1989c) a afirmação de que a moral repressora presente na modernidade e seus efeitos de sufocação sobre a vida sexual eram as causas principais das neuroses. Mas também afirmara serem as mulheres as que mais sofriam com essa moral repressora, pois a sexualidade só lhes era permitida no casamento; a sociedade exigia-lhes inocência e ignorância, para mantê-las longe da tentação, e, com isso, a cultura tornava-as mais dependentes dos pais, frígidas no casamento, inibidas no pensamento e superprotetoras com os filhos.

No entanto, se as questões do feminino estiveram presentes desde o começo, e constituíram uma porta de entrada para todo o trabalho teórico-metapsicológico de construção da psicanálise, trinta anos depois, quando Freud dispôs-se a falar do tema numa conferência sobre a feminilidade, expressou que falar sobre isso era uma ousadia, declarando sua inibição para fazê-lo e remetendo aos poetas e às analistas o saber sobre esse tema. Em carta a Marie Bonaparte, confessa que a grande pergunta à qual ele mesmo nunca pudera responder apesar dos anos de estudo sobre a alma feminina, era sobre o que quer uma mulher (Jones, 1989).

Escutando as histéricas, Freud reconheceu as causas sociais do sofrimento e, a partir dele, direcionou-se para uma construção conceitual sobre o sexo e o corpo, que incluem mudanças fundamentais para pensar a sexualidade. Exemplos disso são: a separação dos conceitos de pulsão e de instinto, e a conceituação do corpo pulsional, referente ao corpo erógeno, como diferente do corpo biológico, que foram contribuições importantíssimas para pensar a histeria e o corpo feminino de forma diferente daquela que foram pensados até então. Ao mesmo tempo, assim como as ideias e os valores morais de sua época não poderiam deixar de se fazer sentir em sua vida pessoal e ficar registrados em sua correspondência, também em alguns momentos ganharam espaço na sua conceituação do feminino. Assim, o contexto patriarcal e falicista e os parâmetros do romantismo do final do século XIX estão presentes em muitas das afirmações de Freud sobre o tema. Por isso, podemos afirmar que o pensamento de Freud sobre o feminino é heterogêneo e marcado em muitos momentos por contradições. Em muitas das suas afirmações a mulher se confunde com a mãe, e nelas não se distingue o sexo do gênero, o que não nos impede de reconhecer que ele próprio construiu, e nos ofereceu, ferramentas que nos permitem pensar essas diferenças.

Freud concebia as mulheres como feitas para o amor, não as encorajando a se tornarem concorrentes dos homens nos domínios das artes ou das profissões. Numa carta que escrevera a Martha Bernays dizia:

> [...] penso que o cuidado da casa e dos filhos, bem como a educação destes, reclama toda a atividade da mulher, eliminando praticamente todas as possibilidades de que tenha uma profissão. [...] É absolutamente impensável querer lançar as mulheres na luta pela vida à maneira dos homens. Deveria eu, por exemplo, considerar minha doce e delicada querida como uma concorrente? [...] Talvez nada justificasse a melancolia originada pela desaparição da coisa mais formosa que o mundo nos pode oferecer, nosso ideal

feminino [...] Neste caso, acabaria por lhe dizer que a amo e que ponho tudo em jogo para retirá-la dessa concorrência, e que lhe atribuo como domínio exclusivo a pacífica atividade do meu lar. É possível que uma nova educação sufoque todas as qualidades delicadas da mulher, sua necessidade de proteção, que absolutamente não impede suas vitórias. A lei e o costume concederão ao vosso sexo muitos dos direitos dos quais atualmente se encontra privado, mas sua função permanecerá o que sempre foi: a de uma noiva adorada em sua juventude e de uma mulher amada na sua maturidade. (Freud, 1975a)

Entretanto, como afirma Roudinesco (2003), com esses comentários que o colocam num lugar de defensor dos valores tradicionais, um verdadeiro filho do século XIX, Freud constrói uma teoria que subverte as mitologias naturalistas sobre a feminilidade e que toma a anatomia apenas como o ponto de apoio sobre o qual realiza uma nova articulação para pensar a diferença dos sexos, na qual homens e mulheres transitam por idealizações e desidealizações sem poderem nunca alcançar a completude.

Na conferência de 1932 sobre a feminilidade, é possível encontrar uma afirmação de Freud que parece muito esclarecedora: "A psicanálise não pretende descrever o que é a mulher, mas como ela advém. Ou seja, como a mulher se desenvolve a partir de uma disposição bissexual" (1933/1989, p. 22). Isto é, como o bebê perverso-polimorfo caminha no espaço dos movimentos libidinais e identificatórios em direção à feminilidade.

O feminino não como essência, mas como construção, não como dado antecipado no biológico, e sim como resultante de um processo, o processo diferenciado da identidade sexual. Como uma perspectiva para perguntar e responder à diferença entre os sexos que não coincide com as determinações biológicas nem com as determinações culturais, e sim com um espaço "entre elas". Sexo além da materialidade da carne, mas nela apoiado; corpo marcado, cortado e recortado pela cultura; processo de se tornar mulher que só pode ser pensado na singularidade, pois são caminhos guiados pela dialética do desejo que contarão no corpo uma história específica num momento particular da história e da cultura gerais.

Tornar-se mulher, tornar-se mãe: algumas voltas em espiral na conceituação freudiana

No discurso sobre o feminino do texto freudiano o desenvolvimento sobre a sexualidade feminina ocupa um lugar importante, ainda quando o tema do feminino não se esgota nele. A teorização sobre a sexualidade feminina sofre, ao longo de sua obra, transformações e acréscimos de muita importância. Neste texto, ocupo-me em acompanhar algumas dessas voltas em espiral que Freud foi traçando no desenvolvimento do tema.

A partir do trabalho clínico, que lhe permitiu analisar os movimentos libidinais presentes na vida psíquica de seus analisandos, e da abertura de campo que o descortinar da sexualidade infantil tinha possibilitado anos antes, Freud postulou a existência do complexo de Édipo como um organizador fundamental dos movimentos pulsionais e desejantes na constituição da identidade sexual. A forma pela qual as intensidades pulsionais e as forças desejantes vão sendo processadas no interior desse complexo, assim como seu desfecho, são fundamentais para a constituição subjetiva, determinando as escolhas de objeto, assim como a posição identificatória no processo de sexuação. Durante muitos anos, Freud pensou no complexo de Édipo do menino, dando por suposto que a menina seguiria um caminho simétrico, como se a teoria do sexo único[2], presente no pensamento ocidental durante séculos, tivesse aqui entrado na própria construção da teoria.

Em 1908, Freud afirma que só há um sexo reconhecido, o pênis, e que o menino não percebe sua falta na menina. A crença universal do pênis não será destituída pela percepção; quando vê o genital da menina, o menino pensa: "ela tem um pênis pequenino e vai crescer". De 1923 a 1925, entretanto, seu pensamento fará uma volta em espiral muito importante. A partir do estudo da fase fálica e do complexo de castração,

---

[2] A teoria do sexo único foi o paradigma que imperou no pensamento ocidental desde a Antiguidade até o final do século XVIII. Segundo ela, os sexos são concebidos de maneira hierárquica, sendo o sexo masculino considerado o perfeito. O sexo feminino estaria marcado pela imperfeição e existiria a reversibilidade, ou seja, na medida em que se postulava um único sexo, a transformação da mulher em homem seria possível, transformando o imperfeito em perfeito. Somente no final do século XVIII é que se postulou a teoria da diferença entre os sexos como a conhecemos até hoje. A leitura de Birman (2001) é indicada para maiores esclarecimentos sobre este tema.

Freud descobrirá e mostrará como o caminho de constituição da masculinidade e da feminilidade apresenta diferenças substantivas, invertendo até mesmo a sequência temporal: se, para o menino, a ameaça de castração como perigo narcisista leva-o a sair da fase fálica, para a menina será a percepção da castração que a fará entrar nela. Freud abre, com isso, um espaço para pensar o desenvolvimento da feminilidade na sua especificidade.

Duas interrogações acompanham Freud na sua pesquisa sobre a sexualidade feminina: sendo a mãe o primeiro objeto de amor para ambos os sexos, como a menina acha o caminho em direção ao pai? E como a menina se separa da mãe? No campo aberto por essas duas questões, Freud fará alguns desenvolvimentos de muita importância para entender os caminhos seguidos pela mulher na constituição de sua identidade sexual.

Em 1925, Freud colocará o feminino como uma das saídas do complexo de castração. Um dos caminhos que se abrem quando a menina é confrontada pela percepção da diferença existente entre o seu genital e o do menino. Frente a isso, diz o autor, o caminho se ramifica em três alternativas: a menina inibe toda a sua sexualidade (saída neurótica); nega-se a reconhecer a diferença e reafirma a falicidade (caminho homossexual); opta pela via de desejar um pênis, inclinando-se em direção ao pai e realizando, por meio de equivalências simbólicas, um deslizamento da libido do pênis para o filho que gostaria de receber do pai (saída feminina). No contexto edípico, então, o feminino está colocado como uma saída para o complexo de castração.

A saída feminina, como um caminho que se constrói, segundo Freud, pelo desejo de ter um filho, leva muitos analistas contemporâneos a afirmarem que ele teria deixado a mulher colada à figura materna, reproduzindo na teoria um mito importante na época, o da mulher mãe, deixando-a, portanto, aderida à fase fálica. Mas será que podemos generalizar essa afirmação? Será que poderíamos afirmar que, para Freud, a mulher está colada à representação de mãe, ou que o feminino está reduzido ao materno?

Em um texto que escrevi em parceria com Mario Fuks (Alonso; Fuks, 2002), no qual tratamos a relação entre a histeria e o feminino, mostramos como a equivalência filho-falo foi-se fazendo aos poucos dominante e exclusiva na construção freudiana:

> É com a universalização do recalque e a falicização das equivalências que a feminilidade vai sendo aproximada, cada vez mais, da neurose. Em 1932, esses dois lugares parecem confundir-se. O feminino e seu enigma correspondem nesse momento a uma condição histérica que concerne à subjetividade da mulher. Essa sobreposição se produz por meio da essencialização e generalização de certas atribuições, como a prevalência do narcisismo no amor, a onipresença da inveja do pênis e a relevância da maternidade como meta exclusiva. (Alonso; Fuks, 2002, p. 314-315)

Chegando Freud a afirmar:

> [...] a mãe pode transferir sobre o filho a ambição que sufocou nela mesma, esperar dele a satisfação de tudo aquilo que restou de seu complexo de masculinidade. O casamento não está assegurado até que uma mulher tenha conseguido fazer do marido um filho e agir como mãe em relação a ele. (1933/1989, p. 124)

Contudo, essa coincidência nem sempre existiu. Em um texto de 1917, Freud (1917/1989b) tinha deixado claro que, quando se trata das condições da neurose, o desejo de ter um filho será idêntico ao de ter um pênis, por um jogo de deslocamento. Por outro lado, quando não se trata das condições da neurose, o filho tem um lugar de intermediação, de ponte, ou seja, está-se falando de uma passagem, de um deslizamento libidinal do pênis ao homem.

As equivalências simbólicas, então, não podem ser entendidas como meros deslocamentos substitutivos. Devem ser pensadas como operações cujo potencial de simbolização permite a inclusão em ordens de funcionamento psíquico diferentes, com outra mobilidade pulsional e sujeitas a lógicas diferentes. A passagem do ter ou não ter (lógica fálica) ao receber (lógica das trocas e dos intercâmbios).

A passagem para um regime de intercambialidade e troca dos objetos parciais, como descrita no texto de 1917 (Freud, 1917/1989b), implica processos de fluidez, transmutação ou

O TEMPO, A ESCUTA, O FEMININO: REFLEXÕES 331

transposição pulsional que levam a um desenvolvimento e expansão do erotismo feminino que não se fixam necessariamente num objeto e que não requerem o recalque como caminho da pulsão (Alonso; Fuks, 2002, p. 318).

Voltemos ao desenvolvimento da construção da sexualidade em Freud para falar de mais uma volta em espiral: nas conferências de 1931 e 1932, uma inclusão muito importante se produz na conceituação do feminino. Freud reconhece que a intensidade, extensão e diversidade da ligação-mãe é muito maior do que pensara antes, consistindo num reconhecimento tardio, mas nem por isso menos importante (1989a). Ele afirma ter chegado a esse reconhecimento baseado nas transferências das analisandas com analistas mulheres, e se dispôs a pensar na pré-história edípica, que compara à cultura minoico-micênica descoberta por trás da cultura grega. Nesse desenvolvimento, recupera a figura da mãe arcaica no lugar do Outro primordial, com a figura da sedutora que, durante os cuidados com o bebê, quando o alimenta, troca e acaricia, produz-lhe no corpo sensações que deixarão marcas no inconsciente. Essa ligação-mãe é fonte de pulsões orais, anais, sádicas e fálicas de metas ativas e passivas. A menina vai sentindo no corpo as impressões dos gestos maternos, ficando uma parte da libido aderida a essas experiências e gozando com as sensações correspondentes. Por outro lado, surge uma reação ativa e, na tentativa de dominar o mundo, a menina vale-se do terreno das brincadeiras, no qual aproveita para fazer com outro o mesmo que fizeram com ela, como na brincadeira de boneca.

No interior dessa intensa e duradoura relação pré-edípica entre a filha e a mãe, a ambivalência faz surgir intensos desejos, que vão desde a radicalidade da oferenda, querer dar um filho à mãe ou recebê-lo dela, até a radicalidade da hostilidade, com fantasias de assassinato e envenenamento. Sobre esse desenvolvimento, Freud assinala a forte ligação entre o feminino e o pulsional, mas voltarei a essa questão mais adiante.

O feminino não coincide com o materno

Nesse desenvolvimento sobre a relação pré-edípica, Freud faz uma distinção clara entre o feminino e o materno. Diz que a menina brinca com a boneca para repetir o que a mãe faz com ela própria, localizando a existência de uma identificação-mãe. Há aqui um materno e, no entanto, Freud afirma que não há nada nessa situação que se possa reconhecer como "expressão do feminino". Trata-se de um materno do campo da falicidade: "essa brincadeira não é expressão da feminilidade; ela serve à identificação-mãe no propósito de substituir a passividade na atividade. A menina brinca de mãe e a boneca é ela mesma" (Freud, 1932/1989, p. 119). Só será, afirma a seguir, pelo caminho do desejo do pênis que a boneca filha se tornará um filho do pai, ou seja, um filho da troca. O que leva Freud a dizer que o desejo do pênis é um desejo feminino por excelência.

O feminino é "uma conquista contra a mãe"

O que essa afirmação de Danièle Brun (1989, p. 113) quer dizer? Voltemos à interrogação de Freud: se a ligação-mãe tem a força de atração que descrevemos anteriormente, o que faria a menina abandonar a mãe? Para Freud, é a hostilidade que provoca essa separação. A hostilidade da filha em relação à mãe é um motor fundamental no desenvolvimento da feminilidade. Hostilidade que ele irá atribuir a vários motivos: a insaciabilidade da libido, os ciúmes e, fundamentalmente, a descoberta da castração dela própria e da mãe. Esse seria o momento em que a menina se reconhece igual à mãe na falta e, não querendo ser como ela, prefere distanciar-se, dirigindo-se ao pai. À identificação-mãe pré-edípica, que constrói um materno não feminino, sucede-se um momento de desidentificação. Tal revolta é fundamental para a constituição do feminino, e por isso Danièle Brun afirma que o feminino é uma "conquista contra a mãe". O surgimento da inveja do pênis, afirma a autora, é testemunha tanto da força da ligação com a mãe quanto da quebra da ligação. E esse é um momento de grande importância, entendido por Freud como organizador no desenvolvimento em direção à feminilidade.

A *representação da feminilidade está ligada à perda, à ausência*

O amor pré-edípico é o amor pela mãe fálica; como vimos, é por descobrir a castração materna que a menina a abandona. O acesso à feminilidade, então, só pode ser feito sobre um luto, o do primeiro objeto de amor que despertou no corpo as sensações de prazer, eterno objeto de nostalgia que faz obstáculo à feminilidade. Freud afirma que a constituição resiste à função. A mulher está ameaçada por um possível retorno a um materno dual especular, a um corpo fusional[3].

O *materno fechado que faz obstáculo ao feminino*

Freud delegava aos poetas e às analistas o saber sobre o feminino, e muitas delas atenderam a seus apelos e tomaram a palavra. Várias analistas contemporâneas debruçam-se sobre a construção do feminino na vida e na clínica, assim como sobre os obstáculos que o materno como espaço fechado coloca para o surgimento do feminino. A partir das posições masoquistas, das depressões ou das bulimias, essas analistas trabalham as noções de cheio e vazio como importantes para a construção do íntimo e para o surgimento do feminino. O fato de existirem

---

[3] Brun, no texto citado, aponta para o caráter fetichista da inveja do pênis, no sentido em que testemunha, ao mesmo tempo, a ausência e a conservação do objeto-mãe (1989, p. 136).

uma mãe e uma filha não quer dizer que existam duas mulheres. A feminilidade da mulher situa-se entre a filha e a mãe, não em uma nem em outra. Isso constitui uma questão: como de uma mãe e uma filha pode emergir uma mulher?

Pascale Hassoun, no texto *Não mexa com minha mãe* (*apud* Fendrik, 2003[4]), relata um fragmento de uma análise na qual se tenta criar um espaço para o surgimento de uma mulher em uma analisanda cuja mãe oferece um espaço fechado, no qual falta distanciamento. A analisanda, parada numa posição masoquista, insistia em colocar-se no lugar de vítima do sadismo dos outros. Durante a análise, apesar de muita coisa acontecer, apesar de ela falar disso, associar e contar sonhos, um fechamento se mantinha inamovível. A analista sentia-se no centro da problemática, sabendo tudo, mas imobilizada e ineficaz. Pensava que a analisanda mantinha a mãe deprimida fechada dentro dela, mas também sentia que ela, analista, ocupara um lugar semelhante ao da mãe, sem perspectiva possível de escuta. Então o relato de uma cena familiar na qual a mãe hostiliza e denigre a paciente, leva a analista a dizer-lhe como sua mãe não apenas era deprimida, mas também agressiva. A isso, a paciente reage, gritando: "não mexa com minha mãe!" Uma expressão de raiva com a qual tenta evitar o desmascaramento da mãe, que encobria a agressividade com a depressão, assim como a paciente a mascarava com o masoquismo. Sua reação tende a

---

[4] Fendrik, S. "Los mil y un semblantes de la anorexia". Seminário virtual promovido entre 19 de maio e 1 dezembro de 2003. Disponível em http://www.comunidadrussell.com.

evitar a separação da mãe, mas, ao mesmo tempo, põe em jogo na transferência a possibilidade de esvaziar a analista no lugar do Grande Outro materno. A interpelação à analista, diz Hassoun, abriu um lugar para a distância e para o feminino. Após essa interpelação, novas possibilidades de escuta se abriram, tanto para a analisanda quanto para a analista. Reivindicando o direito ao "íntimo", colocou a possibilidade de transmissão de uma mulher para outra. Afirma Hassoun:

> O que tentei mostrar por meio desse fragmento de análise é como, junto com a repetição, produz-se uma interpelação que põe em jogo a possibilidade de esvaziar, de me esvaziar no lugar de Grande Outro materno. Isso não quer dizer que as coisas estivessem resolvidas, mas, a partir desse momento, o laço e o espaço transferencial tornaram-se uma contra-força, um ponto de apoio diante da força exercida pelo gozo depreciativo que a mantinha prisioneira. No entanto, ao interpelar-me, pôde-se atrever a abrir espaço para a distância e para o feminino. Reivindicando, pela primeira vez, seu direito ao íntimo, colocou-se e colocou-me a possibilidade de transmissão de uma mulher a outra. (p. 14)

Outra analista, Sylvie Le Poulichet, conta sobre um caso de bulimia e retoma uma frase muito significativa da analisanda: "quando eu me olho, é minha mãe que vejo [...] o que acontece a uma afeta a outra, ela me absorve" (1996b, p. 124). A autora mostra como, para que se dê o processo de tornar-se mulher, que implica tornar-se ao mesmo tempo semelhante e estranha, é necessário existir uma relação em espelho numa montagem a três. Nessa relação, por suas falas e seu desejo, a mãe orienta o espelho para que reflita a filha e possa manter-se entre ambas uma distância entre os corpos. Para a paciente bulímica, entretanto, a imagem da mãe rebate sobre a imagem da filha e os dois corpos se confundem. O tornar-se mulher converte-se em tornar-se grávida da mãe. Parada na lógica das identificações narcisistas, identificação mãe-incorporadora, o mesmo materno aniquilador incorpora a filha, fazendo desaparecer o estranho que abriria a distância necessária entre os corpos para avançar na direção do tornar-se mulher.

Outra analista, Julia Kristeva, parte de um caso de depressão grave e também de uma frase da analisanda:

> Fiz amor e tive enjoo. Vomitei e vi, como se estivesse entre o sonho e o despertar, algo como uma cabeça de uma criança que caía no vaso sanitário, enquanto uma voz me chamava ao longe, pelo nome de minha mãe. (1989, p. 76-78)

No seu fantasma, diz Kristeva, ela encerra a representação de sua mãe no seu corpo. Sua mãe, "imaginada como indispensável, satisfatória e invasora, é por isso mortífera; desvitaliza a filha e lhe fecha todas as saídas" (1989, p. 77). Para que uma mulher possa gozar no seu corpo, diz a autora, é necessário que a mãe mortífera dentro dela e a cripta que encerra o objeto melancólico sejam liquefeitos; e por um parceiro que não seja da ordem do pai idealizado. "No fantasma feminino, o gozo supõe o trunfo sobre a mãe mortífera, para que o interior se torne fonte de gratificação, sendo ao mesmo tempo, eventualmente, fonte de vida biológica, de concepção e de maternidade" (Kristeva, 1989, p. 79).

Vemos, nos três fragmentos clínicos, como a falicização do materno, o materno dessexualizado, desfeminilizado, cria um fechamento mortífero que impede o surgimento do feminino também na filha, convertendo seu corpo numa cripta que guarda a mãe. É necessário, assim, criar um vazio no materno fálico para constituir um feminino a partir dele, sendo a hostilidade um elemento importante nessa abertura. Além disso, é pelas identificações secundárias que a menina poderá abrir nela um caminho para a mulher e uma possibilidade de ser mãe.

Uma última volta de espiral em Freud

Até agora me referi aos seguintes momentos de transformações importantes na conceituação do feminino no texto freudiano: 1) o reconhecimento de um processo assimétrico no desenvolvimento das meninas com relação aos meninos, e a localização do feminino como uma das saídas do complexo de castração; 2) a importância da relação arcaica com a mãe na constituição do feminino e do materno e os obstáculos que o materno pode fazer à constituição do feminino. Nesses dois casos, mantivemo-nos no espaço da sexualidade feminina, no

O TEMPO, A ESCUTA, O FEMININO: REFLEXÕES   339

processo de tornar-se mulher e tornar-se mãe. Entretanto, na conferência de 1932, Freud trabalha no sentido da construção da identidade sexual, ou seja, do tornar-se mulher, avançando mais um passo, ao tratar da relação da mãe sedutora dos começos que deixa no corpo as marcas da pulsão, mas com isso vai abrindo brechas para construir um novo conceito: o de feminilidade, que irá retomar em 1937, em "Análise terminável e interminável" (1937/1989). Nesse texto, a feminilidade aparece como recusada tanto pelos homens quanto pelas mulheres, aquilo que para ambos é motivo de horror. Oposta ao fálico, a feminilidade não está circunscrita ao espaço das mulheres, sendo o repúdio a ela uma característica fundamental dos seres humanos. A feminilidade tem, então, um estatuto universal e originário. Relança o sexual para o lado do excesso pulsional.

É impossível pensar no conceito de feminilidade sem retomar a afirmação da conferência de 1932 sobre o tema: "O feminino tem uma ligação forte com o pulsional" (Freud, 1933/1989). Essa relação dá-se a partir da figura da mãe sedutora, mãe dos começos, aquela que tanto nos homens quanto nas mulheres deixa no corpo as impressões e marcas de erotização que abrem os caminhos para formas singulares de subjetivação e caminhos possíveis de criação. Para Michele Montrelay (1977; 1979), a feminilidade é o conjunto de pulsões femininas que oferecem resistência ao recalque, aquilo que é vivido de maneira "indizível". Memória do paraíso perdido, que fica inscrita na carne e da qual cada significante procede sem nunca poder abraçá-la em sua totalidade. E por que colocá-la do lado do feminino? Porque se inaugura, inscreve-se, organiza-se, diz a autora, no seio do fusional com a mãe, inseparável do corpo maternal e, por isso, feminilidade. "[...] Numa cura, inventar o feminino não é apenas inventá-lo no sentido de reencontrar o arcaico. O feminino se inventa como novo, criando-se somente em relação à atuação conjunta do traço e do continente negro" (Montrelay, 1979, p. 14).

O corpo pulsional, as memórias inscritas no corpo, marcas da relação inalterada com a mãe, rearticulam-se na mulher durante a trajetória subjetiva, fundamentalmente marcada pelos ciclos biológicos. Neles, as transformações corporais vividas, seja na puberdade, com a chegada da menstruação, seja na gravidez ou na menopausa, momentos de reativação das marcas sensoriais com inflexões importantes sobre a imagem do corpo, dão continuidade ao inacabável processo de constituição do feminino[5].

Considerações sobre a questão no mal-estar contemporâneo

A construção do feminino e do materno não pode ser pensada fora da cultura. Pelo contrário, alguém se torna mulher ou mãe no interior dos mitos criados pelo imaginário social[6] e

---

[5] Sobre o tema, ver desenvolvimento de Dolto (1992).

[6] Utilizo aqui o termo "imaginário" no sentido de capacidade imaginarizante, da produção de significações coletivas, da invenção de figuras, formas que se transmitem pelos discursos médicos, jurídicos e midiáticos.

cultural. As sociedades criam mitos (cristalizações de significação que agem como organizadores de sentido do agir, pensar e sentir dos indivíduos) que dizem o que é o masculino, o feminino, o que é ser mãe, mulher, e como sê-lo; organizam narrativas que se repetem nos discursos médicos, religiosos, jurídicos e, fundamentalmente, nos discursos midiáticos. Pela repetição, os discursos adquirem uma forte "eficácia simbólica", sendo constitutivos de subjetividade. Eles estabelecem valorações e desvalorações, instituindo na subjetividade formas, estilos de ser mulher e de ser mãe.

O mito da mulher mãe, da passividade erótica para as mulheres e o amor romântico imperaram no imaginário social da modernidade. O mito da mulher mãe, como afirma Ana Maria Fernández (1994), inverte uma situação: do "para ser mãe é preciso ser mulher", passa-se ao "para ser mulher é preciso ser mãe". Ou seja, cola-se o feminino ao materno, supervalorizando o materno e excluindo todo o resto do feminino. Conjuntamente a esse mito, aparece outro, o da "maternidade feliz"; se o fato de ser mãe é visto como a única realização possível para a mulher, será possível supor que o momento em que uma mulher engravida é o momento de maior plenitude na vida, o que nem sempre é verdade. Em um texto publicado com base em um trabalho desenvolvido numa maternidade (Alonso *et al.*, 1974), escrevemos sobre esse mito da maternidade feliz, que produz um corte recalcante nos processos ambivalentes que se põem em jogo numa gravidez e, ao mesmo tempo, santificam a maternidade, separando-a radicalmente da sexualidade.

Pesquisávamos naquela época sobre a limitação que o mito imprimia à escuta médica, impedindo de aparecer a hostilidade, ou o não desejo de ser mãe, tampouco as angústias e vergonhas em jogo. A situação acabava por solicitar às mulheres que vivessem uma total plenitude com o produto de uma sexualidade que sofrera fortes efeitos de recalque. Um cerceamento na escuta do médico que desencadeava sintomas.

O não reconhecimento dos mitos como criações culturais de um momento histórico faz com que se crie uma ilusão de "naturalidade" e de "atemporalidade", tratando as coisas como se sempre tivessem sido da mesma maneira. Atribuindo-se a elas uma causalidade biológica, coloca-se, por exemplo, a maternidade como um destino originado num suposto "instinto maternal", esquecendo que para os humanos todos os atos estão inscritos na cultura e que não há materialidade da carne que não esteja atravessada pela linguagem. Desconhecer isso nos impediria de entender, por exemplo, os tantos casos de infertilidade não originados por causas anatômicas.

As tentativas de biologização, de naturalização do feminino e do materno criam também a ilusão de atemporalidade, fazendo aparecer como eterno o que, na verdade, é próprio de um momento histórico. Essa atemporalidade ilusória leva a esquecer que as concepções de maternidade mudam com o tempo, e que a maternidade como a entendemos hoje é uma criação do século XVIII.

Na sociedade pré-moderna, a maternidade implicava gerar e parir os filhos, mas não cuidar deles. A família burguesa, como a conhecemos hoje, fora precedida pela casa feudal como organização social. Nela, os casamentos se faziam por alianças entre as casas e tinham como finalidade o aumento de território. As mulheres alternavam as funções familiares com alguns trabalhos produtivos. Não existia o conceito de infância: as crianças cresciam misturadas aos adultos e muito cedo os meninos eram vistos como "aprendizes" de um ofício, ficando sob a guarda dos homens que os treinavam.

Nos séculos XVII e XVIII, então, com o nascimento da burguesia como classe social, produzem-se mudanças importantes nas mentalidades: surge a família como a conhecemos hoje e a preocupação com a descendência, e o cuidado das mulheres e das crianças passa a ocupar um lugar importante. No dizer de Foucault, se no feudalismo a expansão do poder se dava pelo domínio da terra, na burguesia essa expansão se dá pelo domínio dos corpos (Foucault, 1979). Nessa passagem, fortalecem-se os vínculos afetivos no casal e entre pais e filhos; a escolha do cônjuge passa a ser voluntária, diminui o número de filhos, e sua educação passa a ser importante (Ariès, 1978), assim como os cuidados com a higiene, a saúde e o controle dos partos. A mulher torna-se a rainha do lar, lugar de importância, mas permanece restrita ao espaço privado.

Com a diminuição da mortalidade infantil, o prolongamento da infância e a retirada da mulher das atividades produtivas, criam-se condições para uma nova concepção da maternidade. O século XIX cria a Mãe, figura idealizada, santificada e despossuída de erotismo e agressividade. A reprodução é separada do prazer, que fica restrito à mulher vulgar, à prostituta. Dupla moral vitoriana com a qual, como falamos, Freud se encontra.

O mito da mulher mãe impera durante toda a primeira metade do século XX. A restrição da mulher ao cuidado dos filhos permite controlar a sexualidade feminina vivida como selvagem e devastadora, parecendo dar continuidade à ideia medieval da mulher demoníaca.

A partir de 1950, entretanto, produzem-se transformações importantes. Surgem numerosas técnicas de contracepção (pílulas, dispositivos intrauterinos etc.) e as mulheres conquistam direitos e ampliam seus espaços. A inclusão no espaço público de trabalho e no Ensino Superior produz importantes transformações. As técnicas de contracepção separam o prazer da reprodução. As mulheres podem ter relações sexuais apenas com o objetivo do prazer. A sensualidade e a sedução vão sendo reincluídas no discurso sobre o feminino.

Como afirma Roudinesco, "[...] seus corpos se modificam juntamente com seus gostos e suas aspirações" (2003, p. 151). Se o "eclipse do ventre", que causava furor nos salões da *belle époque*, era denunciado pelos médicos, ou se os vestidos *garçonnières* dos anos loucos suscitaram a reprovação daqueles ligados ao ideal opulento das antigas matronas, diz a autora, essas mudanças nada foram se comparadas às ocorridas na segunda metade do século XX. Agora, a estética imposta pelo mercado da moda, os corpos magérrimos, a domesticação imposta das formas corporais e a preocupação com a imagem produzem transformações importantes na condição feminina.

A partir da publicação do livro de Christopher Lasch (1983) sobre a cultura do narcisismo e do livro de Debord (1997) sobre a sociedade do espetáculo, muito se escreveu e se falou sobre o lugar central que o corpo tem na nossa cultura – o culto ao corpo. O avanço das ciências biológicas e das tecnologias médicas produziu nas últimas décadas uma expansão muito grande do campo de saberes sobre o corpo, que trouxe importantes vantagens: permitem-nos viver mais e muitas vezes em melhores condições a partir da cura e da prevenção de muitas doenças; possibilitam-nos às vezes a realização de alguns sonhos até então impossíveis; oferecem-nos novas perspectivas interessantes para olharmos e nos relacionarmos com a realidade corporal.

No entanto, não podemos deixar de salientar o aspecto negativo do culto ao corpo quando se converte em uma obsessão: sobre ele se fala o tempo inteiro, sobre ele se lê nas revistas e nos jornais; apelos diretos ao corpo com que a mídia nos bombardeia e arrebata. Saúde e beleza são exigências feitas para homens e mulheres, mas certamente com maior rigor para elas. A elas a mídia oferece permanentemente recursos novos, seja pela indústria de cosméticos, pelas técnicas cirúrgicas ou pela indústria farmacêutica. Mas, fundamentalmente, quando o cuidado do corpo não consiste em um começo para nos lançarmos a uma existência melhor e em direção aos outros, ele se converte, pelo contrário, no único ideal, provocando um esvaziamento de projetos coletivos e dando lugar a um investimento maciço sobre o corpo e seus cuidados.

Assim, nesse panorama da cultura do narcisismo e do predomínio da imagem estão criando-se novos mitos: do "corpo perfeito", do "corpo sempre jovem", da "vida eterna", e da "ciência no lugar da religião". Certamente, esses mitos vão mudando a condição da mulher, a forma de viver momentos como a gravidez, a maternidade, a menopausa.

Aos métodos de contracepção vieram somar-se as técnicas de reprodução assistida. Se, pelos primeiros, as mulheres passaram a poder ter prazer sem a obrigação de procriar, pelos segundos o ato sexual vem a ser substituído pelo ato médico, abrindo campos até agora inimagináveis e introduzindo mudanças nos mitos e nas concepções da maternidade.

Certamente, os avanços tecnológicos oferecem às mulheres melhores possibilidades. Assim como o aperfeiçoamento das técnicas cirúrgicas e anestésicas fez com que diminuíssem significativamente as mortes das mães e dos filhos no parto, pela introdução da cesariana, a utilização de técnicas de reprodução assistida possibilita a muitos casais ou mulheres com dificuldades de engravidar a realização do desejo de ter um filho. A questão, porém, é que muitas vezes as técnicas ficam aprisionadas por aspectos ideológicos ou mercadológicos e tomam uma extensão indevida, passando de instrumentos para superar uma dificuldade para "forma normal de parir" (o parto cesáreo), ou a "forma normal de procriar" (a gravidez assistida). Ou, quando se cruzam com os mitos da cultura do narcisismo e vão convertendo-se na forma de se obter desde o início a identidade da criança, uma "origem transparente", a fim de excluir qualquer incerteza e buscar uma pretensa "perfeição". Sabemos, por exemplo, que já se pensou seriamente em comercializar o sêmen dos prêmios Nobel. Há pouco tempo, escutei de uma mulher a seguinte pergunta: "se com a reprodução assistida tenho maiores chances de ter um filho perfeito, será que não é uma irresponsabilidade da minha parte tentar engravidar naturalmente?" Ou seja, as novas tecnologias vão-se impondo no imaginário das mulheres como a forma normal de procriar e não como uma forma de combater a esterilidade.

Na clínica, têm aparecido com frequência situações de mulheres que postergaram o momento de ter filhos e que são surpreendidas pela impossibilidade de tê-los. São mulheres que, muito solicitadas pela exigência do mercado de trabalho, deixaram para mais tarde o projeto de maternidade, muito incentivadas pelo discurso midiático que lhes prometia poderem engravidar em qualquer idade – discurso que veicula mais os mitos do imaginário social (a ciência no lugar de Deus, com possibilidades ilimitadas) do que as informações estatísticas adequadas.

Os mitos do "corpo perfeito" e da "juventude eterna" têm-se feito sentir também com força em outro momento da vida das mulheres, o da menopausa. As ideias recorrentes de se manterem ativas, jovens, de não envelhecerem, de manterem vivo o desejo sexual, criam enormes exigências e dificultam o encontro de um espaço para elaborar as mudanças e os lutos que o próprio corpo lhes traz nesse momento da vida. Momento em que, se encontram uma escuta adequada, pode ser rico na multiplicação de significações. Mas, quando as significações são obturadas pelas solicitações excessivas, acabam convertendo-se em depressões que são rapidamente medicadas.

Gostaria de terminar referindo-me a um filme a que assisti há pouco tempo: *Brilho eterno de uma mente sem lembranças* (Gondry, 2004). Nele é possível, recorrendo a um computador, mapear as lembranças no cérebro e apagá-las. Os dois integrantes de um casal, após a separação, procuram a clínica para que as lembranças lhes sejam apagadas. E o que se tenta apagar? Em princípio, parece que o sofrimento pela perda, pela separação, mas não é só isso. Caminhando para o final do filme, fica claro que o que se tenta eliminar são os defeitos de cada um, as imperfeições. Assim, claro é que, com isso, apagam-se também a história, o desejo, o sujeito e tudo o que é da ordem do humano. Desaparece o humano para que fique, para sempre, eternamente reinando, o brilho do narcisismo.

16.

ANOREXIAS-BULIMIAS:
UM PADECER DO FEMININO[1]

Moças jovens obcecadas com a questão alimentar e que encarnam o ideal estético da magreza, povoam a cena contemporânea. Algumas passeiam seus corpos excessivamente magros – comem pouco e gastam o pouco que comem no exercício de hiperatividade de horas de ginástica – provocando no outro um *fascínio gelado*[2]. Outras com corpos magros, não esqueléticos, às vezes moças bonitas com uma vida afetiva e sexual, um bom desempenho escolar e de trabalho: são as bulimias nas formas chamadas por Brusset (2003) de egossintônicas – mas que escondem atrás de uma presença agradável o seu *drama cotidiano*, seus *ataques de fome*, de devoração compulsiva seguidos de vômitos que mantêm como prática secreta. Ritual que as enche de vergonha e que escondem do olhar do outro.

---

[1] Texto apresentado no evento "Tramas e dramas na problemática alimentar", organizado pelo Departamento de Psicanálise do Instituto Sedes Sapientiae em 2007.

[2] No dizer de Bidaud (1998), se as histéricas, em sua atitude sedutora, perturbavam o outro introduzindo na cena o erotismo, as anoréxicas perturbam expondo em seus corpos descarnados uma feminilidade desértica.

Elas estão em nossos consultórios, nos serviços especializados, na mídia, nas abundantes publicações sobre o tema e sem dúvida todos reconhecemos o caráter epidêmico que esses sintomas adquiriram na atualidade. Compartilham com as jejuadoras de antigamente a tentativa de controle absoluto sobre o corpo em uma posição de onipotência. Para aquelas, o objetivo do jejum era o de purificar o corpo, regidas pelo ideal de santidade imposto pelo discurso religioso, enquanto para as de hoje o ideal que se lhes impõe pelo discurso médico é o de fazer o corpo saudável.

Refiro-me a anoréxicas e bulímicas em gênero feminino, e é assim que normalmente se fala, pois, apesar de não estarem ausentes no gênero masculino, é certamente com maior frequência nas jovens mulheres que esses sintomas aparecem. Um rapaz para cada dez ou vinte moças, de acordo com Rimbault e Eliacheff (1991). O percentual de mulheres é de 90% a 97% na anorexia e de 80% a 85% nas bulimias (Guillemot; Laxenaire, 1994). Apesar de esses números terem sofrido mudanças, entre 1991 e 1996, a porcentagem de incidência no gênero masculino passou de cinco a dez por cento, conforme afirmam Crispo, Figueroa e Guelar (1996). Em matéria da *Folha de S. Paulo*, os psiquiatras do Ambulatório de Bulimia e Transtornos Alimentares (Ambulim), do Instituto de Psiquiatria do Hospital das Clínicas da Faculdade de Medicina da Universidade de São Paulo (HC-FMUSP), expressam surpresa com o aumento da procura do serviço e o número de camas ocupadas por rapazes, aumento que também tem sido observado nos atendimentos em consultório, criando entre os profissionais uma discussão sobre o entendimento da situação. Para alguns, trata-se de uma demanda reprimida; para outros, de uma pressão maior da cultura e da moda sobre o padrão de beleza para os moços[3].

De qualquer maneira é nas mulheres que os sintomas se fazem presentes com maior frequência, o que nos leva à interrogação: por que um número tão grande de mulheres padece desses sintomas?

Na tentativa de responder a essa indagação surgem perspectivas diferentes: alguns tentam explicá-la com base na biologia, pelas alterações no funcionamento hormonal que as restrições alimentares produzem no corpo feminino; ou seja, as razões seriam modificações neurobioquímicas de origem genética. Outros baseiam-se na cultura contemporânea, com seu ideal estético da magreza, fazendo da moda a vilã e argumentando, para explicar a sua incidência a submissão maior das mulheres aos ideais estéticos que a cultura lhes impõe, ideais estéticos da magreza e sua difusão pelos meios de comunicação em massa. De um lado, a genética; de outro, a moda.

Certamente nenhuma das duas respostas dá conta da complexidade do problema e, além disso, vários argumentos se opõem a elas. Por exemplo, se nos restringíssemos aos fatores biológicos, deveríamos deduzir que todas as mulheres que fazem dietas para emagrecer correriam o risco de se tornar anoréxicas, o que não é verdade; também não poderíamos explicar

---

[3] "Garotos ocupam 60% dos leitos para anorexia no Hospital das Clínicas". *Folha de S. Paulo*, 25 fev. 2007.

o aumento da incidência no gênero masculino nos últimos tempos. Em relação ao ideal estético da magreza que impera atualmente, entendo que embora devamos incluí-lo entre os determinantes dos sintomas e do seu caráter epidêmico, não podemos vê-lo como única causa, a menos que deixemos de lado as anorexias dos tempos nos quais a magreza não era um ideal.

Se quisermos incluir a cultura na causalidade psíquica, devemos ser cuidadosos e inseri-la no lugar correspondente, ou seja, como o mal-estar civilizatório que predomina nesse momento da história e que participa na organização dos arranjos pulsionais, outorgando-lhes uma "forma", e não como mero estímulo (a moda) que produziria uma resposta (os sintomas). Tanto a hipótese biologista quanto a sociogenética deixam de fora o campo da sexualidade, os caminhos pulsionais e desejantes, as vicissitudes do tornar-se mulher, que é o que mais nos interessa como analistas.

Incluído esse campo, nossa primeira interrogação precisa ser desdobrada. Já não será apenas "por que esses sintomas fazem padecer sobretudo as mulheres?" Mas também "será que eles não são tentativas, ainda que sintomáticas, de encontrar soluções para o enigma do feminino?" Caminhos para o sofrimento do feminino? Nas histéricas e suas conversões, apareciam no corpo o sofrimento e a pergunta do que é ser mulher. Será que a mesma pergunta não estaria nos sintomas anoréxicos e bulímicos, num estilo e uma estética diferentes?

Vários autores (Jeammet, 2003; Brusset; Covreur; Fine, 2003; Bidaud, 1998; Fernandes, 2006) concordam em afirmar a força da relação com a mãe que nelas aparece, assim como o obstáculo que essa relação coloca no caminho do tornar-se mulher e das dificuldades para suportar o confronto edípico. É necessário interrogar-se sobre a relação mãe-filha para entender o predomínio dos sintomas nas mulheres.

Os autores insistem na existência entre as duas de uma "dominação amorosa", na qual o desejo incestuoso materno criaria para a filha um aprisionamento do qual é difícil sair. A anoréxica sente-se possuída pela mãe no corpo e no pensamento; agarrada à mãe numa relação oral-canibalísticaa filha, por sua vez, domina a mãe com seus sintomas, criando-se uma dependência de dupla direção. A culpa, a vergonha e o sofrimento são fios que tecem esse entrelaçamento difícil de se desfazer.

Fusionalidade desejada, que, ao mesmo tempo, apavora e torna intransitáveis os caminhos de identificação com a mãe, fazendo com que a entrada do pai seja vivida como uma violência. "Não tenho uma ideia a não ser a da minha mãe", respondia-me uma jovem paciente cada vez que sua opinião era solicitada, remetendo-nos a essa mãe que diz e pensa pela filha ou que a filha faz dizer e pensar. Mãe do apego pré-edipiano que é a mãe escura, noturna, caverna devoradora, força de atração. Captura narcísica da qual só se pode sair quando o pai se interpõe entre elas.

Sabemos que a força da relação pré-edípica da menina com a mãe foi uma descoberta tardia, mas muito importante, de Freud. Sabemos também que perante esta descoberta Freud levantou uma pergunta que esteve muito presente em suas últimas elaborações sobre o feminino. Se a força de atração da relação pré-edípica é tamanha e se a separação não pode ser intermediada, como no caso do menino, pela escolha narcísica de preservar o pênis e pela vivência de triunfo, que implica reconhecer-se possuidor de um pênis que falta à mãe, como a menina vai deixar a mãe? Sabemos que o caminho seguido pela menina para separar-se da mãe será o do ódio e do ressentimento ante a descoberta da castração. No entanto, a separação não estará muito garantida e a força de atração na relação com a mãe permanecerá, na ideia de Freud, sempre à espreita, ameaçando-a de retornar a qualquer momento. A figura do apego é uma sombra na vida das mulheres e tem uma forte presença na maioria dos fracassos dos caminhos da sexualidade feminina, sendo a origem de muitas patologias. Falar então da força do medo da fusionalidade não é suficiente. É necessário especificar mais.

Acrescentemos então algumas especificidades dignas de menção:

1) Do lado da necessidade: a mãe da anoréxica se antecipa na satisfação das necessidades corporais da filha, mas fica no campo das demandas concretas, deixando pouco lugar para a circulação dos afetos e das palavras. As anoréxicas, constituídas num discurso familiar emagrecido, empobrecido, reduzido ao das necessidades e dos objetos, esvaziado do mundo das palavras, não suportam que qualquer demanda seja interpretada em termos de necessidade.

Cito Lacan:

> Mas a criança não dorme sempre assim no âmago do ser, sobretudo se o Outro, que por sua vez tem suas ideias sobre suas necessidades, se intromete, e em lugar do que não tem, empanturra-a com a papinha sufocante do que ela tem, ou seja, confunde seus cuidados com o dom de seu amor. É a criança alimentada com mais amor a que rejeita o alimento e brinca com seu rechaço como com um desejo (anorexia mental). (1977, p. 259)

2) Do lado do espelho: situações depressivas maternas ou insatisfação e não valoração da feminilidade geram na mãe uma falha na função de espelho, falha que acarreta dificuldades identificatórias na filha, que a partir dessas dificuldades se fixa com força na imagem ideal.

Para Le Poulichet, o espelho materno, nestes casos, é um espelho oral que devora a própria imagem. "Quando eu me olho é a minha mãe que eu vejo" (Le Poulichet, 1996b, p. 124), afirmava sua paciente bulímica. Nela, afirma a autora, as crises se desencadeavam sempre nos momentos em que se produzia um rebatimento violento da imagem da mãe sobre a imagem do eu. Rebatimento da imagem que esmaga a presença-ausência do objeto e eclipsa o lugar do sujeito. Nesse espelho oral a imagem refletida não volta para a filha, e sim para a mãe, situação que origina graves problemas de identificação. Neste caso, identificar-se com a mãe não é fazer-se *como*, e sim fazer-se *a* mãe.

Uma mãe que se antecipa na satisfação das necessidades, arrombando o espaço interno e desejante. Uma mãe que a devora com o olhar; falta de palavras fundamentais para indicar um caminho de separação e de desejo necessário para poder fazer alguma elaboração do espaço do vazio e do íntimo. Brusset chega a afirmar que "[...] a posição de duplo da mãe introduz uma dimensão sobre a qual a teorização da anorexia mental deve se interrogar, a fim de dar conta da prevalência feminina deste sintoma" (1989, *apud* Bidaud, 1998, p. 130).

É em segredo, escondida do olhar materno, que a bulímica realiza o seu festim. Será essa uma forma de escapar ao olhar materno? Uma tentativa melusinesca de criar um espaço privado? Criar um feminino, podendo desdobrar-se como a Melusina[4]? No texto de 1907, "Atos obsessivos e práticas religiosas", Freud usa a metáfora da fada que levava uma vida secreta como sereia ao referir-se aos cerimoniais obsessivos que começam em segredo, como atividades solitárias, deixando intacta a vida social desses indivíduos durante muito tempo, pois "[...] são capazes de cumprir seus deveres sociais durante uma parte do dia, depois que, furtivamente como Melusina, consagraram algumas horas a praticar seu segredo" (1907/1989, p. 103). Freud vale-se de uma metáfora feminina quando está falando do homem obsessivo; o feminino aqui seria a possibilidade de desdobrar-se sem

---

[4] A fada Melusina (ou Melisande) é uma personagem de lendas medievais, popularizada por Jean d'Arras no romance *La noble histoire de Lusignan*, escrito em 1393. Conta a lenda que, uma vez por semana, a bela jovem se escondia e, proibindo seu marido de vê-la, transformava-se em uma mulher com cauda de serpente ou de peixe.

O TEMPO, A ESCUTA, O FEMININO: REFLEXÕES

dissolver-se, afirma Assoun (2006). A bulímica, nas práticas secretas, tenta escapar do olhar materno invasivo, mas estaria também tentando construir algum feminino no próprio desdobrar-se?

Diversos autores insistem em situar o drama anoréxico no momento da passagem, da mudança de objeto da mãe para o pai. Várias são as condições que reforçam essa dificuldade: em primeiro lugar, como Freud explicitou em "Inibição, sintoma e angústia" (1926/1989), a perda de objeto é mais difícil para as mulheres; em segundo lugar, para a menina a perda da mãe é dupla, objetal e narcísica, pois perde o objeto de amor e de identificação, e aspectos importantes da figura materna (como os seios) que a menina e a mulher não recuperam na escolha heterossexual. A descoberta pelo menino da castração materna traz junto com o horror uma sensação de triunfo, enquanto na menina causa desilusão e raiva.

Essas meninas, com suas fragilidades narcísicas, com seu corpo que encarna o vazio de palavras do discurso familiar, e com seu campo identificatório minado pela indiferenciação, ao mesmo tempo desejada e insuportável, com a mãe, precisam enfrentar as metamorfoses da puberdade, cujas transformações sabemos que não são poucas, assim como as exigências de elaboração que essas transformações demandam para o psiquismo.

Claro que não é por acaso que é a adolescência a idade privilegiada de aparição dos sintomas, com um pico de frequência na puberdade, sendo outro em torno dos dezoito anos, no fim do Ensino Médio. Do lado do corpo ocorrem importantes transformações. O corpo torna-se perturbador, tanto na sua imagem ao espelho quanto perante o olhar dos homens, e isso gera a necessidade de controlá-lo. As transformações corporais mobilizam o campo das identificações com a mãe. As mudanças hormonais aumentam a solicitação que o corpo faz ao psiquismo. Ao mesmo tempo, há os lutos exigidos pelo próprio crescimento, que reativam angústias ligadas aos desamparos primários.

A adolescência é também um momento de novos equilíbrios do narcisismo. E o aparecimento dos caracteres secundários define com maior clareza o lugar da identidade sexuada e recoloca a problemática da castração. Essas moças mostram-se incapazes de elaborar as transformações da puberdade, e os sintomas são consequência e expressão dessa incapacidade. As angústias perante o corpo levam-nas a exagerar a necessidade de ter um controle absoluto sobre ele. Negando-se a serem escravas das necessidades que o corpo lhes impõe, acreditam construir sua própria lei biológica, colocando-se onipotentemente acima das leis que regem a vida e a morte.

Impossibilitadas de fazerem os lutos que o processo de autonomia implica, regridem a formas de satisfação pulsional mais arcaicas com a reativação da dependência em torno do seio. O equilíbrio narcísico já fragilizado não se sustenta, e a necessidade de identificação com a mãe traz o risco da dissolução. Além disso, os movimentos em direção à autonomia mobilizam fortes angústias de perda ante as quais tentam proteger-se com o "ideal de completude". A puberdade traz consigo o tempo cíclico próprio da feminilidade, com a alternância entre o que aparece com as regras e o que se oculta depois; rejeitado, ele é substituído pelo tempo eterno.

Neste processo de tornar-se mulher, na dificuldade de historizar-se, fazem um verdadeiro culto ao imaginário e, servindo-se do ideal estético da magreza, tentam um controle onipotente e autossuficiente de aspectos da feminilidade com os quais lhes resulta impossível conviver.

Mas também podemos reconhecer nelas uma tentativa de protesto. Sabemos que apesar de a anorexia ser individualizada como entidade clínica na segunda metade do século XIX, as jejuadoras santas ou possuídas marcam presença na literatura teológica a partir do século V. Essas jovens são vistas às vezes como eleitas por Deus, outras como possuídas pelo demônio, e, dessa forma, convertidas em santas ou enviadas para a fogueira. O surto das anoréxicas santas acontecido entre os séculos XIII e XVI já foi entendido por alguns autores como uma reação às estruturas sociais patriarcais da Idade Média e como rebeldia contra casamentos arranjados. Lendo a história de Catarina de Siena, por exemplo, deparamo-nos com a batalha que ela enfrenta para não se submeter à imposição dos pais em fazer um bom casamento e em converter-se na moça capaz de agradar ao homem que eles procuravam para ela. Em seu casamento com Deus, com quem mantém uma comunhão e uma comunicação direta, coloca-se acima de uma das normas ditadas pelos homens nesse momento, a do patriarcado. A figura das indomáveis de Rimbault e Eliacheff

(1991) remarca essa rebeldia, esse não querer submeter-se a um determinado lugar de mulher oferecido pela cultura, a um determinado ideário feminino.

Se um corpo puro era procurado no predomínio do discurso religioso, um corpo são será buscado no império pelo discurso médico, e a magreza dele faz parte. Desde a Vênus de Willendorf – mulher obesa, com seios e ventre hipertrofiados, símbolos da abundância e da fecundidade –, primeira silhueta feminina que chegou até nós, datada de vinte ou trinta mil anos antes de Cristo, até nossos dias, muito mudaram os cânones de beleza. Passaram pelas figuras femininas de formas arredondadas, mas sem excesso de gordura, das esculturas greco-romanas, e que se foram arredondando cada vez mais a partir da Idade Média. Atravessaram o século XIX com uma figura cheia, com nádegas avultadas, peitos generosos, promessa de boas reprodutoras. No final desse século, inicia-se uma grande mudança, e nas palavras de um médico da época "as mulheres têm direito ao exercício normal de seus músculos e seus nervos, direito de arejar suas carnes, à higiene de seus tecidos e ao desfrute de todo seu organismo físico" (*apud* Guillemot; Laxenaire, 1994).

Ao longo do século XX, começa a surgir o culto da magreza. Este desponta com o enfraquecimento dos papéis tradicionais e com o apagamento dos símbolos maternais. Surge, portanto, com uma sexualidade menos presa aos deveres da reprodução e como representação de uma liberação sexual. Mas na medida em que na cultura o corpo vai-se impondo como único ideal, o ideal de magreza se consolida como um imperativo cada vez mais aprisionador. Além disso, a globalização vai produzindo uma tipificação do feminino muito desconectada das marcas regionais que trazem consigo a história dos lugares. Assim como se impunha o ideal de santidade, impõe-se o ideal de magreza.

Qual será o lugar da mulher ao qual as anoréxicas reagem atualmente? Sem ter a pretensão de responder a essa pergunta em toda sua extensão, levantarei dois pontos para reflexão e debate.

1) Será que nesses sintomas reagem ao lugar do corpo da mulher excessivamente exibido?

A beleza do corpo parece ser na nossa cultura o suporte fundamental para o narcisismo feminino, a beleza do corpo inteiro sustenta a identidade feminina e o narcisismo de gênero. O parâmetro de beleza que nossa cultura oferece às meninas é o de um corpo magro, de formas marcadas, perfeitas, hipersexualizado e totalmente uniformizado na sua difusão globalizada.

As bonecas que lhes são oferecidas para brincar, as Barbies loiras, morenas ou ruivas são uma expressão muito clara da tipificação do corpo feminino, muito diferentes das bonecas de pano costuradas por nossas avós, com corpos mais desengonçados, menos perfeitos e possivelmente mais próximos daquela imagem de corpo que podia ser construída a partir do mundo pulsional, o autoerotismo e as fantasias a partir dele articuladas, e que, costuradas com pedaços de pano, condensavam pedaços da história singular e familiar. História ou características dos lugares que ficam totalmente eliminadas no modelo globalizado, em que também fica eliminada a própria história libidinal. Esse é o modelo implantado nas meninas, que o absorvem e com ele constroem o ideal.

Emilce Bleichmar (1997), estudando os desenhos de crianças de quatro a treze anos mostra como elas traçam figuras femininas de seios grandes, cinturas marcadas, quase sem variações, apesar das diferenças de idade. Isso mostra que tal modelo tipificado de corpo feminino, portador de mensagens sexualizadas, implanta-se de fora e se mantém como representação isolada da movimentação subjetiva do corpo sexuado (p. 361). No parecer da autora, vão-se construindo um corpo belo e estereotipado para ser oferecido ao olhar masculino e atrair a mirada, e outro para o próprio prazer, que se mantêm às vezes isolados.

Poderíamos observar essa tipificação do modelo hipersexualizado também na forma como se vestem as meninas – as "xuxinhas" – problemática tematizada de forma interessante e satírica no filme *Pequena Miss Sunshine* (Jonathan Dayton e Valerie Faris, 2006).

O tema da mirada do pai e do adulto masculino e sua importância na constituição da significação da sexualidade para as meninas vem sendo trabalhado por alguns analistas contemporâneos.

Sabemos que o olhar tem uma presença fundamental na constituição do corpo erógeno; junto ao toque e à voz, são vias de implantação importantíssimas das marcas de sexualidade implantadas no corpo da menina ou do menino pelo adulto, pela mãe, figura feminina, mas também, e cada vez mais, pelos pais com os cuidados corporais. Nesse primeiro tempo, o sexual vem infiltrado nos cuidados e anexado à ternura, mas sua significação sexual é da ordem do recalcado para o adulto, e não existe como tal para a criança; é um sexual enigmático, para ambos, como bem o afirmou Laplanche.

A entrada do olhar paterno num momento posterior é fundamental para a constituição da feminilidade, assim como do vínculo da menina com o pai, mas agora num lugar muito diferente do anterior. É um pai que olha para o corpo da filha e se depara com sua graça, sua leveza de movimento, e implanta com sua mirada uma marca de erotismo, agora mais direta, porque não infiltrada nem oculta pelos cuidados, e com uma significação mais clara para ambos.

Os relatos de meninas e mulheres na clínica mostram-nos a força com a qual a mirada paterna habita os seus corpos e a importância de ser objeto desse olhar para a constituição da feminilidade. Mirada "não abusadora", mas sim legitimadora de um caminho do feminino que inclui o erotismo. Momento delicado esse, no qual terão que se instaurar dialéticas singulares entre o privado e o público, o visto e o exibido, numa menina que, ao mesmo tempo em que constrói um espaço do íntimo, tem que construir também um espaço no olhar do pai e posteriormente no dos homens.

Aqui, faria entrar o momento do mundo e do laço social. Vivemos um momento no qual o exibicionismo do corpo das mulheres é muito grande. Corpos femininos seminus ocupam nos *outdoors* da rua ou na mídia um espaço imenso, sendo usados como iscas para fisgar o olhar masculino que, num pequeno deslocamento, é sutilmente desviado para o produto, qualquer um, que se queira vender. Pergunto-me qual o efeito disso sobre os personagens da dupla pai-filha.

Do lado do pai: o fato de os homens serem tão exageradamente convocados no seu voyeurismo introduz uma dificuldade maior para o exercício de sua mirada sobre o corpo da filha quando exercem a função de pais. Assim, ficam extremamente defendidos na distância, criando uma ausência desértica, ou, pelo contrário, numa proximidade excessiva incestuosa. Pensemos que, na cena social, a mirada paterna está multiplicada ao infinito pela dos homens.

Do lado das meninas, pergunto-me pelos medos que esse lugar de extrema exposição do corpo das mulheres pode produzir, perturbando-lhes a constituição do espaço do íntimo e levando-as a temer a perda do controle sobre o corpo, intensificando, assim, defensivamente o extremo controle. Ou tentando criar um espaço privado ou de desdobramento entre o que aparece e o que se oculta na prática melusinesca da bulimia, à qual me referi, e dizendo para o olhar masculino (nas anoréxicas): "não há nada a mirar", apagando com a magreza as formas femininas como se dissesse aos homens: "eu não vou seduzi-los".

2) A segunda questão é a seguinte: a puberdade, com as transformações que produz no corpo, antecipa para as meninas o ato da penetração, reativando angústias arcaicas ligadas às intrusões orificiais dos primeiros tempos de vida. O

desenvolvimento de Jacques André (1995) sobre o tema no livro *As origens femininas da sexualidade* é interessante.

Há duas ou três décadas, quando a virgindade era ainda valorizada e sua perda criava conflito, tais angústias arcaicas chegavam às nossas clínicas sob a forma de claros sintomas conversivos, como as dismenorreias ou as cólicas, expressando o conflito então vivido. Para que se possa viver a penetração com prazer, é necessário que ela não se iguale às fantasias de despe- daçamento, e, para tanto, é preciso haver alguma segurança sobre a integridade do envoltório corporal, dos limites do fora e do dentro, sendo fundamental uma elaboração satisfatória do narcisismo. Sabemos que muitos autores, entre os quais Jeammet (2003), vêm apontando para as falhas do narcisismo nas anoréxicas.

Se bem que esses temores já existissem no passado e, como afirmei anteriormente, criavam sintomas conversivos, enten- do que atualmente estão significativamente acentuados por algumas das condições em que vivem nossas adolescentes. O mandato de gozar agora, tudo, no tempo presente, que impera na cultura cria uma situação de excesso – além daquele que provém das mudanças hormonais da puberdade. A virgindade não é mais um tesouro a ser preservado, mas sim algo do qual, pela pressão do grupo, a garota tem que se livrar rapidamente, além do deslocamento feito para a figura da "boca-virgem".

As relações sexuais cada vez mais precoces e o imperativo de gozar tudo rapidamente têm deixado as meninas sem muito espaço de elaboração da passagem adolescente que respeite um ritmo próprio. Isso tudo convive com outro mandato do grupo de adolescentes, o "não ligue!" O ter que viver, ficar, "transar", sem estabelecer, ou melhor dito, negando os vínculos afetivos que se estabelecem, carecendo dos laços afetivos e das trocas de reconhecimento necessárias.

Para algumas adolescentes, exigência demais, excesso demais, contornos de menos, sobretudo quando a extensão do movimento regressivo e o nível das fixações infantis não permitem que a diferença dos sexos desempenhe um papel organizador – como acontece nas anoréxicas – e quando a perda do amor de objeto, fundamental para todas as mulheres, está fortemente no núcleo da feminilidade dessas mocinhas.

Voltando então ao início, incluímos a cultura como mal-estar presente no momento e que participa na organização dos arranjos pulsionais, outorgando-lhes uma forma, mas não como mero estímulo ao qual a resposta seria o sintoma. Ou seja, não no estilo moda-transtornos alimentares.

PARTE IV

SOBRE OS IDEAIS: NA CLÍNICA, NA FORMAÇÃO E NA CULTURA

O motivo da nostalgia do pai é idêntico à necessidade de ser protegido das consequências da impotência humana.
Sigmund Freud, *O futuro de uma ilusão*, 1927.

17.

EFEITOS NA CLÍNICA DOS IDEAIS INSTITUÍDOS[1]

Quando R. me procura para uma entrevista, apresenta-se como vencedor na vida. Bem-sucedido profissional e economicamente, revela-se incapaz de desfrutar desse êxito por causa da angústia na qual suas constantes atuações autodestrutivas o submergem. Tais atuações põem em risco sua vida e traumaticamente fazem com que tenha contato com a possibilidade da morte.

Sabedor da sua necessidade de ajuda, carrega, entretanto, uma grande descrença na possibilidade de se analisar. Ao ser interrogado sobre isso, conta a história de várias tentativas de análise que não vingaram e refere-se, fundamentalmente, à última, que durou muito pouco tempo. Conforme conta, foi

---

[1] Publicado originalmente em *Percurso*, ano II, n. 3, p. 7-12, 1989. As ideias deste texto foram apresentadas na mesa-redonda "A técnica psicanalítica hoje", da qual participaram Ana Maria Andrade Azevedo, Oscar Cesarotto e Silvia Leonor Alonso, no evento "Freud, Escrita – Questões de escrita psicanalítica – história, teoria e prática", organizado pelo Departamento de Psicanálise do Instituto Sedes Sapientiae, Sociedade Brasileira de Psicanálise de São Paulo, Unicamp e Conselho Regional de Psicologia, em homenagem ao cinquentenário da morte de Freud.

interrompida quando expressou a necessidade de diminuir o número de sessões semanais e o analista lhe respondeu que não seria possível, porque uma análise "deve ser assim". No final da segunda entrevista, R. pergunta-me: "como a senhora pensa que uma análise deve ser?" (referindo-se ao número de sessões). Na tentativa de remetê-lo novamente ao motor de sua procura e dar continuidade ao trabalho que nos conduzira ao início da análise, interrogo-o: "quando você quer vir?"

Diz-me, no transcurso de uma sessão: "você só se importa com a psicanálise!" Depois de um pesado silêncio depressivo, começa a narrar uma cena familiar – cena que imaginariza na transferência –, na qual se podem escutar os efeitos de uma forte aliança narcísica e narcisante dos pais com seus lugares profissionais e sociais, deixando sem lugar o desamparo infantil de R. Penso que a situação se repete no momento atual: o vencedor nele próprio deixa gritar no vazio o sofrimento que, sem outro espaço possível, clama na atuação, a qual põe em risco seu corpo.

Volta-me então a frase da primeira entrevista – "uma análise deve ser assim". Terminada a sessão, vem-me uma imagem: o encontro de dois corpos – suporte de dois ideais. Dois "vencedores"[2] (analisando e analista) que, na especularidade de seus sucessos, deixam, uma vez mais, o sofrimento sem escuta.

No decorrer do dia, a situação clínica volta-me à lembrança. Porém, vai-se desvinculando do analisando e da complexidade

---

[2] Digo isso porque o olhar daquele analista (didata, portanto investido emblematicamente pela instituição) parece nessa frase específica estar voltado principalmente ao ideal institucional, e não ao sofrimento do analisando.

O TEMPO, A ESCUTA, O FEMININO: REFLEXÕES

de elementos de sua análise e ligando-se cada vez mais às questões sobre os analistas e suas práticas. Uma pergunta vai surgindo: qual é a relação dos analistas com os ideais instituídos e quais seus efeitos na clínica?

A psicanálise em suas origens: Da marginalidade ao reconhecimento social

A psicanálise nasce e vive seus primeiros tempos na marginalidade. À margem dos discursos científicos instituídos, à margem da Associação Médica de Viena, à margem dos meios acadêmicos.

Depois de um período em Paris, onde assistiu às conferências de Charcot, Freud expõe à Sociedade Médica de Viena suas experiências, e Meynert o faz assumir o compromisso de apresentar casos que comprovem suas ideias. O conflito que emerge na discussão de um caso de hemianestesia num homem histérico abala sensivelmente as relações de Freud com aquela instituição.

As tendências antissemitas impõem-se em Viena e imperam na Sociedade Médica e na Faculdade de Medicina, forçando o adiamento, por muito tempo, de sua nomeação como professor. Ressalte-se que, na época, era pelo reconhecimento acadêmico que se garantia a confiança do público vienense. A falta desse emblema tem impactos significativos no consultório de Freud.

Os anos que vão de 1888 a 1902 são marcados pelo isolamento, e Freud refere-se a si mesmo como um "pobre ermitão". Testemunha essa situação a correspondência que mantém com Fliess, praticamente o único interlocutor naqueles tempos:

[29.8.1888]: A própria atmosfera de Viena é pouco propícia para fortalecer a vontade e alimentar a confiança no êxito. (Freud, 1975a, p. 226)

[4.5.1896]: Estou tão isolado que te podes sentir satisfeito, pois ao meu redor todos me voltam as costas. Até agora tenho suportado com serenidade. Mas o mais desagradável é que meu consultório está vazio pela primeira vez no ano. (1975a, p. 168)

[11.3.1900]: A recepção que o livro teve, e o silêncio que se fez em volta dele desde então, voltaram a destruir a relação germinante com meu ambiente. (1975a, p. 302)

A leitura da correspondência da época coloca-nos em contato com as dificuldades implicadas em sustentar uma palavra transgressora das "verdades instituídas", que contém o germe da possibilidade de transformação de certa moralidade protegida e mantida pelos discursos do saber.

No entanto, talvez tenha sido esse exato lugar o que permitiu a Freud prestar atenção naquilo que outorga à psicanálise sua fecundidade.

O TEMPO, A ESCUTA, O FEMININO: REFLEXÕES

> Como mostram as primeiras investigações psicanalíticas de Freud, a psicanálise presta atenção a tudo aquilo que fica à margem da prosa com a vida: palavras fisgadas no voo, restos de um sonho, paradoxo de um gesto. Deve, portanto cuidar-se para não substituir esta singularidade por uma ordem preestabelecida de relações, ainda que esta fosse constituída pelo saber organizado a partir destes descobrimentos. Convém-lhe a ordem inversa; todo esse ruído para converter-se em palavra, talvez, no final, seja interessante. (Pontalis, 1974, p. 33)

Em que se ancora Freud para não abandonar o árduo trabalho de montagem de uma tessitura conceitual? No corpo a corpo da clínica que lhe apresenta obstáculos, que o desafia com seus fracassos, que o questiona em seus avanços:

> [27.10.1897a]: Certa ideia sobre resistência permitiu-me novamente encarrilhar todos os meus casos, que pareciam afundados num atoleiro; como resultado, voltaram a caminhar satisfatoriamente. (Freud, 1975a., p. 226)

> [2.11.1901]: Naturalmente só o trabalho me domina, e estou disposto a levar minha unilateralidade ao extremo para progredir com meus pacientes. (1975a, p. 326)

No entanto, tal avanço não seria possível sem um campo de transferência montado na relação com Fliess:

[16.5.1897]: [...] espero que agora voltes a ser por muito tempo o mesmo que sempre foste e que me permitas continuar abusando de ti como público indulgente. Tu sabes que de outro modo não posso trabalhar. (Freud, 1975a, p. 201)

Então, como a cena está montada? De um lado, o desafio da clínica; de outro, a transferência com Fliess. No centro dessa encruzilhada que possibilita uma fecunda produção teórico-clínica perpassa o caminho da chamada autoanálise. Tal é a cena que se recria em cada analista. Nesse arranjo, não há oposição entre teoria e clínica, não se corre o perigo da dogmatização esterilizante nem do empirismo empobrecedor. Transferência que Freud reconhece como intransferível (o que nos remete à questão clínica do encaminhamento) e sustentada pelo reconhecimento coletivo:

[28.5.1888]: A magia de seu prestígio é intransferível. (1975a, p. 64)

[7.12.1901]: O professor D' não pode transferir a confiança em ti para mim [referindo-se à interrupção do tratamento de uma paciente encaminhada por Fliess]. (1975a, p.327)

Finalmente, em agosto de 1902, chega a aprovação de sua nomeação como professor, e, com ela, o lugar social da psicanálise começa a transformar-se:

[11.3.1902]: O entusiasmo público é indescritível. Chovem sobre nós felicitações e flores, como se o papel da sexualidade houvesse sido, de repente, sancionado por um ofício de Sua Majestade, como se todo o Conselho de Ministros houvesse confirmado a *Interpretação dos Sonhos*, e como se a necessidade de tratamento psicanalítico da histeria tivesse sido aprovada pelo Parlamento com maioria de dois terços. (Freud, 1975a, p. 329)

[11.3.1902]: Por mim, continuo disposto a trocar cinco felicitações por um só caso que chegue a mim para tratamento extenso. Aprendi que este velho mundo é regido pela autoridade, tal qual o novo é governado pelo dólar. Fiz minha primeira reverência frente à autoridade e posso esperar então receber o prêmio correspondente. Se os efeitos sobre os círculos mais distantes é tão considerável quanto o que comprovamos nos mais próximos, creio que minhas esperanças não serão em vão. (1975a, p. 330)

Freud esteve sempre atento à questão: quais são os efeitos na clínica do lugar social da psicanálise? Em "O futuro da terapia psicanalítica" (1910/1989b), fala-nos da *importância da autoridade* e da enorme *sugestão* que dela emana. Afirma que as condições nas quais a clínica psicanalítica se realizava nos primeiros tempos explicam o fracasso de alguns tratamentos, e que o aumento da confiança geral na psicanálise implicará aumento das possibilidades terapêuticas. Freud escreveu esse texto em 1910, nada distante da época em que enfatiza a oposição da psicanálise às terapias sugestivas.

Agora, a sugestão retorna, porém, como algo que a partir do coletivo dá suporte ao aparecimento da transferência. Nem por isso podem-se pensar os efeitos clínicos da psicanálise como sugestão, esclarece Freud, já que ela atua também a favor de outros tratamentos de enfermidades mentais, sem, no entanto, conseguir dominar as neuroses.

Lévi-Strauss (1975) tece uma comparação da medicina xamanística com o tratamento psicanalítico. O fato de a metodologia do xamã na cura xamanística não corresponder a uma realidade objetiva não tem importância: o paciente acredita e é membro de uma sociedade que acredita. É claro que a eficácia simbólica no tratamento psicanalítico (questão que não vou desenvolver aqui) não pode ser pensada por aproximação com a medicina xamanística. Mas não se podem negar os efeitos do reconhecimento social na clínica.

É preciso distinguir a transferência como montagem no interior do tratamento psicanalítico e a "transferência prévia"[3] – concessão de um saber colocado pelo coletivo na figura do analista, que, nesse aspecto, é herdeiro do lugar do xamã.

Cada coletivo (macrossocial ou microinstitucional) vai marcando emblematicamente certos lugares, que se transformam em fontes de prestígio e favorecem o estabelecimento de transferências. Creio que as questões são: que pactos o movimento

---

[3] A expressão "transferência prévia" é usada por Luis Hornstein (1988).

psicanalítico realiza com esse coletivo, mesmo que ao preço de se perder[4]? Em quais momentos cada analista fica preso nos intercâmbios emblemáticos com o grupo a que pertence, em prejuízo do mais específico da montagem da situação analítica?

De Freud à instituição psicanalítica

Freud escreve "A história do movimento psicanalítico" (1914/1973a) em 1914. Realiza neste texto um primeiro movimento ao reconhecer-se como fundador da psicanálise e ao colocar-se, a si próprio, como instituição, fazendo coincidir os limites da psicanálise com os de sua pessoa. Num segundo momento, ao contar sua história, relança a psicanálise no contexto do movimento psicanalítico. Mostra como o cenário foi-se povoando e saindo do isolamento. Mas, a partir deste momento, dá um sentido diferente aos anos de ostracismo, ao entendê-los como uma *bela época heroica*. Reconhece certas vantagens desse afastamento baseado nas complicações trazidas consigo pela difusão e pelo crescimento.

Esses dois tempos, não sucessivos, mas simultâneos, estão presentes na vida de cada analista. Desde que o movimento psicanalítico existe, a figura "analista Robinson Crusoé" não

---

[4] Basta pensar em como "a peste", levada por Freud para os Estados Unidos, transforma-se na Psicologia do Eu; ou no fato de algumas Sociedades de Psicanálise aceitarem apenas médicos como membros – e não penso que psicanalista algum acredite em qualquer isomorfismo possível entre o campo psicanalítico e o diploma do médico.

passa de mito, pois todo profissional e sua clínica experimentam os efeitos produzidos pelos movimentos desse campo. Mas, ao mesmo tempo, não há psicanálise possível sem a singularidade do analista, pois é essa singularidade que determina a possibilidade e a limitação da psicanálise.

O movimento psicanalítico institucionaliza-se tanto mediante a incorporação de seu discurso por outros (médico, filosófico, pedagógico) quanto por meio da instituição psicanalítica. A institucionalização intensifica a possibilidade de difusão da psicanálise, mas traz consigo muitas complicações. Muito já se escreveu sobre os efeitos da pedagogização, da medicalização etc. do discurso psicanalítico e seus efeitos na clínica – desde *o furor curandi* até a interpretação moralizadora. Basta lembrar, como exemplo, as tentativas de incorporação da psicanálise como instrumento da estrutura pedagógica, fazendo os analistas de crianças receberem em seus consultórios mães que trazem seus filhos por imposição da escola, a qual sequer questiona a situação de ensino.

Interessa-me, porém, destacar um efeito produzido pela tentativa do controle institucional: certa separação da técnica em relação à teoria e à própria prática, criando-se o que se convencionou chamar de "teoria da técnica", delegando-se à instituição o controle de sua transmissão e conservação.

Ouve-se muitas vezes falar de uma separação entre analistas clínicos e teóricos, como se tal afirmativa não trouxesse em si a negação da psicanálise como prática que se sustenta tanto em sua possibilidade quanto em sua limitação no saber

O tempo, a escuta, o feminino: Reflexões

o que se faz. "O ponto principal, que diz respeito à dificuldade clínico-técnica, é pensar que podemos fazer tudo, desde que se saiba o que se faz. Nesse momento, é evidente que não se pode fazer tudo" (Fédida, 1988, p. 26).

Outro efeito da institucionalização foi o processo de ritualização da prática em certas situações. A forma (*setting*) vai-se esvaziando do sentido e se repete automaticamente como um ritual. Além disso, ocorre um deslocamento do eixo, daquilo que é o central e específico da situação analítica, passando-se a definir a psicanálise pelo *setting*. Então parece haver uma inversão – aquilo que era da natureza de instrumento converte-se num *ideal instituído* que o analista precisa sustentar com sua clínica.

Castoriadis (1975) refere-se ao processo de alienação que as sociedades vivem em relação às próprias instituições. As sociedades as criam, mas depois lhes atribuem uma força transcendente que as garante. É como a constituição do poder totêmico: o totem é uma criação imaginária instituída e investida de poder mágico.

O analista e os ideais instituídos

Nesta inversão, a instituição passa a ocupar o lugar do eu ideal narcísico, pervertendo-se assim a relação do analista com sua prática.

A clínica é o lugar onde a teoria recria-se: no discurso singular e na descoberta das verdades individuais e históricas redescobre-se o inconsciente, e ao mesmo tempo o sujeito redescobre-se naquilo que o transcende, ao reconhecer os universais que o determinam; os obstáculos encontrados na clínica levam forçosamente a conceitualização a repensar-se. Por acaso não é isso que faz com que o discurso freudiano, em sua extensão, seja cheio de idas e vindas? Não é isso que leva certos psicanalistas, como Laplanche, a tentar apreender os conceitos na história espiralada de sua construção, nas marchas e contramarchas de um processo de gestação inacabada e permanente?

Quando a clínica sai do lugar disruptor e motor da conceitualização e se converte no suporte do discurso de saber, as instituições psicanalíticas tornam-se seitas religiosas sustentadas no gozo narcísico das pequenas diferenças. Olhar-se nos olhos daquele que me olha e reconhecer-me como igual, não deixando lugar para o convívio com as diferenças: eis o que Freud conceituava como o funcionamento das massas. O líder (ou a "ideia-líder") ocupa aí o lugar do ideal, com o qual todos os indivíduos se identificam ao fazer-se imagem e semelhança, à custa de renunciar às modalidades individuais (Freud, 1921/1973).

No desenvolvimento descrito por Freud em "Introdução ao narcisismo" (1914/1973b), o eu-ideal-narcísico aparece por um deslocamento. Ao não querer renunciar à procura da perfeição, a criança tenta conquistá-la sob a forma de ideal. De posse dele, sem abdicar do narcisismo, consegue responder às solicitações ou exigências dos adultos, já que o eu ideal aparece como instância mediadora entre o individual e o coletivo.

> A partir da triangulação edípica, o ideal coloca-se mais além do eu atual; a ferida narcísica produz uma fissura que separa o eu do ideal e projeta no futuro o seu encontro com ele. No ideal a perda do objeto dimensiona o passado como falta. Converte-se na distância que separa o futuro do presente. O eu não é o ideal, mas virá a sê-lo: o ideal do eu origina-se de um não ser e esperar ter. (Hornstein, 1988, p. 36)

Mas duas afirmações de Freud parecem-me dignas de atenção:

> A distância entre o ideal do eu e o eu atual é muito variável e, em muitos casos, não supera os limites que apresenta na criança.
>
> O sujeito tentará retornar ao narcisismo, escolhendo, conforme o tipo narcisista, um ideal sexual que possui a perfeição que falta ao eu para chegar ao ideal. (1914/1973c, p. 2.026)

Nessa possibilidade de retorno é que Freud coloca o suporte dos processos de idealização, em que o objeto ocupa o lugar do ideal e o outro é suporte de uma expansão narcísica. É o que acontece com o hipnotizador ou com o líder da massa. O tema é retomado por ele no estudo das religiões, no fenômeno da ilusão.

A ilusão é algo que surge de um desejo: o de evitar o contato com a vulnerabilidade humana, criando uma figura de pai protetor, sem falhas nem faltas, recriado na onipotência e na onipresença de uma figura divina. A ilusão narcísica de plenitude.

Sustentar o lugar de analista implica dificuldades: a renúncia narcísica de suportar – para dissolvê-lo – o lugar de saber que nos é outorgado, sem confundir-se com ele; o convívio com a incerteza com a qual nos confronta a procura daquilo que constantemente nos escapa; a introdução do corpo na cena para ser o palco do desfraldar das transferências; o deparar-nos com os limites da possibilidade de interferir num processo por nós conduzido, mas que nos transcende nas determinações de uma história e nas vicissitudes de um desejo que são de outro.

Refugiar-se em uma ilusão é talvez pôr em campo um desejo de se livrar desse incômodo. Ilusão – o lugar ideal narcísico está ocupado pelo ritual, pela instituição que autoriza, pelo discurso teórico – que se oferece como infalível e capaz de dar conta de tudo.

Voltando os olhos para a clínica

Se tentarmos apreender nos livros o nobre jogo de xadrez, não tardaremos em notar que só as aberturas e as finais podem ser objeto de uma expressão sistemática exaustiva, à qual, por outro lado, subtrai-se a infinita variedade das

> jogadas que se seguem à abertura. Limitar-se ao estudo de
> partidas celebradas entre mestres no xadrez pode preencher
> esta lacuna. Pois bem, as regras que podemos indicar para a
> prática do tratamento psicanalítico estão sujeitas à idêntica
> limitação. (Freud, 1913/1973, p. 1.662)

Seguindo a analogia com o jogo de xadrez, não se pode pensar em uma técnica psicanalítica independente da própria prática, regida por uma legalidade que a define em sua especificidade.

O encontro de alguém que procura ajuda para um sofrimento (analisando) com um outro que lhe propõe a busca de algum sentido para o sintoma (analista) cria o espaço possível para a montagem da transferência. Mas como pensar esse tempo de chegada? Na analogia de Freud, o início da análise evidencia-se como momento especial – e o é, sem dúvida. Porém, para que uma análise possa ser iniciada, é necessário que um pedido possa ser escutado. Refiro-me a que se ponha em jogo, desde o primeiro momento, a "escuta analítica". Entre outras normas, tal escuta rege-se pela regra de abstinência a qual implica não responder ao que o analisando demanda, por exemplo, quando se é solicitado a ocupar o lugar de ideal: "Como você pensa que deve ser uma análise?"

No decorrer da partida (seguindo a mesma analogia) as jogadas são infinitas. Então, cada tratamento é único e as estratégias validam-se com base na regra fundamental que rege a situação analítica. Portanto, as jogadas encontram sua validade no fato de aproximar mais ou afastar menos da entrada em campo desta lei: a associação livre *versus* atenção flutuante – ainda que nunca se alcance total coincidência com ela. Isso leva Fédida (1988) a dizer que cada processo de análise é sempre um desvio e que não existe análise ideal.

Atualmente o psicanalista não vive à margem do reconhecimento social; pelo contrário, a psicanálise ocupa lugar de peso em nosso mundo cultural. Sua situação não é mais de isolamento, existe mesmo uma numerosa comunidade de analistas[5].

O movimento psicanalítico é um mundo povoado por múltiplas instituições. Há a pluralidade de pensamentos teóricos e de práticas conduzidas diferentemente.

Em certos momentos, seu discurso se cruza com outros discursos. É grande sua acolhida nos espaços institucionais. O campo de transferências é complexo. Como analista, que exerce sua prática neste tempo, interrogo-me: no meio desse reconhecimento social, como não perder a potência disruptora que germinou desde o nascimento da psicanálise na marginalidade e a fez fecunda? Como aproveitar a oportunidade de interlocução que nos dá a presença de outros analistas sem renunciar à solidão necessária para o exercício da função? No processo de alienação ao outro – discurso, mestre, instituição – a solidão não existe. Mas será que existe o analista?

---

[5] Vinte anos após a escrita deste texto, mantém-se válida a forma de entender as relações estabelecidas entre a psicanálise e o entorno, mas este sofreu modificações significativas nesse período. Atualmente, a invasão do campo pela psiquiatria biológica, pelo excesso de medicalização e pelas propostas e práticas dessubjetivantes parece indicar uma tendência a empurrar a psicanálise a um lugar marginalizado.

Existem práticas que levam a psicanálise ao encontro de seus limites e conduzem o analista à necessidade de recorrer a outros discursos. Como a psicanálise pode sair enriquecida dessa interlocução sem renunciar àquilo que lhe é próprio?

As instituições cumprem algumas funções importantes: lugar de intercâmbio entre colegas, espaço no qual as transferências circulam, assim como no processo de transmissão e difusão da psicanálise.

Creio ser aqui que a questão do ideal pode ser retomada. Há um ideal referido a uma forma de pensar a psicanálise, a um destino desejado para o movimento psicanalítico. Cada analista constrói este ideal como resíduo de processos identificatórios ocorridos em sua própria análise, nas experiências de supervisão, leitura de textos, intercâmbios com colegas. Na medida em que o ideal constrói-se com os restos de processos identificatórios, supõe-se que seja singular e histórico e, portanto, não imposto por uma instituição. Supõe-se também que seja da ordem dos ideais que se liberam da onipotência e que implicam a aceitação da castração no registro identificatório (Hornstein, 1988).

Supõe-se que cada analista passe por uma transformação no lugar da transferência que lhe permite a apropriação das heranças. A rearticulação singular dos restos identificatórios atua propiciatoriamente, abrindo caminho para pôr a psicanálise "a trabalhar".

Por sua vez, a forma com que se pensa a psicanálise determina diferentes formas institucionais que exercem diferentes efeitos sobre seus membros e sobre as possibilidades de suas práticas.

É possível pensar formas de organização institucional nas quais os ideais singulares e históricos não sejam barrados por uma organização que segue o modelo da massa, em que todos os membros se ligam a um traço que os unifica, excluindo-se as individualidades. Esse traço pode ser desde o gesto corporal até o *setting* ritualizado. Pode até mesmo ser o texto repetido em um discurso mimetizado, porque as próprias palavras às vezes viram "corpo" e perdem a função simbólica.

É no âmbito da comunidade analítica que o ideal de um analista encontra espaço para articular-se. Na situação clínica esse ideal situa-se na borda, como que fazendo parte do contorno do campo da escuta. O problema é quando entra no campo e o fecha, ou tende a ocupar seu lugar. Ou quando o ruído, que ainda não se converteu em palavras, é trocado pelo saber constituído: a singularidade é então substituída por uma ordem preestabelecida de relações. O sofrimento que grita é abafado por um "deve ser assim", que se impõe ao analista como um imperativo categórico.

18.

Mal-estar inevitável – Espaços possíveis (situando algumas questões)[1]

É maio de 1968. Os acontecimentos políticos em Paris produzem efeitos no seio da Sociedade Psicanalítica, que convoca uma Assembleia Geral. Nela são estabelecidas comissões de estudo sobre os problemas trazidos pela situação sociocultural da Psicanálise. Entre as comissões formadas, a mais ativa é a que se dedica a estudar a carreira e a hierarquia daquela Sociedade.

Num texto de Jean-Luc Donnet, que o próprio autor apresenta como um testemunho de uma reflexão coletiva, encontro a seguinte afirmação: "A *crise* da psicanálise contemporânea é cada vez mais patente e mais pública" (1974, p. 122, grifo meu).

Os acontecimentos de maio são fatos políticos; eles repercutem fortemente no interior da Sociedade Psicanalítica levando o autor a questionar-se sobre o porquê dessa repercussão. Trata-se de um momento histórico no qual a relação entre o cidadão

---

[1] Publicado originalmente em *Percurso*, n. 12, p. 33-38, 1994. Comunicação apresentada durante o I Congresso Interno do Departamento de Psicanálise do Instituto Sedes Sapientiae (São Paulo), 18 jun. 1994.

e o analista é interrogada. Um momento em que a psicanálise é julgada como teoria da cultura, como prática, e também em suas propostas de formação.

Donnet vai deixando claro ao longo do texto que há um fenômeno de *ressonância* da impugnação externa que se encontra com um *mal-estar* existente na própria instituição. Esse mal-estar estaria expresso da seguinte maneira: o projeto inaugural de uma sociedade de analistas não dissocia a transmissão da extensão:

> – Transmitir a psicanálise é manter viva a descoberta freudiana.
>
> – Estendê-la é desenvolver suas implicações em todos os domínios possíveis [...] Quando o próprio processo de extensão da psicanálise põe em perigo a "ortodoxia", surge a exigência do controle da formação e do controle dos analistas por si mesmos, com a consequente instauração de um princípio de responsabilidade coletiva (1974, p. 127, p. 128-129).

A contradição existente – definição da formação do analista centrada na análise pessoal *versus* exercício de controle da formação – será examinada ao longo do texto. Os efeitos dessa contradição em cada uma das instâncias no interior da Sociedade Psicanalítica de Paris vão sendo apresentados com clareza.

Transportemo-nos no espaço

Argentina, 1969.

Aquele ano foi um marco na história do movimento psicanalítico internacional. A International Psychoanalytical Association (IPA) convoca seu 26º congresso, em Roma. Um grupo de jovens analistas europeus autodenominado "Plataforma Internacional" organiza então um contracongresso para discutir os seguintes temas:

- Formação do analista.
- Estrutura e função da Sociedade Psicanalítica.
- Lugar social da psicanálise.
- Relação do analista com suas instituições.

A Argentina vive um momento conturbado socialmente, e no final de 1969 a Asociación Psicoanalítica Argentina (APA) começa a sentir o impacto desse movimento social. Um grupo de analistas membros da APA forma o grupo Plataforma Argentina, que, em 1971, renuncia à pertinência institucional.

Os livros *Cuestionamos I* (Langer, 1971) e *Cuestionamos II* (Langer, 1973) analisam esse momento. Num dos textos, de autoria de Emiliano Galende, encontro a seguinte afirmação: "As notas constituem algumas reflexões sobre a *crise* que a psicanálise e os psicanalistas têm vivido nos últimos anos" (1973, p. 55, itálico meu). E o autor esclarece em uma nota de rodapé: "denominamos 'crise' o momento de ruptura de um equilíbrio posto em valores" (Galende, p. 55).

O texto de Galende vai desenvolvendo as vicissitudes de um grupo de analistas de uma cidade do interior da Argentina (Rosario): isso lhe permite ir refletindo sobre um projeto de formação de analistas com relação ao lugar social e às demandas sociais em determinadas circunstâncias históricas.

Nesse percurso, o autor deixa claro como determinadas formas das relações de poder no interior das sociedades de analistas empobrecem sua produção:

> Torna-se necessário para a instituição normatizar suas práticas e formalizar a relação entre os praticantes. Elas atuam como contrassenha de reconhecimento entre os membros do grupo, agregando-se à identidade do analista como gradações de prestígio e poder. A aceitação e o cumprimento delas é condição de reconhecimento pelo grupo, e, além disso, garantia dos benefícios que a pertinência institucional outorga. Daí a tendência à ritualização das práticas e relações interpessoais e o empobrecimento da criatividade, cuja condição passa pela transgressão. (Galende, 1973, p. 72)

Transportemo-nos no espaço e no tempo

Califórnia, 1990.

Num texto chamado A *situação atual da psicanálise*, Otto F. Kernberg refere-se a uma série de artigos de importantes

O TEMPO, A ESCUTA, O FEMININO: REFLEXÕES

analistas dos Estados Unidos, que trazem uma "[...] ilustração viva do sentimento de *crise* experimentado atualmente na comunidade psicanalítica do país." (1990, p. 16).

Na opinião do autor:

> Junto à perda do papel protetor que a psiquiatria organizada teve em relação à psicanálise no passado, teme-se que haverá uma diminuição ainda maior de prestígio e do "terceiro pagante" no tratamento psicanalítico (1990, p. 17).

Kernberg percorre no texto uma série de aspectos sobre a situação da psicanálise em seu país, chegando a questões sobre a organização institucional e a formação. Em seu texto encontramos as seguintes afirmações: "[...] acredito que muitos de nossos institutos de psicanálise são caracterizados mais pela atmosfera de doutrinação do que pela exploração científica" (Kernberg, 1990, p. 23).

Afirma também:

> Os analistas formadores acreditam estar transmitindo ao mesmo tempo arte e ciência, mas estruturam os institutos de modo a corresponderem mais a uma escola técnica com traços de seminário religioso. (1990, p. 24)

Os três textos citados são de analistas de associações diferentes, de lugares distantes, e foram escritos num intervalo de tempo de 25 anos. Chamou minha atenção a insistência de todos eles sobre a "crise da psicanálise". Meu interesse foi também despertado pela semelhança dos contextos nos quais essa afirmação surgiu. Os três citam momentos nos quais os analistas se veem tocados por acontecimentos *extramuros* que os interrogam a respeito dos seus lugares e os levam a formular perguntas com relação às suas próprias associações e seus projetos de formação.

Nas duas primeiras situações, trata-se de movimentos sociais que questionam as relações de poder e interrogam os analistas sobre essas relações em suas associações. Na terceira, são mudanças no lugar social da psicanálise e no discurso psiquiátrico que levam os analistas a se perguntar sobre o *empobrecimento* do seu próprio discurso. A função dos analistas recebe apelos, questionamentos e exigências no sentido de se repensar vindos do *extraterritorial*.

Crise do quê? De valores – responde E. Galende (1973). De ideais, diria eu.

Existem momentos da história do movimento psicanalítico, como os anteriormente citados, nos quais a força de desestabilização é intensa a ponto de gerar propostas de mudanças significativas, ou de produzir rupturas institucionais e organização de novas propostas de formação. Contudo, não é sobre os *momentos de crise* que estou interessada em refletir, e sim sobre algo que nesses momentos vem à tona de maneira mais expressa, embora se trate de paradoxos que são *permanentes*.

Os três textos seguem um mesmo caminho. Os autores perguntam-se sobre as formas de controle, reconhecimento e organização que funcionam nas instituições e sobre os efeitos destas no cerceamento à *criatividade dos analistas*.

Existe um eixo que eu caracterizaria como demanda do social – ideais – forma de organização institucional – formação, no qual funcionam vetores de *equilíbrio crítico permanentes*. Os lugares em que os apelos *extramuros* fazem eco, ressoam, são lugares de certo "mal-estar inevitável" no interior das instituições psicanalíticas.

Análise pessoal/controle institucional

Comecemos pelo começo. O fato de alguém desejar ser analista implica tanto uma condição psíquica na qual a curiosidade foi subtraída ao processo de repressão para seguir o caminho da sublimação quanto a escolha desse objeto particular, sabe-se lá por meio de quais vicissitudes e destinos identificatórios.

Uma vez que o desejo se faz presente – sendo indiferente que surja antes de começar ou durante o desenrolar de uma análise –, ele é objeto de análise. Para tanto, é necessário que a *análise pessoal* exista. Aqui começam as opções com relação ao lugar que a instituição irá ocupar.

Se se pensa que uma vez surgido, o desejo deve ser apresentado a uma associação de analistas, a pessoa terá que escolher um analista e uma instituição ao mesmo tempo, num amálgama que outorga ao *ideal* toda sua força.

> A análise didática propõe-se uma meta extrínseca ao processo de análise e consolidada de saída pela convivência conjunta de três instâncias: a instituição (e seus ideais), o analista (e seus ideais) e o candidato (e seus ideais ou ambições). (Laplanche, 1989b, p. 4)

Laplanche (1993) distingue a análise feita por "demanda" daquela feita "sob encomenda" de uma instituição. Esta última instaura, desde o início, um "inanalisável", já que a ambição do analisando – quero ser analista – e a proposta do analista – vamos torná-lo um analista – criam certamente um *ponto de surdez*.

Gostaria de deixar claro que não estamos negando, com todas essas afirmações, aquilo que de análise possa existir na chamada "análise didática"; nem pensando que na análise pessoal não existam pontos de dificuldade na escuta, nos momentos em que se trata de analisar algo que toca o analista, num lugar de tanto investimento libidinal como é seu ofício.

Mas para que instaurar uma *surdez institucionalizada*?

Não associar a análise pessoal à obtenção de um *produto acabado*, conforme os ideais institucionais, tem sido nossa proposta. Cada um escolhe então seu analista, que pode pertencer à instituição X ou Y – ou a nenhuma delas – para se aventurar num processo de viagem "ao estrangeiro" em si (Laplanche, 1993), não encontrando assim na questão profissional uma linha de fuga para a dor na transferência.

Gostaria de citar algumas reflexões sobre o tema:

O TEMPO, A ESCUTA, O FEMININO: REFLEXÕES

> A experiência mais penosa para aquele que deseja ser analista é aprender a ser analisado. (O. Mannoni apud M. Mannoni, 1986, p. 102)

> Autorizar a si mesmo a "ser louco" na análise, em vez de representar o normal, supõe que o analisando saiba que, no fim, ele não será eliminado da instituição. (Mannoni, 1986, p. 103)

> A temporalidade da transferência é o *après-coup*: então é por "ação diferida" que a transferência pode ser percebida ou teorizada, para além da oposição entre a sua "loucura" e a sua "normalidade", na integração simultânea da "normalidade de sua loucura" e da "loucura de sua normalidade", de toda normalidade. A carreira confirma uma temporalidade linear cujo valor de resistência na cura é conhecido; ela aliena sua fecunda alienação. (Donnet, 1974, p. 131)

A relação análise pessoal/controle institucional, segundo me parece, é um dos eixos de tensão.

Desejo de conhecimento/desejo de reconhecimento

É claro que, quando alguém quer ser analista, há nesse querer algo que se entrelaça ao lugar social da psicanálise. Não é o mesmo querer ser analista no marco da resistência cultural à psicanálise – em que talvez certo heroísmo fizesse parte da escolha – e querer sê-lo num momento histórico no qual o prestígio social outorga à escolha a fascinação dos emblemas sociais, a ponto de passar do "desejo de conhecer" ao "desejo de fazer-se reconhecer" (Aulagnier, 1980a). Assim como não deve ser igual uma escolha feita num momento em que a prática está desprestigiada perante outras opções (Kernberg, 1990).

Na história do movimento psicanalítico, foi sendo produzido um deslocamento. Fundamentalmente a partir de 1920, começa-se a insistir no caráter da formação profissional, e, de acordo com o testemunho de vários autores, os candidatos passam a estar cada vez menos preocupados com a cura de seus sintomas e mais preocupados com o projeto de se tornarem *analistas ideais*.

Encontro nesse eixo: demanda de reconhecimento – formas nas quais a instituição responde a ela, outro dos paradoxos a ser equacionado.

Temo-nos negado a transformar nossa instituição (Departamento de Psicanálise do Instituto Sedes Sapientiae) em lugar de habilitação profissional, garantia de autorização. Contudo, desde que o projeto de formação foi aberto para profissionais não médicos nem psicólogos, têm surgido reiteradamente nas discussões sobre a seleção, situações que nos levam à seguinte questão: somos procurados como uma instituição habilitadora?

Tem ficado claro que o simples fato de dizermos "não habilitamos", "não outorgamos diploma", não nos isenta das difíceis questões da procura por reconhecimento. Algumas perguntas têm surgido insistentemente na instituição nesses últimos tempos: precisamos de mecanismos de reconhecimento institucional diferentes dos que temos? Será que é necessário explicitar com maior clareza o modo como esse reconhecimento acontece no interior do Departamento? Não seria melhor estabelecer rituais de passagem mais claros?

Entendo que é importante nesse momento encontrar formas mais claras para reconhecer diferenças e distintos momentos no percurso. Mas, fundamentalmente, acredito que temos que *conhecer* e *reconhecer* o que os colegas fazem, pensam e produzem. Ou seja, encontrar formas de reconhecimento institucional que não repitam o deslocamento acontecido na história do movimento psicanalítico: a passagem sintomática do "desejo de conhecer" para o de "fazer-se reconhecer", no sentido de mera marca.

Aparato teórico/saber inconsciente

O processo de análise permite a supressão de resistências, o que, por sua vez, propicia ao analisando a possibilidade de ser suporte para que outro processe as suas próprias interrogações. Supõe-se também que a própria análise, bem como a prática clínica, modifique a relação do analista com os textos. Não é necessário fazer análise para ler Freud, mas certamente fazer análise e analisar coloca-nos, em relação ao texto, numa possibilidade de interlocução e apropriações diferentes.

Diz Piera Aulagnier: "[...] o praticante, longe de desempenhar um papel secundário com relação ao texto, transforma-se no único capaz de devolver-lhe sua 'potência de ato'" (1980a, p. 19).

Gosto de pensar o Departamento de Psicanálise como um lugar de encontro, que favoreça a supressão de resistências, o pensamento e a transgressão daquilo que está estabelecido, fazendo avançar a psicanálise. Mas encontro aqui um novo eixo de dificuldade. Se concordarmos com a colocação de Lucien Israel de que "nossa função não está na teoria, mas está situada na interface entre o aparato teórico e o saber inconsciente daqueles que falam" (1984, p. 83), pensar num modo de transmissão que possa ter algum isomorfismo com a função certamente não é tarefa fácil.

É sobre esse ponto que nos debatemos quando perguntamos: como se escreve, ou como se lê uma monografia? Como transitar pelas teorias sem transformá-las em dogmas? Certamente temos feito algumas escolhas, por exemplo, a de não fazer uma psicanálise de escola, colocando-nos como seguidores de alguém, fato que nos deixaria, como analistas, tão presos às questões de *fidelidade*, que seríamos impedidos de pensar a prática.

Em certos momentos, tem sido uma escolha transmitir os conceitos na própria história da sua produção, já que *des-historizá-los* pode levar a uma absolutização que os transforme em dogmas.

Entender que a transmissão acontece rente ao pensar, repensar, ressignificar a clínica. Tentar conseguir reelaborações significantes sobre o que fazemos naquilo que o tecido tem de mais sensível, na mais delicada filigrana, na construção mais minuciosa do que está em jogo na dinâmica da transferência. São propostas que certamente nos diferenciam de um projeto de "ensino da psicanálise". Contudo, há muito que fazer nesse sentido.

Se existe uma permeabilidade entre o *processo primário* e o *processo secundário*, necessária de ser mantida para que a escuta analítica se torne possível, resta muito trabalho ainda no sentido de inventar modos de transmissão que não produzam efeitos inibitórios sobre o processo de pesquisa teórico-clínico.

É fundamental incluir o trabalho sobre as resistências, não somente sobre as que impedem a condução de um tratamento, mas também as que são fruto do instituído, que impedem a inclusão de novas ideias, a investigação de outras temáticas que permitam à psicanálise avançar.

Inventividade/ideais instituídos

Os permanentes embates ao narcisismo, aos quais nossa prática nos expõe, parecem produzir efeitos nas associações de analistas. No interior delas, o desfraldar dos narcisismos pessoais transforma em difícil tarefa o processamento das diferenças e dos conflitos de geração. Isso termina muitas vezes no

400 COLEÇÃO "CLÍNICA PSICANALÍTICA"

assassinato dos "jovens" ou "velhos", e não se faz necessário recorrer a histórias como as de Tausk[2] ou Stekel[3] para ilustrarmos esse eixo de tensão.

Todo grupo de formação de analistas tem seus ideais, bem como seus projetos para desenvolver no campo psicanalítico. Há um ideal referido a uma forma de pensar a psicanálise, a um destino desejado para o movimento psicanalítico. Cada analista constrói este ideal como resíduo de processos identificatórios ocorridos no interior de sua própria análise, nas experiências de supervisão, leitura de textos, intercâmbios com colegas. No momento em que o ideal do grupo deixa de ser um *eixo propiciatório* para ser imposto aos seus membros condenatoriamente, a inventividade e a criatividade ficam cerceadas.

Muitas vezes foi dito que os inventores meio loucos dos primórdios foram substituídos por indivíduos adaptados sem nenhuma genialidade. Parece óbvio que o "analista precisa manter-se aberto à invenção, disponível aos imprevistos e

---

[2] Psiquiatra e psicanalista, Viktor Tausk (1879-1919) integrou a Sociedade de Psicanálise de Viena e dedicou-se ao estudo da esquizofrenia. Foi recusado como paciente por Freud, que o encaminhou para análise com Helene Deutsch. Ela, no entanto, receou que essa análise interferisse em seu próprio tratamento com Freud. Orientada a escolher entre paciente e analista, optou por encerrar a análise de Tausk. Após alguns conflitos com Freud sobre propriedade intelectual de artigos, Tausk suicidou-se.

[3] Wilhelm Stekel (1868-1940), psiquiatra austríaco, contatou Freud em 1902, e após uma curta análise integrou o "grupo das quartas-feiras". Fundou, com Adler, o jornal *Zentralblatt für Psychoanalyse*, do qual foi editor por muitos anos. Pretextando divergência de opinião com Freud a respeito de um artigo de Viktor Tausk, desligou-se da Sociedade de Psicanálise em 1912. Teria tentado, em vão, posteriormente, retomar o contato com Freud. Foi encontrado morto em um quarto de hotel em Londres, supostamente por suicídio.

O TEMPO, A ESCUTA, O FEMININO: REFLEXÕES 401

sensível ao humor" (Mannoni, 1986, p. 91). Sem que haja inventividade em jogo e singularidade presente não é possível manter em andamento a *aventura analítica*.

Pois bem, a associação de analistas não tem como obrigatoriedade seguir o modelo da *massa*, na qual os membros ligam-se a um traço que os unifica, excluindo suas individualidades (Alonso, 1989). Ao mesmo tempo, a quebra dos grandes projetos no mundo contemporâneo parece eliminar às vezes à "crença no fazer com outros", fundamental para instaurar novas formas de sociabilidade.

Se uma associação de analistas não tem por que seguir o modelo da massa, também não entendo que deva ser transformada numa somatória de indivíduos umbilicalmente solitários, disputando a corrida do prestígio e do "fazer-se reconhecer".

Freud fundou a Associação Psicanalítica numa tentativa de proteger a psicanálise e os psicanalistas. Mas não transcorreu muito tempo antes que ele próprio se referisse com nostalgia aos primeiros tempos de "isolamento heroico" (Freud, 1914/1973a). Ele se queixa, dizendo que sobreviveu à Comissão e quiçá sobreviva à própria instituição psicanalítica, mas que espera que a psicanálise sobreviva a ele.

A psicanálise sobreviveu e sobreviverá enquanto forem produzidos lapsos, sintomas, sonhos e houver alguém disposto a ouvi-los. Mas também as sociedades de analistas continuam existindo, apesar das críticas permanentes sobre os efeitos de esterilização, petrificação e mumificação da obra. Será que elas podem apenas ser pensadas como um mal necessário?

Tentei aqui situar algumas questões que, no nosso Departamento, são pontos de conflito. Mas se meu interesse foi situá-los em outras instituições e momentos históricos, foi para dizer que nas relações psicanálise/demanda social, psicanálise/instituído, psicanálise/saber, há conflitos que são *inevitáveis*. Entendo que é importante reconhecê-los como tais, para criar no Departamento *espaços possíveis* que permitam um trabalho de *elaboração simbolizante*.

Tentar suprimir os conflitos por decreto somente nos leva à produção de instituições burocráticas, que no esforço por suprimi-los, apenas eliminam a possibilidade de trabalhá-los. Dizia Groddeck:

> É necessário que a Associação Psicanalítica renuncie ao seu desejo de, como no Concílio de Trento ou nas Confissões de Augsburg, estabelecer artigos de fé, legislar com soberba, brincar de banca examinadora. É necessário saber que ela tem uma função mais ampla, a de explorar, duvidar e explorar novamente. Ela tem o direito de escolher seus membros, mas estará sendo no mínimo imprudente se se pensar como a única a conhecer o caminho da salvação. (1976, p. 92)

Pensar o Departamento de Psicanálise como local de referência e interlocução para nós, analistas. Ter dentro dele a possibilidade de associarmo-nos a outros para desenvolver projetos clínicos, de transmissão, de publicação e de pesquisa. Abrir espaços que nos permitam repensarmo-nos com relação às demandas externas, às transformações de campo e aos próprios impasses internos. Não nos vermos como uma construção acabada, mas em movimento. Isso talvez permita à psicanálise e à nossa Instituição continuarem caminhando juntas...

19.

A APROPRIAÇÃO DAS HERANÇAS NO CAMINHO DA CONSTRUÇÃO DE UM ANALISTA[1]

No processo de nos construirmos como humanos, todos estamos inseridos na corrente geracional. Recebemos marcas daqueles que nos precedem e transmitimos marcas àqueles que nos sucedem, e isso faz com que as questões da filiação e das heranças se tornem fundamentais para pensar a constituição subjetiva. Quando queremos abordar este tema, somos interrogados tanto pelo grau de continuidade de uma geração à outra quanto pelos caminhos pelos quais se produz esta transferência. Mas não é somente na linha da continuidade que temos que refletir. Herdar não é apenas receber algo do outro, é também nos apropriarmos daquilo que recebemos. A conhecida frase de Goethe, citada por Freud em "Totem e tabu"(, "aquilo que herdaste de teus pais, conquista-o para possuí-lo"[2] (1913/1989c,

---

[1] Publicado originalmente em *Jornal de Psicanálise*, n. 38, v. 69, p. 165-177, dez. 2005.

[2] Goethe, *Fausto*, Parte 1, Cena 1.

p. 159), mostra-nos que para poder herdar algo é preciso fazer um trabalho psíquico de apropriação.

Toda apropriação de uma herança implica um trabalho de luto. Porém, como não nos estamos referindo às heranças materiais, e sim às psíquicas, trata-se do luto do outro no lugar idealizado da completude é o luto do *infans* em nós, desejoso de manter a ilusão de que não há limites. Trabalho de luto que permite a separação do outro, mas que também produz uma transformação da posição subjetiva. Todo processo de filiação implica fazer o luto do pai primordial (aquele que Freud, em "Totem e tabu", designou como o pai da horda), caracterizado por um poder sem limites e por seu exercício arbitrário. Todo processo de filiação passa pelo reconhecimento da mortalidade do pai. Caso não fizéssemos esse luto e mantivéssemos o pai no lugar de ideal, ceder-lhe-íamos toda a responsabilidade. É justamente por isso que a idealização é um caminho mais fácil do que a sublimação, já que ela nos libera da responsabilidade sobre o desejo e sobre as escolhas, mas nos faz prisioneiros dos fantasmas dos outros. Abrir mão da figura idealizada do pai é possível a partir da renúncia ao narcisismo da infância e da aceitação da limitação. Cada um de nós é produto dos sonhos dos pais. Quando nascemos, nosso corpo se insere num sonho que nossos progenitores sonharam para nós, sonho criado com base no narcisismo deles, e que nos solicita a perfeição que eles desejaram para si mesmos e que não alcançaram. Ao nos identificarmos com o corpo perfeito demandado pelo sonho, constituímos em nós o *eu ideal* e, embora nunca renunciemos

O TEMPO, A ESCUTA, O FEMININO: REFLEXÕES 407

totalmente ao desejo de completude do narcisismo infantil, ao rearranjar os restos do complexo de Édipo e reconhecer a limitação, construímos em nós o *ideal de eu*, instância que inclui o tempo de futuro e cria a promessa de realização de plenitude, assim postergada. A constituição da instância do ideal do eu nos abrirá para os projetos no futuro, via propiciatória que possibilitará a construção de *caminhos próprios e singulares* (Alonso, 2003). Será pelo processo de *historização simbolizante* – termo de Piera Aulagnier –, processo que implica elaboração, luto e apropriação, que o eu, partindo dos lugares de identificação, construirá seus próprios conteúdos. Aquilo que não passa pela metabolização, efeito da historização simbolizante, impõe-se-nos como compulsão de repetição, como mandato superegoico.

Até aqui estamo-nos referindo à constituição subjetiva, à constituição do sujeito como limitado, condição necessária para poder desejar e pensar, processo que se dá simultaneamente à inserção no mundo social e suas instituições. Agora, se passamos a pensar no campo da transmissão da psicanálise e da construção de um analista, o tema da filiação e apropriação das heranças cobra também uma presença importante e nos coloca ante a necessidade de fazer uma reflexão sobre a especificidade do saber psicanalítico, assim como de pensar os processos de alienação e desalienação na formação do analista e no funcionamento das instituições.

O tripé da formação

O tema da formação do analista é de grande complexidade, bem como as divergências a seu respeito. Nem sequer sua nomeação nos deixa muito tranquilos, pois *formação* alude a forma, moldes, modelos, figuras que não são muito interessantes quando se trata de um analista. Talvez fosse melhor que falássemos de *construção*. O processo de construção de um analista tem sua semelhança com o dos artesãos na aquisição de um ofício, que se dava pelo contato com os mais experientes, no um a um, construção que no caso do analista passa por um aprendizado e ao mesmo tempo uma mudança de estado, segundo a afirmação de Enriquez (1994, p. 12-20).

Não se pode negar que hoje o campo psicanalítico abrange uma diversidade de teorias e de práticas, assim como de associações de analistas que propõem critérios de formação para seus membros e que têm entre si poucas coincidências. E seria absurdo que alguma delas tentasse impor os próprios critérios como universais ou pretendesse assumir-se como a única com legitimidade. Toda instituição que se ocupa da formação tem suas ideias, suas crenças e seus ideais – é natural que seja assim –; no entanto, é importante que não pretenda torná-los uma verdade universal e que, em vez de impô-los autoritariamente, faça deles uma via propiciatória.

As divergências em relação ao tema são tantas que as cisões institucionais na história do movimento psicanalítico aconteceram quase sempre por diferenças no eixo da formação

O TEMPO, A ESCUTA, O FEMININO: REFLEXÕES

e das hierarquias no campo das instituições[3]. No entanto, nessa diversidade há alguns poucos pontos em comum, e certamente aquele sobre o qual não haveria discordâncias é o que diz respeito à análise do analista como ponto central da formação. O lugar central da análise é compartilhado por todas as escolas e instituições psicanalíticas. O processo de formação começa pelo reconhecimento do desejo de ser analista, desejo este que mostra uma condição psíquica na qual a curiosidade foi subtraída ao processo do recalque e pôde seguir o caminho da sublimação, e em que vicissitudes e caminhos singulares levaram à escolha desse objeto. O reconhecimento do desejo de ser analista – que em alguns casos leva ao início de uma análise e em outros acontece no interior dela – será objeto de análise, e é claro que apenas o desejo não é suficiente. Construir-se como analista é processo que inclui a análise e as reanálises, as supervisões, os estudos teóricos, assim como as trocas com os colegas nas associações de pertinência. Elas são fundamentais para dar conta de uma formação que é interminável, para permitir processos de elaboração dos restos de transferência, para continuar a pesquisa que serve ao desenvolvimento da psicanálise, assim como para encontrar meios de fazer circular as formas de resistência à psicanálise – que vão mudando conforme as épocas, mas estão sempre presentes – para não se deixar enredar nelas.

---

[3] Assim podemos dar os exemplos da França, nas cisões de 1963, que deram origem à Escola Freudiana, e na de 1968, que deu origem ao Quarto Grupo. E poderíamos também acrescentar a cisão na Argentina em 1971.

É no espaço da própria análise que o analista viverá a experiência singular do inconsciente atualizado na transferência, adquirindo assim um saber que não está nos livros, já que se trata da verdade totalmente única e singular do sujeito. O fato de ocorrer um aprendizado no processo de análise não leva necessariamente à suposta divisão entre análise pessoal e análise didática[4]. Entendo que toda análise tem efeitos didáticos, no entanto eles se reconhecem no *a posteriori*. Tendo a análise um lugar fundamental na formação do analista, a singularidade é marca fundamental na sua formação.

Para alguém vir a ser analista, terá também que analisar. É no espaço da clínica que se irá deparar com o fugidio do objeto, assim como com o radicalmente singular do ato analítico. Terá que dispor sua escuta para o outro, acolhendo as experiências afetivas mais intensas, suportando a incerteza, pondo em suspensão o saber já construído para poder construir um saber singular em cada análise. Terá que aprender a suportar os fortes embates com o narcisismo aos quais nossa prática nos expõe e a exercitar a paciência necessária à escuta. Sua experiência com o analisando terá que chegar ao âmbito da supervisão e também será repensada com base na leitura dos textos de Freud e dos que vieram depois dele. Constitui-se assim o tripé

---

[4] As condições da análise do analista e a maior ou menor ingerência da instituição nesta são certamente pontos de divergência importantes entre as instituições na história do movimento psicanalítico até hoje. A Instituição à qual pertenço, o Departamento de Psicanálise do Instituto Sedes Sapientae, defende para seus membros a livre escolha do analista, fundada na transferência e sem interferências da instituição.

O TEMPO, A ESCUTA, O FEMININO: REFLEXÕES 411

de formação que, embora não tenha surgido todo de uma vez, foi sendo construído, e desde muito tempo é reconhecido por todas as instituições que se ocupam da formação[5].

O espaço da supervisão é um espaço intermediário, no qual a experiência absolutamente singular vivida numa análise se entrecruza com o discurso articulado. Embora não seja um espaço de análise, é preciso que o supervisor exerça uma escuta atenta às posições identificatórias e aos movimentos transferenciais e contratransferenciais, abertura necessária para não reduzir o âmbito da supervisão a um espaço pedagógico. Para que, nesse espaço, o analista em supervisão possa ir construindo um pensamento clínico, é necessário que o supervisor não ocupe um lugar de exagerada mestria, mas, ao contrário, acompanhe-o, dando-lhe suporte necessário para, como dizia Winnicott (1994), capacitar o bulbo para se desenvolver num narciso-flor por meio dos tratos satisfatórios em vez de "fazer um narciso". Serão a confiança do supervisionando no supervisor, e a confiança deste último no método, adquirida pela sua experiência, que abrirão no espaço de supervisão uma possibilidade de continuar os caminhos associativos e de construir um pensamento clínico. O espaço da supervisão é

---

[5] Para Freud, o lugar de suposto saber e de ensino se misturava bastante nas análises dos seus analisandos-discípulos, o que é natural, por ter sido ele o criador da teoria e do método. Coube a seus seguidores diferenciá-las. Segundo afirma Jorge (2001), teria sido Hans Sachs o primeiro a diferenciar a análise pessoal e a supervisão clínica. Tendo ido a Berlim para encarregar-se da análise de alguns analistas, achou que os processos começavam a ficar confusos pela insistência de falarem dos seus atendimentos; criou então um dispositivo novo, um grupo de analistas para discutir as situações clínicas, ou seja, um espaço de supervisão.

certamente um lugar privilegiado para experimentar o prazer de pensar o desconhecido, condição fundamental do analista para o exercício da clínica[6]. O reconhecimento dos pontos cegos do analista na supervisão permite-lhe retornar à análise para continuar o trabalho e voltar à clínica com uma abertura maior de sua escuta. Quando o supervisor excede em mestria, o supervisionando retorna à sua clínica com um maior peso superegoico que, em lugar de dar uma maior abertura à sua escuta, irá dificultá-la.

Formação e ensino

Da existência do tripé depreende-se a conclusão de que na psicanálise a formação não se confunde com ensino. A psicanálise não pode ser ensinada da mesma forma que as outras ciências. É claro que se pode ensinar teoria psicanalítica – atualmente em inúmeros cursos universitários estudam-se os textos teóricos psicanalíticos –, mas isso não faz de ninguém um analista. O saber na psicanálise não é concluído, é um saber em devir, que se refaz em cada análise e só ganha sentido quando reencontrado ao vivo na experiência entre analista e analisando. Isso não implica desprezar o texto; pelo contrário, não se pode sustentar uma clínica a não ser com base em um exaustivo conhecimento de metapsicologia no qual se apoia

---

[6] Sobre o tema do prazer necessário do analista na clínica, ver Aulagnier (1998).

a escuta e que, *a posteriori*, permitir-nos-á entender os efeitos produzidos pelo trabalho da interpretação. Mas temos que nos manter rente ao pensar, repensar e ressignificar a clínica, e tentar encontrar elaborações significantes sobre o que fazemos naquilo que o tecido tem de mais sensível, na mais delicada filigrana, na construção mais minuciosa do que está em jogo na transferência, como forma de evitar que as teorias virem dogmas. É necessário tomar cuidado para não cair num "empirismo prescritivo" ou num "teoricismo dogmático". Se a escuta para a clínica precisa ter uma permeabilidade que nos permita transitar entre o processo primário e o secundário, é importante pensar em formas de transmissão da teoria que não produzam processos inibitórios. Se as teorias se dogmatizam, se não há lugar para a incerteza, fecha-se qualquer espaço possível de circulação para o que é da ordem do processo primário. Os conceitos só se mantêm vivos quando reformulados e redescobertos com base na clínica; caso contrário, viram letra morta, objeto de mera repetição. A teoria tem que ser metabolizada, encarnada; tem que se transformar em pensamento próprio.

Os conceitos psicanalíticos são criados para responder a determinadas problemáticas e construídos com base em determinados fenômenos clínicos. É necessário, portanto, estudar os conceitos na história de seu surgimento, pois, quando isolados do momento e da problemática à qual vieram responder e do momento no qual surgiram, eles se universalizam, cristalizam-se e, em lugar de servir ao processamento *a posteriori* do trabalho clínico, apenas servem à mera repetição. Na clínica, o analista tem que suportar as incertezas e exercitar a escuta e a interpretação de forma singular; ele é o único avalista do método. Isso faz com que, às vezes, recorra à teoria como um dogma, buscando proteger-se na ilusão de totalidade. Por seu turno, quem a transmite pode fazê-lo como um saber inquestionável, um saber exaustivo e conclusivo, privando quem o recebe do objeto com que possa articular seu desejo de saber e abrir-se à pesquisa. Como afirma Piera Aulagnier (1980a), convém que quem se propõe a transmitir a psicanálise revise o seu "desejo de formador" para ver o quanto nele pode estar ainda vivo o "fantasma de mestria" como forma de recuperação narcisista.

Além do perigo do teoricismo dogmático, temos que assinalar o do empirismo e o da ritualização da prática. Nesse caso, a análise confunde-se com o *setting*, e se esquece de que o rigor do pensamento metapsicológico como apoio da escuta outorga ao analista flexibilidade para utilizar o *setting* como instrumento, sabendo que o importante é a sustentação da "situação analítica".

Aquilo que herdaste, conquista-o para possuí-lo

Freud inventou a psicanálise, construiu uma teoria e criou um método de tratamento. Seu processo da construção da teoria acompanhou o trabalho de elaboração do seu próprio complexo paterno[7]. A construção da teoria foi desenvolvida

---

[7] Esse processo é acompanhado com detalhes em Mezan (1985).

por Freud com base em sua clínica e em sua autoanálise, na qual os avanços realizados foram abrindo-lhe possibilidades para reformular questões teóricas. Embora não possamos reduzir a teoria psicanalítica à biografia de Freud, certamente os dois campos se entrecruzam de forma significativa. Para cada analista, em seu processo de formação, a relação com as origens da psicanálise é fundamental para poder recuperar as marcas da especificidade de produção do conhecimento nessa disciplina, que certamente são muito diferentes das de outras áreas. É em movimentos helicoides entre as origens e o novo que a formação do analista será possível.

No processo de formação, deparamo-nos novamente com as questões da inserção numa corrente geracional e da transmissão das heranças, pondo-se em jogo novamente algumas das condições que explicitei no início em relação à constituição subjetiva. Em cada momento histórico, o discurso psicanalítico constrói um lugar e uma forma de ser para um analista. Dele fazem parte os sonhos das gerações anteriores, assim como seus recalcamentos.

É no interior desse sonho que um analista haverá de se construir. Isso levou alguns autores a afirmar a existência de um processo de alienação que constitui o analista na sua função. Nos processos de alienação o outro é idealizado, tomado como portador de todas as verdades, verdades absolutas que protegem das incertezas e que permitem não renunciar à completude. Em uma análise, o "saber suposto" outorgado ao analista sobre nosso sofrimento constrói a estrutura narcísica da transferência[8], sem a qual o estabelecimento de uma análise não seria possível. Mas será trabalho da análise ir desfazendo-a.

É fundamental que o analista reconheça suas filiações. Seria muita onipotência construir uma fantasia de autoengendramento ou negar-se a reconhecer as produções das gerações anteriores, justificando-se no caminho do mero empirismo. Os processos identificatórios estudados por Freud como estruturantes do psiquismo são fundamentais na construção de um analista. As identificações com o analista, o supervisor e o mestre fazem parte de sua formação, mas elas estão no começo do processo, e não no fim, como algumas vezes foi proposto por certas concepções de final de análise. Os mimetismos denunciam a preservação de posições narcísicas arcaicas e, portanto, impasses do processo de análise. Embora os processos identificatórios sejam fundamentais na formação, o problema surge quando as identificações em qualquer um dos pés do tripé se cristalizam e se fazem extensivas à instituição. Os processos de alienação acontecem na supervisão, quando o supervisor se fixa no lugar de "mestre", e na relação com as teorias quando elas viram dogmas. A circulação entre transferências diferentes, pela existência do tripé (um analista no lugar de analista, outro no de supervisor, um terceiro no de coordenador de seminários), ajuda a proteger do estabelecimento de transferências totalmente hipnóticas com um único analista. A existência

---

[8] Lembremos que, para Freud, a transferência tem três faces, que são a repetição, a resistência e a sugestão, e que em torno desta última se pode tematizar a estrutura narcísica da transferência.

de vários pensamentos numa instituição pode fazer com que essa diferença funcione como terceiro que favorece a desidealização. No entanto, às vezes acontece que vários grupos com pensamentos diferentes estejam alojados numa instituição, mas funcionem como seitas, cada um organizado com seu próprio pai da horda.

É necessário que o analista passe por um processo de desalienação em relação à teoria, aos mestres e às instituições – o que se dará em paralelo ao luto pela completude e ao reconhecimento da mortalidade do pai – para poder apropriar-se das heranças e converter-se num diferente. O processo de metabolização do que recebeu implicará a historização do seu percurso, o que lhe permitirá recuperar o mosaico identificatório, ou seja, a pluralidade dos traços, e a ressignificação *a posteriori* permitirá o rearranjo desses traços, criando-se assim nele um analista singular. Dessa maneira, sem recusar os restos identificatórios e a partir do próprio discurso que lhe foi oferecido, construirá seus ideais e se abrirá para o novo, encontrando caminhos de desenvolvimento e de pesquisa – sem fazer do modelo presente algo que se lhe impõe como mero mandato superegoico que só gera a repetição de um ideal já existente – e podendo agora se relacionar de um lugar singular com o coletivo da instituição.

A forma com que cada analista se relaciona com a psicanálise leva impressas as marcas dos ideais e das crenças do grupo de pertinência. É importante pensar como a maneira pela qual se organizam as instituições de pertinência e de formação facilita ou dificulta para cada analista esse processo de apropriação das heranças.

Os analistas e as pertinências institucionais

No início, Freud e um pequeno grupo de discípulos, o "grupo das quartas-feiras", dedicaram-se pelo desenvolvimento da psicanálise a partir da teoria das neuroses. A psicanálise nasceu em um lugar de marginal de onde questionou o conhecimento que se tinha sobre o psiquismo, sobre o sujeito e sobre a sexualidade, e pôs também em questão a forma pela qual se entendia o saber. Freud, levando em conta a especificidade do objeto, entendeu que não se devia ficar nos fatos, já que há um saber que nos engana, e criou uma teoria da interpretação. A psicanálise surgiu como um movimento instituinte, porém, em 1907, começou o seu processo de institucionalização, com a fundação da Associação Vienense de Psicanálise e dos grupos nos diferentes países. Desde o início houve temores de alguns analistas, como Abraham, de que a institucionalização esterilizasse a criatividade. Os fenômenos de fascinação e alienação que Freud encontrou na clínica, nas técnicas da sugestão e na hipnose – às quais renunciou para substituí-las pelo método analítico –, foram por ele próprio teorizados nos estudos sobre as organizações de massas, mostrando como o líder ocupa o lugar de ideal de eu e como os processos identificatórios no coletivo podem adquirir um caráter regressivo e alienante. Freud não chegou a teorizar esses movimentos nas instituições psicanalíticas, no entanto, nesses mais de cem anos de existência, muito se escreveu sobre os perigos da institucionalização e os efeitos de esterilização das instituições psicanalíticas que, como já foi dito, às vezes parecem esquecer o que estão transmitindo e se organizam como "escolas técnicas" com traços de "seminários religiosos" (Kernberg, 1990). A teoria convertida em corpo de doutrina se enrijece e, muitas vezes, coloca os novos analistas no lugar de meros reprodutores de um saber já fechado.

Também já se escreveu sobre as recuperações da psicanálise que, em diferentes lugares e momentos da história, foram empreendidas por diversos campos do social, pelos médicos nos EUA, pelos mecanismos da previdência social na Alemanha, pelos próprios analistas nas sociedades de psicanálise quando excessivamente preocupados com a "normalização dos analistas" e se viu desaparecer a criatividade e a pesquisa dos seus membros (situação sobre a qual já se lamentava Anna Freud). Seria difícil imaginar a perduração da psicanálise sem a existência de instituições; no entanto isso nos coloca permanentemente frente ao desafio de instaurar formas de funcionamento institucional que não acabem com sua potencialidade instituinte.

Toda instituição de analistas tem que se haver permanentemente com formas de se equilibrar entre duas funções que a ela cabem: a *transmissão* e a *extensão* da psicanálise, ou seja, manter viva a descoberta freudiana e ao mesmo tempo estendê-la e desenvolvê-la em todos os domínios possíveis (Donnet, 1974). Essa dupla função coloca no interior das instituições um eixo permanente de tensão quanto a como normatizar as práticas sem empobrecer a criatividade. Num texto publicado em 1994, fiz uma reflexão sobre alguns paradoxos permanentes que as instituições de analistas vivem, entre as formas de controle, reconhecimento e organização, e sobre seus efeitos na criatividade de seus membros. Assinalei existirem alguns "mal-estares inevitáveis" que as instituições vivem na tentativa de equilibrar esse eixo de tensão (Alonso, 1994), e que cabe a elas construir espaços possíveis para se fazer uma elaboração simbolizante.

Será função das instituições repensar seus mitos de origem e ajudar seus membros a manter-se em contato com o fragmentário das verdades, assim como com a incerteza que isto lhes produz, e ajudá-los a se associarem para o desenvolvimento de projetos clínicos, de transmissão, de publicação e de pesquisa, assim como abrir espaços que permitam a seus membros se repensarem em relação às demandas externas, às transformações do campo e aos próprios impasses internos. E ainda, evitar que o avanço dos narcisismos pessoais impeça a possibilidade de processar as diferenças e os conflitos de gerações, vendo-se não como uma construção acabada, mas em movimento.

As instituições psicanalíticas não têm por que seguir o modelo da massa – de se juntar a partir da identificação com um único ideal – se pensarmos que a ética da psicanálise é a do reconhecimento das diferenças e da alteridade. É importante que elas tenham formas de organização que permitam sustentar essa ética.

Vivemos num mundo datado, num momento histórico que tem seus ideais, suas crenças, e que confere à psicanálise um lugar; um mundo que tem suas formas de pensar, de sofrer e de tratar dos sofrimentos, assim como sua ética e sua estética

O TEMPO, A ESCUTA, O FEMININO: REFLEXÕES

que produzem subjetividades determinadas. Tudo isto nos afeta como analistas, questiona-nos e nos interroga. Repensar a psicanálise no mundo no qual vivemos é certamente importante, o que não quer dizer que tenhamos que a adequar aos ideais da época se isso implicar a perda de sua especificidade. Freud, no texto "Análise terminável e interminável" (1937/1989), referindo-se à proposta feita por Rank no livro O *trauma do nascimento e seu significado para a psicanálise*, de 1924, sobre a causação das neuroses e a mudança metodológica que dela se desprendia – e da qual ele, Freud, discordava –, afirma:

> A tentativa de Rank era filha de sua época: foi concebida sob o influxo da oposição entre a miséria europeia do pós-guerra e a *prosperity* norte-americana, e estava destinada a conciliar o tempo da terapia analítica e a pressa da vida norte-americana. (1937/1989, p. 219)

Os ideais atuais de velocidade, eficiência comprovada, satisfação imediata, pragmatismo, leviandade dos vínculos, anonimato na massa e pouca importância da interioridade voltam a colocar a psicanálise à margem dos ideais predominantes da época. Por outro lado, novas formas de sofrimento solicitam de nós, analistas, pesquisas que permitam repensar a psicopatologia, assim como trabalhar formas de intervenção que possam dar conta de novos fenômenos clínicos cada vez mais presentes. Entendo ser este um momento de muitos desafios para os psicanalistas e de grande responsabilidade para aqueles de nós que se ocupam da formação, para ajudar os novos analistas a se construírem como analistas singulares – com clínicas não esvaziadas pela ritualização – e a conquistar um rigor metapsicológico no qual se apoiar para exercitar uma inventividade clínica que responda às mudanças subjetivas sem perder a especificidade da psicanálise. É necessário que as instituições estejam cada vez mais dispostas a se organizar conforme a ética da psicanálise, na convivência dos diferentes pensamentos teórico-clínicos e da alteridade, favorecendo as trocas que enriquecem a clínica e permitindo aos analistas uma formação que em nosso ofício é interminável. Ajudariam, assim, a manter viva essa "reserva florestal" que a clínica psicanalítica parece ser no mundo de hoje, já que se propõe a acolher o sofrimento e, a partir dele, propiciar processos elaborativos e criativos de subjetivação, opondo-se assim às práticas dessubjetivantes – tão presentes na atualidade – que deixam de fora o sujeito.

20.

A FUNÇÃO DO PAI E OS IDEAIS NO MUNDO CONTEMPORÂNEO[1]

Este artigo apresenta um diálogo com o livro de Renato Mezan, *Freud, pensador da cultura* (1985), elaborado por ocasião do evento comemorativo dos vinte anos de lançamento de sua primeira edição[2]. De sua leitura, extraí uma questão que passarei a localizar no contexto da obra, retrabalhando-a, a seguir, no contexto da cultura atual.

É ao longo de quase setecentas páginas que Renato Mezan, nesse livro – originalmente sua tese de doutorado em filosofia –, desenvolve o objetivo de esclarecer como opera a abordagem psicanalítica dos fenômenos culturais, quais são seus instrumentos e as conclusões às quais chega. Página a página, vai desbravando a complexidade do pensamento freudiano num movimento de mão dupla: a psicanálise na cultura e a

---

[1] Publicado originalmente em *Percurso*, n. 39, p. 115-122, 2007.

[2] O evento "Freud pensador da cultura - 20 anos depois", consistiu numa mesa da qual participaram Marilena Chauí, Silvia Leonor Alonso, Luís Cláudio Figueiredo e Renato Mezan, promovido pelo Departamento de Psicanálise do Instituto Sedes Sapientiae em 13 de agosto de 2005 em São Paulo.

psicanálise da cultura. Assim, no que diz respeito à vertente da origem, ele faz uma longa análise da Viena da virada do século: análise histórica, política e da atmosfera cultural do lugar de nascimento da psicanálise, ou seja, do ambiente no qual ela foi produzida e das influências desse ambiente na teoria. De outro lado, realiza uma análise da teoria psicanalítica da cultura, debruçando-se sobre o que a psicanálise tem a dizer sobre a cultura em geral. E isso, sem esquecer o lugar que a cultura ocupa na própria construção dos conceitos teóricos freudianos. De fato, estes são produzidos e se apoiam num tripé composto pela clínica de Freud, sua autoanálise e, por fim, pelos fenômenos da cultura que insistentemente entram na obra freudiana como legitimadores ou mesmo fornecedores de elementos para a construção do conceito. Dessa forma, é interessante notar como são frequentes as ocasiões em que Freud, tendo descoberto um fenômeno na clínica e criado um conceito, caminha em seguida em direção à cultura para ali lhe dar força e consistência. Foi na clínica, por exemplo, que descobriu a transferência e se deparou com os efeitos negativos da sugestão, mas foi no fenômeno das massas que retrabalhou essas ideias.

O livro, como afirma o próprio autor, possui certa "hibridez", que não é considerada pelo autor um defeito, mas, pelo contrário, uma amostra de que os processos do pensamento não se esgotam em si mesmos. Embora se defina como uma tese em Filosofia, o trabalho começa com um sonho e as associações sobre ele, que localizam o leitor no mapa das condições pessoais do autor na ocasião em que a obra foi produzida. É uma época na qual Mezan tem como projeto tornar-se analista, está começando estágios de atendimento e mergulhado num processo de análise pessoal. Assim, convergem no texto o momento de produção de uma tese e o de construção de um analista. O livro é um trabalho de investigação sobre o tema da cultura na obra de Freud, mas inclui o reconhecimento de que esse tema refere-se também ao investigador e às suas motivações. No final de cada capítulo, o autor realiza uma espécie de *crônica da viagem subjetiva*, tentando refletir sobre as andanças pessoais na sua produção, descrevendo os impasses resistenciais que o impediam de escrever, relatando os momentos nos quais se fecha a possibilidade de continuar caminhando, assim como as descobertas das determinações histórico-subjetivas em jogo que novamente lhe abriam a possibilidade de escrita. Quatorze meses depois do sonho que lhe deu origem, já no final da obra, Mezan afirma ter vivido um processo de apropriação da disciplina, mas também um processamento no campo da filiação a Freud, o que lhe teria permitido um trabalho de reconhecimento e, ao mesmo tempo, de separação do "pai da psicanálise", para poder assumir alguma autoria. Processo, então, do qual fazem parte as identificações e desidentificações vividas no caminho de apropriação das heranças.

Pode-se então dizer que a questão do pai mostra-se sob dois aspectos no seu livro. De um lado, aparece como questão teórica que, junto a muitas outras, é minuciosamente trabalhada no terceiro capítulo, e, de outro, como motor da escrita, já que o que se está processando é a construção de uma obra e de um analista.

Por intermédio da correspondência entre Freud e Jung, o autor acompanha o "diálogo de surdos" (Mezan, 1985, p. 268) que travaram durante muito tempo, com Freud firmemente assentado na expectativa de que Jung algum dia iria convencer-se da força do sexual, enquanto este último vai mostrando cada vez mais claramente suas discordâncias. Diálogo de surdos que responde a interesses narcísicos e de poder, até a ruptura, acontecida numa data bastante tardia. É no entrecruzamento com a análise desse processo que a questão do pai vai sendo esmiuçada no capítulo 3, "O pai em questão" – desde a forma em que nos textos sobre Hans, o Homem dos Ratos e Schreber surgem conceitos básicos como a ambivalência dos sentimentos, a onipotência das ideias, a projeção –, até sua culminação na complexa conceitualização de "Totem e tabu" (1913/1989c), em que esses pontos serão retrabalhados. Merece ainda ser mencionada a forma pela qual Mezan aborda a questão do pai a partir da análise da posição de líder ocupada por Freud como chefe do movimento psicanalítico, especialmente em sua interação com Jung – tal posição comporta o traço da paternidade –, e as relações de Freud com os discípulos, nas quais Freud encontrará um paradigma da horda selvagem. Mas, ao mesmo tempo, insiste em mostrar que a produção da obra psicanalítica acompanha todo o processo pelo qual Freud trabalhou seu complexo paterno e assumiu o reconhecimento da mortalidade do pai. Vemos assim o tema da paternidade bifurcar-se: na relação com a obra e na relação com o próprio pai. Lembremos que todo processo de apropriação das heranças passa pela identificação e pelo questionamento do mandato paterno com a desidealização e o luto correspondente, processo que se organiza ao redor de um projeto. A pregnância que, no livro, essa complexidade confere à questão, fez-me escolhê-lo como tema da reflexão deste texto *o pai e os ideais no mundo contemporâneo*.

Se não nos ativermos a uma concepção endogenista, vendo os fatores externos como meros desencadeantes de uma endopsique pré-formada, mas se, pelo contrário, pensarmos que o psiquismo só pode ser compreendido na intersecção entre o corpo e o Outro, temos que reconhecer que o psiquismo encontra-se sempre atravessado pela cultura. Dessa forma, concordo integralmente com a seguinte afirmação feita por Freud em "Psicologia das massas e análise do eu": "na vida anímica individual sempre está integrado o outro, seja como modelo, objeto, auxiliar ou adversário, consequência do que a psicologia individual é sempre uma psicologia social" (Freud, 1921/1989, p. 67). O poder do outro se faz presente, assim, na construção da sexualidade, pois ela é sempre constituída a partir das marcas que o adulto deixa no corpo infantil, fazendo surgir o corpo pulsional, o corpo erógeno. Mas seu domínio não é apenas o campo das pulsões. O outro também está irredutivelmente presente na constituição da instância dos ideais. Os pais e os seus cuidados erogenizam o corpo do bebê, dando origem à pulsão sexual, ao mesmo tempo em que, com suas preocupações morais – definindo os permitidos e os proibidos – introduzem os valores, a crítica e as possibilidades de laço social.

Quando se fala em eu, deve-se lembrar que, para a psicanálise, ele não é absolutamente uma instância coesa, o que tornará impossível a referência a um conceito de identidade unívoca. Pelo contrário, temos um sistema psíquico complexo, com dissociações internas, que funciona sempre incluindo o conflito, numa dinâmica interna que se dá na articulação entre eu, eu ideal, supereu e ideal do eu. Parece-nos, portanto, oportuno que, antes de adentrarmos nosso tema propriamente dito, façamos um breve sobrevoo sobre a concepção psicanalítica a respeito da constituição desse sistema.

Anteriormente ao estabelecimento do laço social, a estruturação psíquica do sujeito funciona numa *economia narcísica da libido,* no registro da onipotência, no qual *sua majestade, o bebê,* assimilando seu eu ao ideal oferecido pelos pais a partir do narcisismo que lhes é próprio, confunde o eu com o ideal, instaurando em si o eu ideal. Fazendo-se supostamente portador de todas as perfeições no tempo presente, rege-se segundo a mais absoluta onipotência, supondo-se o centro do mundo e exercendo sua tirania sobre o outro, que ele não reconhece existindo nem na sua diferença, na sua singularidade, nem na sua interioridade. O complexo de Édipo e seu atravessamento pelo sujeito incluirão no sujeito psíquico uma série de interditos – de proibições – que organizam e regulam as relações intersubjetivas, ao mesmo tempo em que anunciam as permissões que abrem para o sujeito possibilidades de construção de caminhos de desejo. Isso acontece porque, como herdeiras do complexo de Édipo, duas partes se diferenciam do eu, construindo o *supereu* e o *ideal do eu*. Os interditos mapeiam o campo dos permitidos e proibidos tanto no que se refere ao exercício da agressividade quanto aos objetos eróticos. A instância psíquica que introjeta o conjunto dos interditos é o supereu, que regula as demandas pulsionais, enquanto o ideal do eu, que engloba os permitidos, permite a abertura de caminhos para o desejo. Embora conserve algo de uma instância narcísica, preservando a marca da busca do que foi perdido como totalidade e perfeição, o ideal do eu reconhece que tal meta é inalcançável e acaba por adiá-la, construindo um projeto de futuro. Agora, o eu não é mais o ideal, mas a instância que constrói os ideais atrás dos quais se vai organizar. Assim, instala-se uma dinâmica de vida, de vínculo com os outros e, a partir daí, esse outro passa a ser reconhecido como alteridade no mundo das trocas subjetivas. O ideal do eu neutraliza então a potência mortífera do eu ideal, que, em sua força regressiva, tenta anular o tempo e o desejo, precipitando o sujeito na loucura e na morte.

Até aqui o supereu foi caracterizado como uma instância ordenadora do mundo pulsional pela inclusão dos interditos; mas é preciso ressaltar que, para Freud, trata-se de uma instância paradoxal. Ele possui uma dupla origem e uma dupla face: de um lado, é o herdeiro do complexo de Édipo, constituindo-se por identificação com a figura paterna proibidora que provoca a separação do corpo materno pela interdição do incesto; mas, de outro, também é herdeiro dos primitivos investimentos do *id*. Do lado de sua vertente ordenadora, possui uma face cruel, feroz, claramente testemunhada por algumas patologias, como a melancolia, e que será explicada por Freud por dois caminhos. Em primeiro lugar, é preciso lembrar que o supereu constitui-se por identificação, e que toda identificação implica o abandono do investimento no objeto, liberando-se nessa desfusão um *quantum* de pulsão de morte que se instalará no sujeito na forma de consciência moral. Em segundo lugar, por ser constituído tanto por representações-palavras, ou seja, pelo que provém do ouvido das normas parentais, quanto por investiduras do *id*, pode voltar-se contra o eu numa hipermoralidade – tão cruel quanto só o *id* consegue ser –, diz Freud.

Essas duas faces do supereu vão, por sua vez, conectar-nos com as duas figuras do pai no mito da origem, em "Totem e tabu". Em primeiro lugar, temos o pai primitivo, pai da horda, onipotente, perverso e demoníaco, que mantém para si todas as mulheres e ameaça castrar os filhos que, revoltados, assassinam-no. Mas após a morte do pai, que, introjetado, passa a construir a lei interna, surgem o remorso, a nostalgia e o sentimento de culpa. Com o pai morto, pode ser feito um pacto de respeito em troca de amparo e indulgência, mas a nostalgia confere, por seu turno, uma intensa atualidade ao pai terrível que, com sua força, coloca-se como o algoz do eu que se oferece em sacrifício masoquista.

Além disso, lembremos que é sobre o desvalimento infantil, a partir do desamparo da criança, que as instâncias ideais se estruturam. Esse elemento foi, ao longo da obra freudiana, tomando um espaço cada vez mais significativo no que diz respeito à constituição subjetiva, não apenas em termos do próprio desvalimento infantil, mas como presença permanente constituinte do psiquismo ante as fragilidades do corpo, das forças da natureza e das dificuldades na relação com os outros. Como resposta ao desamparo, encontram-se abertos os caminhos da sublimação e do amor, mas, ao mesmo tempo, é sempre possível fugir dele por meio de uma via regressiva, na qual se tenderá a reeditar o sentimento oceânico, como vivência de eternidade, de completude e de não limitação. Tal falta de diferenciação com o todo remete à busca do pai primitivo, banhada na tensão narcísica presente na relação de dependência da criança com o adulto.

A urgência da necessidade e o desenvolvimento infantil colocam a criança numa situação de dependência do amor do outro que, para mantê-lo, responde às suas demandas. A cultura frente à pressão da necessidade envolve o *infans* na teia da linguagem que, ao penetrá-lo, torna-se tão premente quanto a própria necessidade. O supereu se transforma assim na garantia do cultural e encarna os ideais sociais e as representações da perfeição; dessa forma, a cultura impõe ao sujeito seus mandatos impossíveis de serem cumpridos.

No entanto, se o supereu e sua constituição têm a ver com o complexo paterno, isto não quer dizer que deva ser confundido com o pai. Freud já dizia que o supereu não é o pai e que uma educação benevolente não impede o surgimento de um supereu cruel. Pois, apesar de ser transmitido por intermédio das figuras parentais, ele é também impessoal, e uma verdadeira multidão anônima participa na sua formação. Em outros termos, o pai suporta aquilo que o modela: a cultura, a tradição, os valores.

Aqui encontramos diretamente nosso tema, que poderia ser resumido na seguinte interrogação: o que o pai sustenta atualmente? É evidente em nossos dias o enfraquecimento da figura paterna, seja como pai da realidade, seja como função simbólica da paternidade na qual o pai da realidade se sustenta. Sabemos que o patriarcado não atravessou incólume a passagem do século XIX ao XX. Os patriarcas de testa franzida, olhar penetrante através do monóculo, sentados à cabeceira da mesa, ostentando a figura de amo pouco questionado no exercício da autoridade, só chegaram até a década de 1950. O estremecimento da autoridade patriarcal certamente trouxe consigo mudanças em termos da constituição das identidades sexuais e dos comportamentos sociais. A falta de figura identificatória paterna faz-se sentir, por exemplo, nas adolescências que não acabam nunca ou em certas formas de patologias que se multiplicam na clínica. No entanto, o enfraquecimento do patriarcado também permitiu que o erotismo fosse incluído no ideário feminino, por intermédio do gradual esvanecimento de um de seus efeitos, a saber, a divisão entre o amor e o sexo presente na moral vitoriana, no ideal virginal, maternal, na qual a carnalidade estava ausente do corpo feminino.

Mas diante da fragilização do patriarcado, quando os grandes ídolos paternos perdem legitimidade e o muro que

O TEMPO, A ESCUTA, O FEMININO: REFLEXÕES   433

separava o sexo do amor é destruído face às mudanças e às angústias que estas produzem, muitos jovens saem à procura de um pai, encontrando apenas os pais originários, reais, cada um engajado nos embates com sua própria horda. Ou ainda eles se envolvem com os mais diversos fundamentalismos, do que se depreende um movimento regido pela nostalgia, numa busca de pais aos quais se possa atribuir todo o poder. Notemos que essa experiência, do ponto de vista psicanalítico, traz a marca de uma precoce etapa do psiquismo, anterior ao reconhecimento da diferença entre os sexos. E lembremos que foi justamente contra essa fascinação que Freud se opôs quando questionou a hipnose e a sugestão.

Há alguns anos, em Columbine, no estado do Colorado, EUA, dois adolescentes entraram com armas na escola atirando em colegas e professores, fato que certamente todos conhecemos não somente pela repercussão na mídia, como por ter inspirado dois instigantes filmes[3]. Infelizmente, não se tratou de um incidente isolado, pois casos semelhantes repetiram-se em outros lugares, acompanhados das queixas atualmente tão frequentes sobre as crescentes dificuldades para se lidar com os jovens nas escolas. Referindo-se a esse episódio, um analista belga, Paul Verhaeghe, no seu livro *O amor nos tempos de solidão* (2001), conta que, após o acontecido, o estado do Colorado decidiu instalar uma linha telefônica direta entre cada sala de aula e a delegacia de polícia mais próxima. Analisando essa

---

[3] Trata-se de *Tiros em Columbine* (Moore, 2002) e *Elefante* (Gus Vant Sant, 2003).

providência, o autor afirma que "onde a autoridade se quebra, o poder armado adquire relevância," (Verhaeghe, 2001, p. 125) fazendo a seguir uma interessante reflexão sobre a questão da autoridade, sua crise e também sobre as complicadas saídas que alguns procuram frente a ela.

A seu ver, não há que se confundir a autoridade com o poder: o poder das armas da polícia não apenas será incapaz de introduzir uma autoridade na escola, como ainda pode acabar voltando-se contra essa própria autoridade. Segundo Verhaeghe, a autoridade só é um elemento operacional no interior de um processo de separação e de certo gozo ligado à união da origem. Cada sujeito em devir tem que abandonar a mãe, a família nuclear e o grupo de origem para entrar em outro grupo. Nas sociedades patriarcais, essa função de separação se exerce por meio da figura do pai, o que não quer dizer que esta seja sua forma exclusiva. No interior dos clãs, por exemplo, a separação operava-se com base nos tabus que primeiro se exerceram em relação à alimentação, para só posteriomente incluir a sexualidade. Mas nas sociedades em que vigora o patriarcado há um pai no lugar de ideal do eu, que exerce a autoridade baseado num sistema de crenças coletivas reconhecidas e numa identidade familiar constituída na identificação com o pai. Assim, a separação é essencial, mas a sua ligação com a paternidade não, como demonstram os clãs e as organizações familiares atuais.

Sabemos que as modificações dos laços sociais e as mudanças das instituições e das normas de convívio coletivo não acontecem sem sofrimento. No entanto, a nostalgia do passado pode levar a saídas anacrônicas, dando ensejo ao surgimento de tentativas de retorno à antiga ordem, em que se reclama, entre outras coisas, a restauração do patriarcado. Tal saída pode ser vista como anacrônica, não apenas porque os processos históricos são irreversíveis, mas também por esquecer que nem todo tempo passado deve necessariamente ser considerado o melhor.

Interessa ressaltar aqui que a separação operada pela autoridade, ou seja, pela função simbólica que se estabelece tanto pelos mitos como pelas leis, deve ter como correlato a oferta, dentro do grupo, de alternativas possíveis de laço social. Disse anteriormente que a renúncia ao eu ideal dá-se na medida em que é possível o acesso ao ideal do eu, instância que mantém vivas a alteridade e as trocas intersubjetivas. A esse respeito, é importante notar a presença de sérios problemas ligados a certas características da sociedade contemporânea. De fato, o excesso de individualismo tem feito com que a separação ocorra muitas vezes de uma forma, por assim dizer, *equivocada*. Ou seja, no lugar de um processo de separação do Outro primordial, acontece, em muitos casos, uma ruptura com os próprios pares, quebrando-se as relações de solidariedade que implicam o reconhecimento da alteridade.

A meu ver, a gravidade desse processo torna indispensável uma profunda reflexão sobre as articulações entre o eu ideal e o ideal do eu na sua relação com os ideais presentes na contemporaneidade, segundo ponto que desejo abordar aqui.

Quando, em 1908, Freud escreve o texto "A moral sexual e a nervosidade moderna" (1908/1989c), ele nos apresenta sujeitos comprometidos com os ideais de esforço, de sacrifício, de austeridade e responsabilidade, que se mostravam inibidos na vida, medrosos ante a morte e recalcados na sexualidade. Em outros termos, indivíduos em claro conflito entre a pulsão sexual e as fortes proibições da cultura. Sabemos que os ideais da cultura que impregnam a subjetividade mudam com as épocas. No mundo de hoje, os ideais evidentemente não são os mesmos que os dos tempos de Freud. Atualmente, predominam ideais ligados à lógica do consumo, na qual o objeto é oferecido como totalmente satisfatório, em que o sujeito toma esse objeto de consumo por objeto de desejo. Num mundo regido por tal lógica, espera-se tudo do objeto e nada do sujeito, podendo-se dizer que o objeto de consumo confunde o ter e o ser. Ele não só se oferece como aquilo que trará satisfação, mas também como garantia de identidade, passível de proporcionar toda a felicidade. Lembremos que essa lei do tudo ou nada, presente na lógica do consumo, é exatamente a lei que rege a instância totalizante do eu ideal.

Em segundo lugar, é importante notar que a promessa de felicidade presente nessa lógica do consumo é a da felicidade imediata. Está em jogo, então, nos ideais de atualidade, toda uma experiência da temporalidade, na qual os ideais estão intrinsecamente ligados à realização no aqui e agora. Com a queda das utopias e o desinvestimento dos projetos de futuro, os ideais preconizam um presente eterno, com desprezo pelo futuro e pelo passado. Desaparecendo os valores da história e do projeto, os indivíduos passam a carecer de regulação simbólica

O TEMPO, A ESCUTA, O FEMININO: REFLEXÕES   437

para o narcisismo, que se impõe de forma onipresente, fazendo-
os oscilar permanentemente entre a sensação de êxito total e a
ameaça de colapso narcisista. É quase desnecessário dizer que,
nessa lógica, inexiste lugar para qualquer luto. Também aqui,
lembremos que a soberania absoluta do tempo presente é a única
forma de temporalidade existente para a instância do eu ideal.

Ainda a esse propósito, tomemos como exemplo a medicina
atual que, com todos os seus avanços tecnológicos, oferece-nos
a possibilidade de uma vida longa e de cura para grande parte
dos males. No entanto, ao reduzir o corpo a uma engrenagem
perfeita a ser desmanchada, melhorada e novamente remon-
tada e, ao reduzir as penas do amor, a miséria sexual e todo
mal-estar a uma mera disfunção das sinapses neuronais, ela
acaba por objetivar o eu ideal que, assim, recua em direção ao
orgânico (Pommier, 2002). Esse corpo, assimilado a uma pura
materialidade tecnicamente desmontável, isento de qualquer
enigma e aderido à ideia de perfeição, converte-se, ele próprio,
no grande ideal, aos quais se agregam os ideais ligados à juventude e os vinculados ao mundo da imagem.

Diferentes autores vêm pensando a forma pela qual tanto a
lei do tudo ou nada, instaurada pela lógica do consumo, quanto
a temporalidade do presente prejudicam a constituição do ideal
do eu, favorecendo, ao contrário, uma regressão na direção
da instância narcisista do eu ideal. Se, como afirmava Freud,
a passagem do eu ideal ao ideal do eu, além de fazer um corte
no narcisismo, instaura um tempo de futuro e de construção de
projetos postergados, devemos perguntar o que ocorre com esse

processo quando, no quadro social, a ideia de futuro aparece como anacrônica. Nota-se que, nessas circunstâncias, além da constituição da instância do ideal do eu tender a diluir-se em um psiquismo que privilegia o presente, a própria tópica psíquica parece não mais se orientar pelo eixo instaurado na tensão eu ideal *versus* ideal do eu, mas sim inclinar-se no sentido de uma divisão interna ao próprio eu, em que o eixo desloca-se da tensão entre o permitido e o proibido para a que se instaura entre as categorias do possível e do impossível. É esse exatamente o caso das chamadas personalidades narcísicas.

Por outro lado, o supereu – articulador fundamental do indivíduo com a cultura – também adquire, com as épocas, configurações específicas. No mal-estar da atualidade, a própria sexualidade, antes recalcada, e sobre a qual pesava a proibição de saber, tem permanecido totalmente aberta e tendendo a se despojar de qualquer enigma. Ao mesmo tempo em que o discurso midiático tem articulado a sexualidade a um mandato superegoico em que a injunção *"goza"* torna-se imperativa, seu imediatismo no tempo presente, refletindo a absolutização e a totalização características do eu ideal, acentua paradoxalmente a face cruel e a ferocidade punitiva do supereu. Essa busca de um gozo absoluto parece ter-se desvinculado das regras coletivas de regulação, que foram sendo substituídas pelo consentimento mútuo ou por valores surgidos da constituição de pequenos grupos, que vão criando novas formas de convivência. Como um exemplo no âmbito da saúde mental, podem-se citar os grupos de autoajuda, nos quais se instaura uma solidariedade especial a partir da identidade baseada num traço específico: grupos de gordos, de sozinhos, de sozinhas, de separados etc. Emiliano Galende (1973), ao estudar o novo laço que assim se instaura, mostra que tais grupos vêm suprir a sociabilidade e a compreensão que se ausentam da vida social em geral, afirmando que eles "são fenômenos que fazem pensar em formas novas de laço social caracterizadas pela redução de uma diferença intolerável na vida social a uma identidade ilusória com o semelhante" (p. 44).

As importantes transformações sociais das últimas décadas e as repercussões das mudanças de ideais na construção das instâncias psíquicas, assim como no equilíbrio entre elas, têm trazido para os analistas muitas interrogações e exigido um intenso trabalho, apenas incipiente, que visa a definir com mais clareza tanto construções metapsicológicas que deem conta das novas formas de sofrimento, quanto formas de intervenção frente a certos fenômenos que se fazem cada vez mais presentes na clínica. Para enumerar apenas alguns deles, pensamos nas tentativas permanentes de fuga do desamparo pelo recurso a drogas lícitas ou ilícitas ou a saídas místicas; as dificuldades de se defrontar com momentos depressivos decorrentes dos lutos, para poder levar em frente um processo de elaboração psíquica; as patologias do excesso; a necessidade de se propiciar a construção da teia psíquica necessária à instauração de qualquer processo interpretativo; a criação de estratégias de sobrevivência psíquica que sirvam de parapeito ao excesso de atuações. A lista poderia ser bastante prolongada, testemunhando os desafios com que nos devemos defrontar numa clínica que hoje se estende para muito além da neurose.

Assim, esse novo momento da história e da cultura apresenta aos analistas novos sintomas sociais a serem interrogados, mas também os interroga no sentido de refletirem se, no trabalho da recriação necessária dos conceitos, têm dado a devida atenção ao terceiro apoio do tripé utilizado por Freud, ao qual me referi no início como um eixo básico no livro de Renato Mezan: a cultura.

REFERÊNCIAS BIBLIOGRÁFICAS

ALONSO, S. Sugestão-transferência: os relatos clínicos de Freud. *Percurso*, n. 5-6, p. 33-38, 1981.

_____. Desejo e recalque. In: BERLINCK, M. T. (Org.). *O desejo na psicanálise*. Campinas: Papirus, 1985. p. 11-25.

_____. Efeitos na clínica dos ideais instituídos. *Percurso*, v. 3, 1989. p. 7-13.

_____. Mal-estares inevitáveis, espaços possíveis. *Percurso*, v. 12, p. 33-38, 1994.

_____. Interrogando o feminino. In: ALONSO, S.; GURFINKEL, A. C.; BREYTON, D. (Orgs.). *Figuras clínicas do feminino no mal-estar contemporâneo*. São Paulo: Escuta, 2002. p. 13-29.

_____. Novos arranjos para a melodia. In: FUKS, L. B.; FERRAZ, F. C. (Orgs.). *Desafios para a psicanálise contemporânea*. São Paulo: Escuta, 2003. p 225-238.

_____. et al. El embarazo como síntoma. In: BAULEO, A. (Org.). *Los síntomas de la salud*. Buenos Aires: Cuarto Mundo, 1974. p. 51-60.

_____.; FUKS, M. P. Histeria e erotismo feminino. In: *Figuras clínicas do feminino no mal-estar contemporâneo*. São Paulo: Escuta, 2002. p. 313-328.

_____.; _____. *Histeria*. São Paulo: Casa do Psicólogo, 2004.

ANDRÉ, J. *Aux origines féminines de la sexualité*. Paris: PUF, 1995.

ANDRÉ, S. *O que quer uma mulher*. Rio de Janeiro: Zahar, 1986.

ARIÈS, P. *História social da criança e da família*. Rio de Janeiro: Guanabara, 1978.

ASSOUN P. *Lecciones psicoanalíticas sobre masculino y femenino*. Buenos Aires: Nueva Visión, 2006.

AULAGNIER, P. *El sentido perdido*. Buenos Aires: Editorial Trieb, 1980.

_____. *O aprendiz de historiador e o mestre feiticeiro*. São Paulo: Escuta, 1989.

_____. Le temps de l'interprétation. *Topique*, n. 46, 1990.

_____. O trabalho da interpretação; a função do prazer no trabalho analítico. In: MAYOR, R. (Org.). *Como a interpretação vem ao psicanalista*. São Paulo: Escuta, 1998. p. 17-38.

_____. Nascimento de um corpo, origem de uma história. *Revista Latinoamericana de Psicopatologia Fundamental*, v. 2, n. 3, p. 9-45, 1999.

AULAGNIER-SPAIRANI, P. Observações sobre a feminilidade e suas transformações. In: CLAVREUL, J. *et al*. *O desejo e a perversão*. Campinas: Papirus, 1990. p. 67-111.

BERLINCK, M. T. (Org.). *Histeria*. São Paulo: Escuta, 1997.

BIANCHI, H. Repetición o historia? In: HORNSTEIN, L. (Org.). *Corpo, história, interpretación*. Buenos Aires: Paidós, 1991. p. 266-290.

BIDAUD, E. *Anorexia mental, ascese, mística*. Rio de Janeiro: Companhia de Freud, 1998.

BIRMAN, J. *Cartografias do feminino*. Rio de Janeiro: Editora 34, 1999a.

_____. A psicopatologia na pós-modernidade: as alquimias no mal-estar da atualidade. *Revista Latinoamericana de Psicopatologia Fundamental*, v. 11, n. 1, 1999b.

O TEMPO, A ESCUTA, O FEMININO: REFLEXÕES 443

_____. *Gramáticas do erotismo: a feminilidade e as suas formas de subjeti-vação em psicanálise.* Rio de Janeiro: Civilização Brasileira, 2001.

_____. *et al. Psicanálise e psicoterapia.* Departamento de Psicanálise do Instituto Sedes Sapientiae, IV Jornada Interna, 1982.

BISWANGER, L. Carta de Freud de 20 de fevereiro de 1913. In: *Discours, parcours et Freud.* Paris: Gallimard, 1970.

BLEGER, J. *Simbiosis y ambiguidad.* Buenos Aires: Paidós, 1967.

BLEICHMAR, E. *La sexualidad femenina, de la niña a la mujer.* Barcelona: Paidós, 1997.

BLEICHMAR, H. *Depressão.* Um estudo psicanalítico. Porto Alegre: Artes Médicas, 1983.

BOLLAS, C. *Hysteria.* São Paulo: Escuta, 2000.

BORCH-JAKOBSEN, M. Para introduzir a personalidade múltipla. In: BERLINCK, M. T. (Org.). *Histeria.* São Paulo: Escuta, 1997. p. 61-88.

BOTELLA, C.; BOTELLA, S. *O irrepresentável* – Mais além da repre-sentação. Porto Alegre: Criação Humana, 2002.

BRUN, D. *Figurações do feminino.* São Paulo: Escuta, 1989.

BRÜNSWICK, R. M. Suplemento a la "Historia de una neurosis in-fantil" de Freud. In: _____. *El Hombre de los Lobos por el Hombre de los Lobos.* Buenos Aires: Nueva Vision, 1979. p. 179-221.

BRUSSET, B.; COUVREUR, C.; FINE, A. (Orgs.). *A bulimia.* São Paulo: Escuta, 2003.

CABAS, A. G. Sobre la práctica. *Revista de Psicologia Argentina,* ano IX, n. 24, p. 29-30, 1978.

CASTORIADIS, C. *L'institution imaginaire de la société.* Paris: Seuil, 1975.

COTTET, S. *Sigmund Freud y el deseo del psicoanalista*: hacia el tercer encuentro del Campo Freudiano. Buenos Aires, 1984.

COUCHARD, F. *Emprise et violence maternelles*. Etude d'anthropologie psychanalytique. Paris: Dunod, 1991.

CRISPO, R.; FIGUEROA, E.; GUELAR, D. *Anorexia-Bulimia*. Lo que hay que saber. Barcelona: Gedisa, 1996.

DAVID-MÉNARD, M. Identificação e histeria. In: ROITMAN, A. (Org.). *As identificações, na clínica e na teoria psicanalítica*. Rio de Janeiro: Relume-Dumará, 1994. p. 69-92.

_____. *A histérica entre Freud e Lacan*. São Paulo: Escuta, 2000.

_____. *Todo el placer es mío*. Buenos Aires: Paidós, 2001.

DAYAN, M. Realidade psíquica e verdade histórica. *Boletim de Novidades da Livraria Pulsional*, ano 8, n. 73, mai. 1995.

DEBORD, G. *A sociedade do espetáculo*. Rio de Janeiro: Contraponto, 1997.

DELEUZE, G. O ato de criação. Caderno Mais, *Folha de S. Paulo*, 27 jun. 1999.

DEUTSCH, H. La psicología de la mujer em relación con las funciones de reproducción. In: Lacan, J. *et al. La sexualidad femenina*. Buenos Aires: Cardex, 1966. p. 44-63.

DOLTO, F. *A imagem inconsciente do corpo*. São Paulo: Perspectiva, 1992.

DONNET, J. L. Carrera y jerarquia em la Sociedad Psicoanalítica. In: _____. *et al. Estudios Freudianos 1 y 2*. Buenos Aires: Editora Corregidor, 1974. p.121-167.

ELIACHEFF, C.; HEINRICH, N. *Mães e filhas, uma relação a três*. São Paulo: Martins Fontes, 2004.

O TEMPO, A ESCUTA, O FEMININO: REFLEXÕES 445

ENRIQUEZ, M. Forma-se um analista. *Percurso*, n. 12, p. 12-20, 1994.

FEATHERSTONE, M. *Cultura de consumo e pós-modernismo*. São Paulo: Nobel, 1995.

FÉDIDA, P. *Clínica psicanalítica*. São Paulo: Escuta, 1988.

_____. Modalidades da comunicação na transferência e momentos críticos da contratransferência. In: _____. Comunicação e representação. São Paulo: Escuta, 1989. p. 91-123.

_____. *O sítio do estrangeiro*. São Paulo: Escuta, 1996.

_____.; LACOSTE, P. Psicopatologia/metapsicologia: a função dos pontos de vista. *Revista Latinoamericana de Psicopatologia Fundamental*, v. 1, n. 2, p. 23-58, 1998.

FENDRIK, S. *Los mil y un semblantes de la anorexia*. 2003. Disponível em: <http://www.comunidadrussell.com>.

FERNANDES, M. H. *Transtornos alimentares*. São Paulo: Casa do Psicólogo, 2006.

FERNÁNDEZ, A. M. *La mujer de la ilusión*. Buenos Aires: Paidós, 1994.

_____. *Las mujeres em la imaginación colectiva*. Buenos Aires: Paidós, 1997.

FIGUEIREDO, L. C. Verleugnung. A desautorização do processo perceptivo. In: MARZAGÃO L. R.; MIRANDA AFONSO, M. L.; CARVALHO RIBEIRO, P. de (Orgs.). *Psicanálise e universidade*. Temas contemporâneos. Belo Horizonte: Passos, 2000. p. 71-82.

FOUCAULT, M. *Historia de la sexualidad*. La voluntad de saber. México: Siglo XXI, 1979.

FREUD, S. Análisis fragmentário de una histeria. In: _____. *Obras completas*. Madrid: Biblioteca Nueva, 1905/1973. v.1.

446   COLEÇÃO "CLÍNICA PSICANALÍTICA"

_____. La dinámica de la transferencia. In: _____. *Obras completas*. Madrid: Biblioteca Nueva, 1912/1973.

_____. La iniciación del tratamiento. In: _____. *Obras completas*. Madrid: Editorial Biblioteca Nueva, 1913/1973.

_____. *História del movimiento psicoanalítico*. Madrid: Biblioteca Nueva, 1914/1973a.

_____. Introducción al narcisismo. In: _____. *Obras completas*. Madrid: Biblioteca Nueva, 1914/1973b.

_____. Recuerdo, repetición y elaboración. In: _____. *Obras completas*. Madrid: Biblioteca Nueva, 1914/1973c.

_____. Observaciones sobre el amor de transferencia. In: *Obras completas*. Madrid: Biblioteca Nueva, 1915/1973.

_____. Leciones introdutórias al psicoanálisis. In: _____. *Obras completas*. Madrid: Biblioteca Nueva, 1917/1973.

_____. Historia de una neurosis infantil (Caso del Hombre de los Lobos). In: _____. *Obras completas*. Madrid: Biblioteca Nueva, 1918/1973.

_____. Mas allá del principio del placer. In: _____. *Obras completas*. Madrid: Biblioteca Nueva, 1920/1973. v. 18

_____. Psicologia de las masas y análisis del yo. In: _____. *Obras completas*. Madrid: Biblioteca Nueva, 1921/1973.

_____. Carta nº 28 de 15 de janeiro de 1883. In: _____. *Epistolario (1873-1890)*. Barcelona. Plaza y Janés, 1975a.

_____. *Las orígenes del psicoanálisis*. Madrid: Alianza, 1975b.

_____. Tratamiento psíquico. In: _____. *Obras completas*. Buenos Aires: Amorrortu, 1890/1989. v. 1.

O TEMPO, A ESCUTA, O FEMININO: REFLEXÕES 447

_____. Algunas consideraciones con miras a un estudio comparativo de las parálisis motrices organicas y histéricas. In: _____. *Obras completas.* Buenos Aires: Amorrortu, 1893/1989a. v. 1.

_____. Bosquejo de la "Comunicación preliminar". In: _____. *Obras completas.* Buenos Aires: Amorrortu, 1893/1989b. v. 1.

_____. Estudios sobre la histeria. In: _____. *Obras completas.* Buenos Aires: Amorrortu, 1895/1989a. v. 2.

_____. Proyecto de una psicologia para neurólogos. In: _____. *Obras completas.* Buenos Aires: Amorrortu, 1895/1989b. v. 1.

_____. Carta 52. In: _____. *Obras completas.* Buenos Aires: Amorrortu, 1896/1989a. v. 1.

_____. El manuscrito K: Fragmentos de la correspondência con Fliess. In: _____. *Obras completas.* Buenos Aires: Amorrortu, 1896/1989b. v. 1.

_____. El manuscrito M. In: _____. *Obras completas.* Buenos Aires: Amorrortu, 1897/1989c. v. 1.

_____. Carta 69. In: _____. *Obras completas.* Buenos Aires: Amorrortu, 1897/1989. v. 1.

_____. Fragmentos de la correspondencia con Fliess. In: _____. *Obras completas.* Buenos Aires: Amorrortu, 1899/1989a. v. 1.

_____. Sobre los recuerdos encubridores. In: _____. *Obras completas.* Buenos Aires: Amorrortu, 1899/1989b. v. 3.

_____. La interpretación de los suenõs. In: _____. *Obras completas.* Buenos Aires: Amorrortu, 1900/1989. v. 5.

_____. Psicopatología de la vida cotidiana. In: _____. *Obras completas.* Buenos Aires: Amorrortu editores, 1901/1989. v. 6.

448   Coleção "Clínica Psicanalítica"

_____. Fragmento de análisis de un caso de histeria. In: _____. *Obras completas*. Buenos Aires: Amorrortu, 1905/1989a. v. 7.

_____. Sobre la psicoterapia. In: _____. *Obras completas*. Buenos Aires: Amorrortu, 1905/1989b. v. 7.

_____. Três ensaios de teoria sexual. In: _____. *Obras completas*. Buenos Aires: Amorrortu, 1905/1989c. v. 7.

_____. El delírio y los sueños en la "Gradiva" de Jensen. In: _____. *Obras completas*. Buenos Aires: Amorrortu, 1906/1989a. v. 9.

_____. Respuesta a una encuesta sobre la lectura y lo buenos libros. In: _____. *Obras completas*. Buenos Aires: Amorrortu, 1906/1989b. v. 3.

_____. Actos obsesivos y prácticas religiosas. In: _____. *Obras completas*. Buenos Aires: Amorrortu, 1907/1989. v. 9.

_____. Apreciaciones generales sobre el ataque histérico. In: _____. *Obras completas*. Buenos Aires: Amorrortu, 1908/1989a. v. 9.

_____. El creador literario y el fantaseo. In: _____. *Obras completas*. Buenos Aires: Amorrortu, 1908/1989b. v. 9.

_____. Las fantasias histéricas y su relación con la bisexualidad. In: _____. *Obras completas*. Buenos Aires: Amorrortu, 1908/1989. v. 9.

_____. La moral sexual "cultural" y la nerviosidad moderna. In: _____. *Obras completas*. Buenos Aires: Amorrortu, 1908/1989c. v. 9.

_____. Sobre las teorias sexuales infantiles. In: _____. *Obras completas*. Buenos Aires: Amorrortu, 1908/1989d. v. 9.

_____. La novela familiar de los neuróticos. In: _____. *Obras completas*. Buenos Aires: Amorrortu, 1909/1989a. v. 9.

_____. Las perspectivas futuras de la terapia psicoanalítica. In: _____. *Obras completas*. Buenos Aires: Amorrortu, 1910/1989b. v. 11.

O TEMPO, A ESCUTA, O FEMININO: REFLEXÕES 449

_____. La perturbación psicógena de la visión según el psicoanálisis. In:
_____. *Obras completas*. Buenos Aires: Amorrortu, 1910/1989a. v. 11.

_____. Puntualizaciones psicoanalíticas sobre un caso de paranoia descrito autobiograficamente. In: _____. *Obras completas*. Buenos Aires: Amorrortu, 1911/1989b. v. 12.

_____. Un recuerdo infantil de Leonardo da Vinci. In: _____. *Obras completas*. Buenos Aires: Amorrortu, 1910/1989c. v. 11.

_____. Sobre la más generalizada degradación de la vida amorosa. In: _____. *Obras completas*. Buenos Aires: Amorrortu, 1912/1989. v. 11.

_____. El motivo de la elección del cofre. In: _____. *Obras completas*. Buenos Aires: Amorrortu, 1913/1989a. v. 12.

_____. Sobre la iniciación del tratamiento (Nuevos consejos sobre la técnica del psicoanálisis). In: _____. *Obras completas*. Buenos Aires: Amorrortu, 1913/1989b. v. 12.

_____. Tóten y tabu. In: _____. *Obras completas*. Buenos Aires: Amorrortu, 1913/1989c. v. 13.

_____. Acerca del *fausse reconnaissance* en el curso del trabajo analítico. In: _____. *Obras completas*. Buenos Aires: Amorrortu, 1914/1989a. v. 13.

_____. Contribución a la historia del movimiento psicoanalítico. In: _____. *Obras completas*. Buenos Aires: Amorrortu, 1914/1989b. v. 14.

_____. Un caso de paranoia que contradice la teoria psicoanalítica. In: _____. *Obras completas*. Buenos Aires: Amorrortu, 1915/1989a. v. 14.

_____. Duelo y melancolia. In: _____. *Obras completas*. Buenos Aires: Amorrortu, 1915/1989b. v. 14.

_____. De guerra y muerte. Temas de actualidad. In: _____. *Obras completas*. Buenos Aires: Amorrortu, 1915/1989c. v. 14

_____. Lo inconsciente. In: _____. *Obras completas*. Buenos Aires: Amorrortu, 1915/1989d. v. 14.

_____. Las pulsiones y sus vicissitudes. In: _____. *Obras completas*. Buenos Aires: Amorrortu, 1915/1989e. v. 14.

_____. Puntualizaciones sobre el amor de transferencia. In: _____. *Obras completas*. Buenos Aires: Amorrortu, 1915/1989f. v. 12.

_____. La transitoriedad. In: _____. *Obras completas*. Buenos Aires: Amorrortu, 1915/1989g. v. 14.

_____. Complemento metapsicológico a la doctrina de los sueños. In: _____. *Obras completas*. Buenos Aires: Amorrortu, 1917/1989a. v. 14.

_____. Sobre las transposiciones de la pulsión en particular del erotismo anal. In: _____. *Obras completas*. Buenos Aires: Amorrortu, 1917/1989b. v. 17.

_____. De la historia de una neurosis infantil. In: _____. *Obras completas*. Buenos Aires: Amorrortu, 1918/1989. v. 17.

_____. Lo ominoso. In: _____. *Obras completas*. Buenos Aires: Amorrortu, 1919/1989. v. 17.

_____. Sobre la psicogénesis de un caso de homosexualidad femenina. In: _____. *Obras completas*. Buenos Aires: Amorrortu, 1920/1989b. v. 18.

_____. Psicologia de las masas y análisis del yo. In: _____. *Obras completas*. Buenos Aires: Amorrortu, 1921/1989. v. 18.

_____. La cabeza de Medusa. In: _____. *Obras completas*. Buenos Aires: Amorrortu, 1922/1989. v. 18.

_____. La organización genital infantil. In: _____. *Obras completas*. Buenos Aires: Amorrortu, 1923/1989a. v. 19.

O TEMPO, A ESCUTA, O FEMININO: REFLEXÕES 451

_____. El yo y el ello. In: _____. *Obras completas*. Buenos Aires: Amorrortu, 1923/1989b. v. 19.

_____. Presentación autobiográfica. In: _____. *Obras completas*. Buenos Aires: Amorrortu, 1925/1989. v. 20.

_____. Inhibición, síntoma y angustia. In: _____. *Obras completas*. Buenos Aires: Amorrortu, 1926/1989. v. 20.

_____. El mal-estar en la cultura. In: _____. *Obras completas*. Buenos Aires: Amorrortu, 1930/1989. v. 21.

_____. Sobre la sexualidad femenina. In: _____. *Obras completas*. Buenos Aires: Amorrortu, 1931/1989. v. 21.

_____. 33ª Conferencia. La feminidad. In: _____. *Obras completas*. Buenos Aires: Amorrortu, 1933/1989. v. 22.

_____. Carta a Roman Rolland (Una perturbación del recuerdo en la Acrópolis). In: _____. *Obras completas*. Buenos Aires: Amorrortu, 1936/1989. v. 22.

_____. Análisis terminable e interminable. In: _____. *Obras completas*. Buenos Aires: Amorrortu, 1937/1989. v. 23.

_____. Moisés y la religión monoteísta. In: _____. *Obras completas*. Buenos Aires: Amorrortu, 1939/1989. v. 23.

_____. Construcciones en análisis. In: _____. *Obras completas*. Buenos Aires: Amorrortu, 1937/1993. v. 23.

_____.; JUNG, C. G. *Correspondance*. Paris: Gallimard, 1975.

FRIDMAN, L. *Vertigens pós-modernas*: configurações institucionais contemporâneas. Rio de Janeiro: Relume-Dumará, 2000.

GALENDE, E. Psicoanálisis: institucionalización y/o cambio. In: LANGER, M. (Org.). *Cuestionamos II*. Buenos Aires, Granica, 1973. p. 55-75.

_____. *História y repetición*. Temporalidad subjetiva y actual modernidad. Buenos Aires: Paidós, 1992.

_____. *De un horizonte incierto*. Psicoanálisis y salud mental en la sociedad actual. Buenos Aires: Paidós, 1997.

GEREZ-ALBERTÍN, M. *As vozes do Supereu*. São Paulo: Editora de Cultura & EDUCS, 2003.

GRANOFF, W.; PERRIER, F. *El problema de la perversión em la mujer*. Barcelona: Crítica, 1980.

GREEN, A. *Revelações do inacabado*. Rio de Janeiro: Imago, 1994.

GRODDECK, G. *La maladie, l'art et le symbole*. Paris: Gallimard, 1976.

GUILLEMOT, A.; LAXENAIRE, M. *Anorexia nerviosa y bulimia*. El peso de la cultura. Barcelona: Masson, 1994.

HORNSTEIN, L. *Cura psicoanalítica y sublimación*. Buenos Aires: Nueva Visión, 1988.

_____. *Cuerpo, história, interpretación*. Buenos Aires: Paidós, 1991.

_____. *Práctica psicoanalítica y história*. Buenos Aires: Paidós, 1993.

_____. Determinismo, temporalidad y devenir. In: BLEICHMAR, S. (Org.). *Temporalidad, determinación, azar*. Buenos Aires: Paidós, 1994.

ISRAEL, L. Intervención de Lucien Israel. In: MANNONI, M. *El síntoma y el saber*. Buenos Aires: Gedisa, 1984. p. 79-85.

_____. *Mancar não é pecado*. São Paulo: Escuta, 1994.

_____. *A histérica, o sexo e o médico*. São Paulo: Escuta, 1995.

JEAMMET P. Desregulações narcísicas e objetais na bulimia. In: BRUSSET, B.; COUVREUR, C.; FINE, A. (Orgs.). *A bulimia*. São Paulo: Escuta, 2003. p. 103-135.

O TEMPO, A ESCUTA, O FEMININO: REFLEXÕES 453

JONES, E. La fase precoz del desarollo de la sexualidad femenina. In: Lacan, J. *et al. La sexualidad femenina*. Buenos Aires: Cardex, 1966. p. 24-43.

_____. *A vida e a obra de Sigmund Freud*. Rio de Janeiro: Imago, 1989. v. 2.

JORGE, M. A. C. *Jacques Lacan e a estrutura da formação psicanalítica*. Inédito, 2001.

JURANVILLE, A. L'envie du pénis: une question polémique. *Psychanalyse à l'Université*, p. 18-69, 1993.

KAËS, R. Rupturas catastróficas y trabajo de la memoria. Notas para una investigación. In: PUGET, J.; KAËS, R. (Orgs.). *Violencia de Estado y psicoanálisis*. Buenos Aires: Bibliotecas Universitárias, Centro Editor de la América Latina, 1991.

_____. *Os espaços psíquicos comuns e partilhados:* transmissão e negatividade. São Paulo: Casa do Psicólogo, 2005.

KATZ, C. S. *A histeria*: o caso Dora. Rio de Janeiro: Imago, 1992.

KERNBERG, O. F. A situação atual da psicanálise. *Boletim de Novidades Pulsional*, v. 59, p. 16-29, 1990.

KLEIN, M. Situações de ansiedade infantil refletidas numa obra de arte e no impulso criativo. In: _____. *Amor, culpa e reparação*. Rio de Janeiro: Imago, 1994.

KORMAN, V. *El oficio del analista*. Buenos Aires: Paidós, 1996.

KRELL, I. *La escucha, la histeria*. Buenos Aires: Paidós, 1991.

KRISTEVA, J. *Sol negro*. Depressão e melancolia. Rio de Janeiro: Rocco, 1989.

LACAN, J. Ideas directivas para un congreso sobre la sexualidad femenina. In: *Escritos 1*. Buenos Aires: Siglo Veintiuno, 1971. p. 290-304.

_____. La dirección de la cura y los princípios de su poder. In: _____. *Escritos l*. Buenos Aires: Siglo Veintiuno Editores, 1977. p. 217-278.

_____. *O seminário*. Rio de Janeiro: Jorge Zahar, 1985. v. 20: Mais, ainda.

_____. *O seminário*. . Rio de Janeiro: Jorge Zahar, 1992. v. 17: O avesso da psicanálise.

LANGER, M. (Org.). *Cuestionamos*. Buenos Aires, Granica, 1971. v. I.

_____. *Cuestionamos*. Buenos Aires, Granica, 1973. v. II.

LAPLANCHE, J. *La sexualidad*. Buenos Aires: Nueva Visión, 1980.

_____. *A sublimação*. São Paulo: Martins Fontes, 1989a.

_____. Uma revolução incessantemente ocultada. *Revue Internationale de l'Histoire de la Psychanalise*, n. 2. 1989b.

_____. L'interprétation entre déterminisme et hermeneutique: une nouvelle position de la question. *Revue Françoise de Psychanalyse*, v. 55, n. 4, p. 1293-1318, 1991.

_____. Entrevista sobre a análise didática, a Luiz Carlos Menezes. *Jornal de Psicanálise*, v. 26, n. 50, p. 71-85, 1993.

_____.; PONTALIS, J.-B. *Vocabulário da psicanálise*. São Paulo: Martins Fontes, 1988.

_____.; _____. *Fantasia originária, fantasia das origens, origens da fantasia*. Rio de Janeiro: Jorge Zahar, 1990.

LASCH, C. *A cultura do narcisismo*. Rio de Janeiro: Imago, 1983.

LECLAIRE, S. *O corpo erógeno*. São Paulo: Escuta, 1992.

_____. A propósito do episódio psicótico apresentado pelo "Homem dos Lobos". In: KATZ, C. (Org.). *Psicose, uma leitura psicanalítica*. São Paulo: Escuta, 1991. p. 233-262.

LE GOFF, J.; NORA, P. *Faire de l'histoire*. Paris: Gallimard, 1974.

LE GUEN, C. *La práctica del método psicoanalítico*. Barcelona: Gedisa, 1984.

_____. O engodo feminino do masoquismo ordinário. *Percurso*, n. 18, p. 5-16, 1997.

LE POULICHET, S. *El arte de vivir em peligro*. Del desamparo a la creación. Buenos Aires: Nueva Visión, 1996a.

_____. *O tempo na psicanálise*. Rio de Janeiro: Jorge Zahar, 1996b.

LÉVI-STRAUSS, C. *Antropologia estrutural*. Rio de Janeiro: Tempo Brasileiro, 1975.

LEWKOWICZ, I. Subjetividade adictiva: un tipo psico-social historicamente constituído. *Revista de la Asociación Argentina de Psicología y Psicoterapia de Grupo*, v. 21, n. 1, p. 69-90, 1998.

MAJOR, R. La historia: sueño y revolución. In: KRELL, I. (Org.). *La escucha, la histeria*. Buenos Aires: Paidós, 1991. p. 44-57.

MALEVAL, J. C. *Locuras histéricas y psicosis disociativas*. Buenos Aires: Paidós, 1987.

_____. El delirio histérico no es un delirio disociado. In: KRELL, I. (org.). *La escucha, la histeria*. Buenos Aires: Paidós, 1991. p. 187-243.

_____. et al. *Vicisitudes de la histeria*. Buenos Aires: Manantial, 1989.

MANNONI, M. *A teoria como ficção*. Rio de Janeiro: Campus, 1982.

_____. La enseñanza del psicoanálisis. In: _____. *Un saber que no se sabe*. Buenos Aires: Gedisa, 1986. p. 83-105.

MARTINEZ, T. E. Ficción y historia en la novela de Perón. In: HORNSTEIRN, L. *Práctica psicoanalítica e historia*. Buenos Aires: Paidós, 1993. p. 199-213.

McDOUGALL, J. *As múltiplas faces de Eros*. São Paulo: Martins Fontes, 1997.

MENEZES, L. C. *Fundamentos de uma clínica freudiana*. São Paulo: Casa do Psicólogo, 2001.

MEZAN, R. *Freud, pensador da cultura*. São Paulo: Brasiliense, 1985.

_____. *Interfaces da psicanálise*. São Paulo: Companhia das Letras, 2002.

MILLOT, C. *Nobodaddy*. Rio de Janeiro: Zahar, 1988.

MONTRELAY, M. *L'ombre et le nom*. Paris: Minuit, 1977.

_____. Investigaciones sobre la feminidad. In: NASIO, J. D. (Org.). *Acto psicoanalitico*: teoria y clínica. Madrid: Nueva Visión, 1979. p. 197-220.

_____. A propósito da amátrida. In: _____. *L'invention du féminin*. Paris: Campagne Première, 2002.

MOSCOVICI, M. *A sombra do objeto*. Rio de Janeiro: Jorge Zahar, 1990.

NASIO, J. D. *Los ojos de Laura*. Buenos Aires: Amorrortu, 1987.

_____. *A histeria*: teoria e clínica psicanalítica. Rio de Janeiro: Zahar, 1990.

NÉRI, R. *A psicanálise e o feminino*: um horizonte da modernidade. Rio de Janeiro: Civilização Brasileira, 2005.

PERRIER, F. Estructura histérica y diálogo analítico. In: NASIO, D. (Org.). *Acto psicoanalitico*: teoria y clínica. Buenos Aires: Nueva Visión, 1979. p. 159 a 181.

POMMIER, G. *Los cuerpos angélicos de la posmodernidad*. Buenos Aires: Nueva Visión, 2002.

PONTALIS, J.-B. *Después de Freud*. Buenos Aires: Editorial Sudamericana, 1974.

O TEMPO, A ESCUTA, O FEMININO: REFLEXÕES

457

_____. *Entre el sueño y el dolor*. Buenos Aires: Sudamericana, 1978.

_____. *A força de atração*. Rio de Janeiro: Jorge Zahar, 1991a.

_____. *Perder de vista*. Rio de Janeiro: Jorge Zahar, 1991b.

_____. A estação da psicanálise. *Jornal de Psicanálise*, v. 27, n. 52, 1994.

_____. *Este tiempo que no pasa*. Buenos Aires: Topia, 2005.

PRED DOZHOT. Direção: Milcho Mancheviski. Reino Unido, França, República da Macedônia: 1994.

QUINET, A. *Um olhar a mais: ver e ser visto na psicanálise*. Rio de Janeiro: Jorge Zahar, 2002.

REY, J.-M. Freud et l'écriture de l'histoire. *L'écrit du temps*, v. 6, 1984.

RIMBAULT, G.; ELIACHEFF, C. *Las indomables*: Figuras de la anorexia. Buenos Aires: Nueva Visión, 1991.

ROJAS, M.C.; STERNBACH, S. *Entre dos siglos*: una lectura psicoanalítica de la posmodernidad. Buenos Aires: Lugar Editorial, 1997.

ROUDINESCO, E. *A família em desordem*. Rio de Janeiro: Zahar, 2003.

_____.; PLON, M. *Dicionário de psicanálise*. Rio de Janeiro: Jorge Zahar, 1997.

SAMI-ALI, M. *Cuerpo real, cuerpo imaginário*. Buenos Aires: Paidós, 1989.

SAURÍ, J. (Org.). *Las histerias*. Buenos Aires: Nueva Visión, 1979.

SCHNEIDER, M. *Afeto e linguagem nos primeiros escritos de Freud*. São Paulo: Escuta, 1993.

SPENCE, D. *Teorias da mente: fato ou ficção*. Inédito.

STEIN, C. *L'enfant imaginaire*. Paris: Deonel, 1971.

_____. *O psicanalista e seu ofício*. São Paulo: Escuta, 1988.

STRACHEY, J. Nota introductoria al texto "Un recuerdo infantil de Leonardo da Vinci". In: FREUD, S. *Obras completas de Sigmund Freud*. Buenos Aires: Amorrortu, 1993. p. 55-58.

TOPOROSI, S. Duelos en niños afectados por la catástrofe social em Argentina. La pequeña Ana. In: BEREZIN, A. (Org.). *13 variaciones sobre la clínica psicoanalítica*. Buenos Aires: Siglo XXI, 2003. p.194-215.

TRILLAT, E. *História da histeria*. São Paulo: Escuta, 1991.

VALABREGA, J. P. *A formação do psicanalista*. São Paulo: Martins Fontes, 1983.

VERHAEGHE, P. *El amor nos tiempos de soledad*: três ensayos sobre el desejo y la pulsión. Buenos Aires: Paidós, 2001.

VERNANT, J. P. *La mort dans les yeux*. Paris: Hachette, 1986.

VIDERMAN, S. *A construção do espaço analítico*. São Paulo: Escuta, 1990.

VIÑAR. M. *Exílio e tortura*. São Paulo: Escuta, 1992.

WAISBROT, D. *La alienación del analista*. Buenos Aires: Paidós, 2002.

_____. *et al.* (Orgs.). *Clínica psicoanalítica ante las catástrofe sociales*: La experiencia argentina. Argentina: Paidós, 2003

WINNICOTT, D. Carta a Melanie Klein (17 de novembro de 1952). *Percurso*, n. 12, p. 80-82, 1994.

impressão acabamento

rua 1822 n° 341
04216-000 são paulo sp
T 55 11 3385 8500
F 55 11 2063 4275
www.loyola.com.br